广西研究生教育创新计划项目（Innovation Project of （
Education）：研究生跨学科创新能力与实践能力培养模式探索-
科）为例（课题编号：JGY2023060）

广西高等教育本科教学改革工程A类项目：基于项目式学习的创新型职前科技教师
培养模式探索——以理科师范生为例（课题编号：2022JGA131）

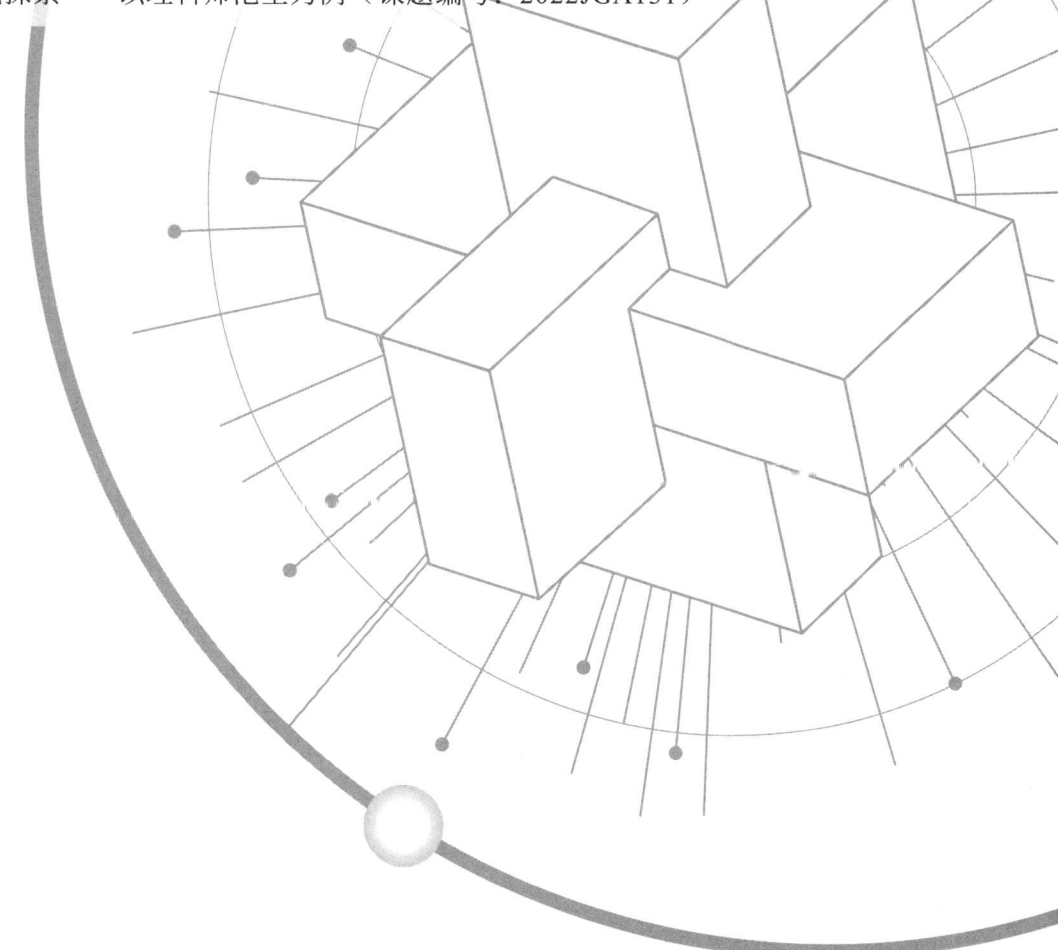

科技教育项目学习
专题研究与创新实践

陈海深　著

GUANGXI NORMAL UNIVERSITY PRESS
广西师范大学出版社

·桂林·

科技教育项目学习专题研究与创新实践
KEJI JIAOYU XIANGMU XUEXI ZHUANTI YANJIU YU CHUANGXIN SHIJIAN

图书在版编目（CIP）数据

科技教育项目学习专题研究与创新实践 / 陈海深著. --桂林：广西师范大学出版社，2024.6
ISBN 978-7-5598-7021-6

Ⅰ．①科… Ⅱ．①陈… Ⅲ．①科学教育学－研究 Ⅳ．①G40-05

中国国家版本馆 CIP 数据核字（2024）第 106132 号

广西师范大学出版社出版发行
（广西桂林市五里店路 9 号　邮政编码：541004）
（网址·http://www.bbtpress.com）
出版人：黄轩庄
全国新华书店经销
广西广大印务有限责任公司印刷
（桂林市临桂区秧塘工业园西城大道北侧广西师范大学出版社集团有限公司创意产业园内　邮政编码：541199）
开本：787 mm × 1 092 mm　1/16
印张：17.75　　　字数：421 千
2024 年 6 月第 1 版　2024 年 6 月第 1 次印刷
定价：98.00 元

如发现印装质量问题，影响阅读，请与出版社发行部门联系调换。

编 委 会

主 任 孙小军

副主任 宋善炎　　刘健智　　黄　桦

编 委 罗筑华　　顾江鸿　　李红燕　　马春旺
　　　　 张东海　　呼格吉乐　黄　都　　刘剑锋

序　言

广西师范大学陈海深博士是一名科学教育界的后起之秀，几个月前，他将其力作《科技教育项目学习专题研究与创新实践》的初稿交给我，希望我提点意见。说心里话，我非常愿意阅读这样的著作，一方面这有助于我了解青年教师的教学思想和心路历程，另一方面也有助于我自己补充有关的经验。这本书引发了我对传统科技教育和现代教育创新的深度思考。在科技不断发展的今天，一方面，需要利用现代（软件）技术开发传统的科技教育项目，挖掘新的科技教育主题；另一方面，需要进一步创新科技教育教与学的方式，以提升青少年的科技素养和创新创造能力。但我对于写序一事，多有犹豫，怕写得不好，辜负了一位优秀教师的热忱，也影响读者的兴致。无奈盛情难却，加之读后确有一些想法，与各位交流，敬请大家批评。

本书整合了多个科技教育项目学习主题，内容翔实、形式多样、富有创新。每个主题都充分展示了科技教育项目学习的全过程，从课程目标、项目溯源、内容整合、探究实践、创新开发到实践反思等，书中都有深入且详细的描述。这些项目不仅包含传统科技教育中的系列主题，而且紧跟当代科技教育的发展趋势，从科学、技术、工程、数学和艺术等视角进行跨学科的项目开发，并运用现代（软件）技术进行"多维"的创新设计与实践探索，让学生在项目化学习过程中产生深度学习。这些项目并非简单的内容介绍，而是将科技教育理论和科学探究实践相结合，为读者从事科技教育项目创新开发提供了切实可行的路径。

本书深入探讨了两个重要主题。①科技教育项目学习主题的整合。作者强调了科技教育项目学习多元化开发的重要性。无论是线上科技教育资源的利用，还是线下科技课程内容的整合，都需要不断推动学生科学思维的开发，拓展科技教育项目的创新视角。②科技发展与教育创新的关系的探讨。作者指出"科技的发展推动了教育手段、内容与形式的创新，而教育手段、内容与形式的创新又反过来促进科技教育的发展"，二者相辅相成。

结合个人的经验和观点，我认为该书既有理论深度，又有实践指导意义，条理清晰、语言流畅、可读性强。每个项目主题都附有深入的讨论和反思，使读者不仅能了解到科技教育项目学习主题开发模式，还能获得对科技教育理念和教育创新的深入思考。对于科技教育研究者、科技教育工作者及至科技教育政策制定者都有较高的参考价值。它可以帮助我们更好地了解和掌握科技教育的技术手段和创新价值。建议广大读者在阅读本书的同时，结合个人的教育经历和实践经验，不断提出新的思考和创意，让这本书的内容更加富有创造性。

陈海深老师作为一名优秀的科学教育工作者，在教育教学工作中学习教育理论，立足教学实践展开教学研究，不断提升自身理论水平和实践水平。本书的出版是陈海深老师多年研究成果的展示，使我们看到了青年科学教育工作者的茁壮成长。因此，推荐给所有对科技教育项目学习开发感兴趣的读者，相信它将为感兴趣的你们带来一定的启示和实用的指导，也将成为你们在科技素养教育道路上的得力助手。

北京师范大学物理与天文学院　李春密教授

2024 年 5 月 29 日于北京

前　言

随着我国新一轮基础教育改革的不断发展和深入推进，教育界对学生的创新能力和核心素养的培养要求也不断提高。一方面，人工智能、量子计算、集成电路和脑科学等现代科技正以前所未有的速度改变人们的学习与生活方式，传统的教学方法、教学内容和教学手段不仅难以满足社会变革的需要，而且难以适应学生学习方式的变化；另一方面，认知神经科学、脑成像技术、虚拟现实技术和信息技术等各种新兴技术日新月异，使得教育资源的形态和内容更加多样化，也为教学方法和教学手段的创新提供了更多的可能性。在这样的背景下，科技教育项目学习主题的开发成了当今教育领域的重要议题。

为了更好地促进科技与教育的融合，提高科技教育的质量，实现科技教育项目学习主题系统、整合、多元与深度的开发，经过长期科技教育一线课堂教学的实践与研究，我们精心选取并整合了多个原创教学案例和项目学习主题汇成本书，旨在基于项目化学习、创客教育、STEAM 教育和深度学习等理念，借助现代（软件）技术、信息技术和教育技术等手段，提高（职前）科技教师的核心素养和教育创新能力。

本书选取了多个具有代表性的科技教育项目学习主题和教学案例，以案例引出理论，用理论剖析案例，避免灌输式教学。（职前）科技教师可以在系列项目学习主题所创设的真实教学情境中体验教与学的方法创新，聚焦和发展自身的探究实践能力与创新能力；一方面，通过中国知网、超星、谷歌等网络平台，搜集线上与线下的科技教育项目学习内容，从系统化、跨学科和深度学习的视角，综合开发传统科技教育主题与素材；另一方面，在师范生课堂上引发项目学习讨论，开展创意头脑风暴，澄清开发疑惑，提升教育创新认识。本书在项目学习主题整合与创新开发的过程中，遵循教育价值导向、内容丰富、方法创新、难度适中的原则，力求为读者呈现全面、深入的科技教育项目学习主题开发模式和实践经验。每个项目都详细描述了课程目标、教学大纲、科学史溯源、内容整合、探究实践和创新开发等环节，以便读者了解科技教育项目学习主题开发的完整流程和关键要素。每个项目学习主题均包含针对不同年龄段学生设置的课程目标，旨在培养学生的科学思维、创新能力和探究实践素养。

分析这些典型的科技教育项目学习主题，我们可以凝练一些共性和特点。首先，这些主题的创新开发均凸显了学生的主体地位，注重培养学生的探究能力与核心素养，并能激发学生的学习兴趣和积极性；其次，科技教育项目学习主题开发过程充分利用线上线下的各类教育资源和课程资源，构建了系统性、整合性、有深度的项目学习案例；再次，科技教育项目学习主题开发运用了项目式学习、跨学科学习、深度学习和大单元学习等理念，对中国传统科技教育主题进行了深度挖掘和创新开发；最后，这些项目学习主题都运用了现代（软件）技术，并结合科技教育的新思想和新理念，以适应科技教育发展的新需要。

从培养（职前）科技教师的角度来看，通过对科技教育项目学习主题的研讨和对科技活动创新实践专题的探索，（职前）科技教师可形成较强的科技教育资源开发能力和教育创新能力，不仅能重燃探究热情，强化探究实践的过程，还可以提升跨学科学习的意识和运用现代（软件）技术的能力，进而产生真正意义上的深度学习。

在本书出版之际，我要感谢广西师范大学2018级、2019级科学教育专业选修"科技教育资源开发与实践"课程的学生，是你们在课程学习过程中的努力实践和深入探索给了我成书的动力和信心；特别感谢我的研究生李红燕在本书整理过程中提供的帮助；感谢参与科技教育资源课程开发的广西师范大学科学教育研究所的同仁，感谢他们为科技教育资源开发提供的各类指导与建议；感谢广西壮族自治区科学技术情报研究所李晓茵参与本书框架设计，以及部分内容的完善。感谢广西师范大学出版社的支持与协助，不仅让本书能够顺利出版，而且为科技素养教育的创新发展注入了新的活力。

面对未来，我深感科技素养教育的责任重大。随着科技的飞速发展，科技教育项目学习主题的开发与创新将迎来更多挑战与思考。期待广大读者能从本书获得启发，共同探索科技教育项目学习资源开发的创新视野。让我们携手前行，共同探索科技教育项目开发更丰富的应用场景，形成更美好的育人生态！

作者

2024年3月

目　录

第 1 章　榫卯装置及其结构探秘 ……………………………………… 1

　1.1　榫卯结构的简介 ………………………………………………… 1

　1.2　榫卯相关的中小学课程标准内容及教育价值 ………………… 1

　1.3　榫卯结构的溯源 ………………………………………………… 3

　1.4　榫卯结构的相关研究 …………………………………………… 4

　1.5　榫卯结构的具体研究 …………………………………………… 6

　1.6　榫卯结构的创新开发与实践探索 ……………………………… 13

　1.7　榫卯装置项目学习与探究反思 ………………………………… 16

第 2 章　鲁班锁内部结构探秘与创新实践 …………………………… 17

　2.1　鲁班锁简介 ……………………………………………………… 17

　2.2　鲁班锁相关的中小学课程标准内容及教育价值 ……………… 17

　2.3　鲁班锁的溯源 …………………………………………………… 19

　2.4　鲁班锁的相关研究 ……………………………………………… 20

　2.5　鲁班锁的具体研究 ……………………………………………… 20

　2.6　鲁班锁的创新开发与实践探索 ………………………………… 38

　2.7　鲁班锁项目学习与探究反思 …………………………………… 40

第 3 章　九连环益智玩具的探究与创新实践 ………………………… 42

　3.1　九连环的简介 …………………………………………………… 42

　3.2　九连环相关的中小学课程标准内容及教育价值 ……………… 42

　3.3　九连环的溯源 …………………………………………………… 44

　3.4　九连环的相关研究 ……………………………………………… 46

　3.5　九连环的具体研究 ……………………………………………… 46

　3.6　九连环的创新开发与实践探索 ………………………………… 54

3.7 九连环项目学习与探究反思 ·· 63

第4章 拼图的分类探究与创新实践 ·· 65

4.1 拼图的简介 ··· 65
4.2 拼图相关的中小学课程标准内容及教育价值 ··············· 65
4.3 拼图的溯源 ··· 67
4.4 拼图的相关研究 ··· 69
4.5 拼图的具体研究 ··· 70
4.6 拼图的创新开发与实践探索 ·································· 79
4.7 拼图项目学习与探究反思 ···································· 83

第5章 迷宫的项目学习与探究实践 ·· 85

5.1 迷宫的简介 ··· 85
5.2 迷宫相关的中小学课程标准内容及教育价值 ··············· 85
5.3 迷宫的溯源 ··· 86
5.4 迷宫的相关研究 ··· 93
5.5 迷宫的具体研究 ··· 94
5.6 迷宫的创新开发与实践探索 ·································· 101
5.7 迷宫项目学习与探究反思 ···································· 106

第6章 平面连杆机构的结构探秘 ·· 107

6.1 平面连杆机构的简介 ··· 107
6.2 平面连杆机构相关的中小学课程标准内容及教育价值 ····· 107
6.3 平面连杆机构的溯源 ··· 110
6.4 平面连杆机构的相关研究 ····································· 115
6.5 平面连杆机构的具体研究 ····································· 115
6.6 平面连杆机构的创新开发与实践探索 ······················ 119
6.7 平面连杆机构项目学习与探究反思 ·························· 124

第7章 千斤顶的实验探究与创新实践 ·· 125

7.1 千斤顶的简介 ·· 125
7.2 千斤顶相关的中小学课程标准内容及教育价值 ············ 125
7.3 千斤顶的溯源 ·· 125
7.4 千斤顶的相关研究 ·· 126
7.5 千斤顶的具体研究 ·· 128

7.6 千斤顶的创新开发与实践探索	133
7.7 千斤顶的项目学习与探究反思	140

第8章 滴漏的项目探析与创新实践 … 141

8.1 滴漏的简介	141
8.2 滴漏相关的中小学课程标准内容及教育价值	141
8.3 滴漏的溯源	142
8.4 滴漏的相关研究	143
8.5 滴漏的具体研究	144
8.6 滴漏的创新开发与实践探索	151
8.7 滴漏的项目学习与探究反思	156

第9章 阀门的项目学习与探究实践 … 158

9.1 阀门的简介	158
9.2 阀门相关的中小学课程标准内容及教育价值	158
9.3 阀门的溯源	159
9.4 阀门的分类研究	160
9.5 阀门的创新开发与实践探索	167
9.6 阀门的项目学习与探究反思	174

第10章 开关的项目学习与探究实践 … 176

10.1 开关的简介	176
10.2 开关相关的中小学课程标准内容及教育价值	176
10.3 开关的溯源	178
10.4 开关的相关研究	178
10.5 开关的具体研究	179
10.6 开关的创新开发与实践探索	192
10.7 开关的项目学习与探究反思	195

第11章 声传感器的项目学习与探究实践 … 196

11.1 声传感器的简介	196
11.2 声传感器相关的中小学课程标准内容及教育价值	196
11.3 声传感器的溯源	197
11.4 声传感器应用的相关研究	197
11.5 声传感器应用的具体研究	198

11.6 声传感器应用的创新开发与实践探索 … 208

11.7 声传感器应用的项目学习与探究反思 … 213

第12章 基于OpenCV图像识别软件的项目式学习与创新实践 … 215

12.1 OpenCV图像识别软件的简介 … 215

12.2 基于OpenCV图像识别软件相关的中小学课程标准内容及教育价值 … 215

12.3 基于OpenCV图像识别软件的相关研究 … 216

12.4 基于OpenCV图像识别软件的探索研究 … 217

12.5 基于OpenCV图像识别技术的创新开发与实践探索 … 222

12.6 基于OpenCV图像识别技术的项目学习与探究反思 … 254

第13章 异形泡泡实验的探索与实践 … 255

13.1 异形泡泡的简介 … 255

13.2 异形泡泡实验相关的中小学课程标准内容及教育价值 … 255

13.3 异形泡泡的溯源 … 256

13.4 异形泡泡实验的相关研究 … 258

13.5 异形泡泡实验的具体研究 … 258

13.6 异形泡泡实验的创新开发与实践探索 … 261

13.7 异形泡泡实验的项目学习与探究反思 … 265

后　记 … 266

主要参考文献 … 267

第 1 章　榫卯装置及其结构探秘

1.1 榫卯结构的简介

榫卯（图1.1），泛指在两个木构件上采用的一种凹凸结合的连接方式。凸出的部分称为榫，凹陷的部分称为卯。榫、卯互相连接契合，主要应用于建筑、家具、玩具等领域。

榫卯工艺所蕴含的阴柔之美、相辅相成、睦邻友好的人生观和价值观与中华传统文化的联系非常紧密（李鑫宇和李柏山，2021）。但如今榫卯工艺面临不少问题：如缺乏关注、传承人少且应用范围很窄，人工投入、技术的不足和它本身的性质等也成为榫卯工艺发展的限制因素（赵祖艳等，2021）。

图 1.1　榫卯结构

已有不少人通过各种不同的视角探寻榫卯工艺的创新与发展，将其与现代建筑、家具设计、益智玩具、手工饰品等相结合，在继承传统技艺与设计的基础上，让榫卯技艺在现代化社会发展中彰显其独特的工匠智慧和技艺优势。

1.2 榫卯相关的中小学课程标准内容及教育价值

1.2.1 榫卯相关的课程标准内容要求

对传统榫卯结构的制作工艺而言，最好且最有效的传承方式便是将其与教育、教学研究结合起来，在深化育人价值的同时，让传统的工匠精神与技艺智慧根植于现代文明。中国传统文化的复兴让越来越多的人关注工匠精神与传统技艺，而榫卯结构的匠心智慧正是中国传统建筑、古典家具和益智玩具的代表。

近年来，科学教育的课程标准不断修改与完善，目的是更进一步贴合现实所需、培养具有现代科学精神与科技探究能力的公民。有关榫卯结构的课程标准内容更多体现在物理、科学与通用技术等课程之中，榫卯主题着重介绍其在物理、科学和通用技术等课程标准中所要求落实的教学目标。《普通高中通用技术课程标准》（2017年版 2020年修订）指出：低层次要求为掌握所学的知识与侧重基础性技术设计，旨在使学生经历一般的技术设计过程，掌握技术设计的基础知识和技能，形成基本的技术思想与经验，以及情感态度和价值观；高层次要求为侧重专题性技术设计，选择现代技术原理中基础性强、适用面广、技术思想与方法可迁移性大、实施条件较为开放的结构、流程、系统、控制四个主题为学习内容，旨在使学生学会运用一定的技术原理认识和分析技术问题，运用所学的知识与方法进行设计分析、方案物化和问题解决。而《义务教育初中科学课程标准》（2022年版）则提出侧重培养学生的技术素养和对科学技术发展史的认识。技术素养是指人们对技术的性质及历史有一定的了解，具备技术的基本动手能力，以及能够严谨地思考有关技术发展问题。了解技术设计的过程和环节，并具有初步的技术设计能力，是学生具有技术素养的一个重要体现方面。技术设计能力是技术创新和实践能力的重要组成部分，设计过程包含若干主要环节，学生应通过具体的案例和活动来发展初步的技术设计能力。

因此，只有将作为传统工艺典型代表的榫卯结构与国家课程标准要求相契合，并将其融入科技类课程教学中，才能将榫卯结构蕴含的工匠精神与技艺智慧不断传承与创新。

1.2.2 榫卯装置开发的教育价值

华夏五千年的文明史，留下了丰厚的传统科技文化遗产，形成了以天文、算术、农学和医学四大学科为主的学科体系，以及以"术"化的知识形态存在的围绕水利、建筑、冶金、造船、制陶、机械、纺织、军事等领域的实用技术和工艺体系。

传统科技瑰宝是中华文明的重要载体，是维系民族情感的精神纽带和重要桥梁，蕴含丰富的历史价值、科学价值和文化价值，是重要的文化教育和科技教育资源。从当代国际科学教育发展趋势来看，人文是科学教育发展的必然路向。探究蕴含人文精神的中华传统科技，揭示其现代教育价值，有助于建构具有自我发展能力的文化和人文关怀的中小学科学课程，对青少年认识古老中国关于物质、技术和观念的智慧，养成"至诚"科学精神，获得科学领域关键经验具有深远的意义。榫卯结构的精巧设计和工匠技艺所蕴含的科学智慧、益智思维和木作文化，于传统科技对青少年的科技教育的价值而言意义重大。

（1）榫卯结构蕴含重要的科学文化价值，是宝贵的传统科技文化遗产资源，囊括青少年科学学习的科技文化情境，有助于增进青少年对榫卯结构、鲁班锁等传统科技的感知和理解。

（2）榫卯结构的设计具有重要的科技价值，有助于提高青少年的科学认知能力。青少年的科学认知与古人的科学认知有一定的相似度，青少年可以像古人那样从事古代水平的科学活动。榫卯结构、鲁班锁等传统科技探究活动有助于青少年获得科学直接经验。传统科技发展历程展现的科学历史具有叙述性的特质，能够为青少年创设科学探究的情境，有助于培养青少年的科学情感、科学态度，帮助青少年掌握科学方法。

1.3 榫卯结构的溯源

榫卯最早起源于距今7000年左右的河姆渡文化时期。

在春秋战国时期，榫卯工艺得到了很好的发展，鲁班锁便是典型代表。鲁班锁是中国榫卯工艺历史产物的代表，如今成了家喻户晓的益智游戏玩具，如图1.2所示。

秦汉时期的榫卯工艺逐渐成熟，榫卯结构类型也有了新的发展，如企口砖、楔形砖等（图1.3）。

图1.2 鲁班锁　　　　　　　　　图1.3 秦汉时期榫卯建筑

直到隋唐时期，榫卯与建筑发展到了鼎盛时期，木构建筑精密坚实，出现了佛光寺大殿、南禅寺大殿等一系列伟大的历史建筑。

宋代，人们的审美意识有了很大的提升，这也使得该时期的榫卯建筑更具欣赏性。

明清时期，建筑所使用的榫卯结构已达到一百多种。当时的大多数建筑都是内敛而严肃的风格，如图1.4所示的明朝最具代表性的木结构建筑——紫禁城（周乾，2020）。

图1.4 紫禁城

2010年，上海世界博览会中国馆（图1.5）凭借极具东方色彩的斗拱结构惊艳世人，向世界展现了城市发展中的中华智慧。该馆使用了榫卯的穿插和层叠出挑，颇有"如鸟斯革，如翚斯飞"的态势。

图1.5 上海世界博览会中国馆

如今，榫卯结构是户外仿古木制家具设计生产的一个重要元素，能提高户外仿古木制家具整体的稳定性、坚固性和耐用性（图1.6）。

图1.6 仿古木制家具

除了建筑设计和家具设计领域，人们还针对不同年龄段的群体研发了幼儿、少年、青年和成年玩具产品（图1.7），在继承的基础上发展榫卯技艺。

图1.7 榫卯玩具

1.4 榫卯结构的相关研究

佟明星（2021）提到，目前中国品牌的益智类玩具较少，主要由国外引进并带有明显的国外文化特征。因此，选取传统榫卯结构作为中国传统文化的代表元素，尝试将榫卯结构应用在玩具上，可促进儿童智力发展，并在思想文化上起到耳濡目染的作用，进而较好地通过玩具发扬中国传统文化。

董华君和沈隽（2018）通过对儿童心理特征与儿童益智玩具的设计要素进行分析，利用中国的传统连接方式——榫卯结构，结合动物形态，在遵循形式美设计规律的基础上，设计了有中国特色的儿童益智玩具，能达到在开发儿童智力的同时传承中国传统工艺文化的效果。

刘姝均（2021）在简要阐述木构榫卯建筑的基础上，对木构建筑中榫卯结构的应用形式、应用技术和应用部位展开了研究，并结合传统工艺技术文化发展的实际情况，对榫卯结构材料、形式及设计方面的创新继承与发展进行了分析，以期推动榫卯结构更加广泛的应用。

刘佳慧和宋莎莎（2019）指出，可从木构榫卯的材料创新出发，采用人工再造型的新型工程木材。除了对木材本身进行创新外，还可以将木材与其他材料相结合，改善木构结构外观厚重呆板的缺点。也能从木构榫卯的结构进行创新，利用绿色设计的理念，对榫卯结构形式进行再设计，让榫卯更加环保节能甚至可重复利用。

兰天翔（2019）建议，可通过榫卯结构进行延伸，如可拆卸家具、装配式家具和模块化家具。或将榫卯结构运用于玩具设计当中，不仅能够丰富产品类型，还能够满足人们在精神上的需求，同时对于提升玩具娱乐价值也具有非常大的作用。

李爽和徐伟（2019）以燕尾榫为原型进行改良设计，提出了一种"半燕尾榫式三方垂直交叉连接结构"，并将其用于椅子的椅腿、前后拉档和望板等部位的接合。

陈振益（2021）认为，榫卯结构设计包含物质丰富的历史文化信息和技术特色，并且具有开放性的主题。这些特点使榫卯结构设计能够作为合适的教学内容，训练学生对传统文化的感知、结构知识和创新设计思维。

李鑫宇和李柏山（2021）提出了将榫卯推向市场的创新点与特色想法，如强化中华文化的身份认同、为客户提供专业的设计信息资源仓库和灵感、整体化设计和趣味性设计等。

申奇志和温宇（2021）认为，榫卯结构（如鲁班锁）可以在制造类专业教学中加以应用。文章以鲁班锁的制作为案例阐述了在制造类专业教学中如何结合教学载体融入课程思政元素，并就专业教学中如何做好课程思政教育提出了建议。

针对榫卯结构的开发与创新，大部分研究者都从榫卯的材料、结构、功能与连接方式等角度出发。教育工作者也开始以传统榫卯为载体，引导学生通过对传统科技文化的学习，获得工匠的智慧和创意设计的启迪，对解决当下的科技教育问题具有积极的意义，使传统科技主题催生出新的教育价值。

1.5 榫卯结构的具体研究

榫卯结构的部分类别有鲁班锁中的榫卯结构、经典或传统的榫卯结构、建筑中的榫卯结构、家具中的榫卯结构、复合型榫卯结构。

1.5.1 鲁班锁中的榫卯结构

榫卯结构的典型代表鲁班锁主要有：心心相印、三人行、鲁班球和其他鲁班锁类型。分析与汇总后可以发现，鲁班锁中的榫卯结构的特点如下：①可以实现自锁，结构相互衔接比较精密；②结构精巧，几何原理运用透彻；③形状各异，可以实现的功能及用途较多。部分鲁班锁中的榫卯结构如图1.8~1.16所示。

图1.8 心心相印的榫卯整体结构图 　　图1.9 心心相印的榫卯解构样式

图1.10 三人行的榫卯整体结构图 　　图1.11 三人行的榫卯解构样式

图1.12 鲁班球的榫卯整体结构图 　　图1.13 鲁班球的榫卯解构样式

图 1.14　三通锁榫卯结构 　　　图 1.15　六根孔明锁榫卯结构 　　　图 1.16　其他类型的榫卯结构

1.5.2 经典或传统的榫卯结构

典型的榫卯结构主要分为点、面、体三类。

点类榫卯结构主要分为暗榫、明榫、楔钉榫、方材丁字形结合榫、挖烟袋锅榫、三根直材交叉榫、走马销、弧形直材十字交叉、梅花榫、圆方结合裹腿榫等。

暗榫又称半榫、闷榫。榫头较短，结合强度低。暗榫的优点是两个拼头处同时做榫头和榫窝，两侧榫头互相插进对方的槽口（图 1.17）。

明榫的榫头深而实，多用在桌案板面的四框和柜子的门框处。明榫榫端外露，虽然影响美观但结合强度大。一般受力大且隐蔽的家具（如沙发、床架、工作台等）可采用明榫（图 1.18）。

图 1.17　暗榫 　　　图 1.18　明榫

楔钉榫使连接材料上下、左右不错移并紧密结合，常用于连接弧形材，如圈椅的扶手。楔钉榫的优点是两片榫头合掌式交搭、榫钉贯穿，严密连接成一体。

方材丁字形结合榫的优点是揣尖入卯，能够提高格肩部分和长方形阳榫的坚实度。

挖烟袋锅榫的优点是使用古典家具制作中的一个榫卯衔接手法衔接椅子扶手，椅子的搭脑部分最常使用这种结构（图 1.19）。

三根直材交叉榫（图 1.20）的优点是三材相交合，坚实牢固。

图1.19 挖烟袋锅榫　　　　　　图1.20 三根直材交叉榫

走马销榫卯结构的特点是榫头的上部小、下部大，相对应的榫眼的开头也是先大后小。接合时榫头先从榫眼大的一端接入，再慢慢推向榫眼小的一端，形成紧密牢固的结构。走马销的优点是榫头与榫眼拍合后上提或挂拉都不会脱落（图1.21）。

弧形直材十字交叉榫卯结构的优点是两材相交的格肩部分和长方形阳榫可以紧密贴合在一起（图1.22）。

图1.21 走马销　　　　　　图1.22 弧形直材十字交叉

梅花榫（图1.23）的结构优点是榫头与下部的嵌合程度高，结构牢固。

圆方结合裹腿榫（图1.24）结构的优点是榫头嵌入榫眼，与腿足更紧密地结合在一起。

图1.23 梅花榫　　　　　　图1.24 圆方结合裹腿榫

面类榫卯结构主要有抄手榫、穿带榫、攒边打槽装板、燕尾榫等。

抄手榫（图1.25）的结构优点是两榫相交成直角，受力均等且平整，结构特别牢固。

穿带榫（图1.26）的优点是可以支撑面板承受压力，也可以防止面板变形，使其不弯曲或者左右活动。

图 1.25 抄手榫

图 1.26 穿带榫

攒边打槽装板（图 1.27）的优点是实现了薄板当厚板使用，解决了木材热胀冷缩带来的问题。

燕尾榫（图 1.28）多用在两块平板直角的相接处，榫头为梯台形，形似燕尾。其榫头端部宽、根部窄，卯口里大外小。在承受荷载时，该结构允许一定的变形，因此抗震性能优越。

图 1.27 攒边打槽装板

图 1.28 燕尾榫

体类榫卯结构主要分为夹头榫、云型插肩榫、抱肩榫、棕角榫、腿足与托泥的结合、刀牙条案榫等。

夹头榫可使案面和足腿的角度不易改变，并能使四只腿足夹住牙条，连接成方框，进而使四只腿足均匀地分担案面重量（图 1.29）。这种结构的桌案非常牢固耐用。

云型插肩榫（图 1.30）的优点是牙条受重下压后可与腿足的斜肩咬合得更紧密。

图 1.29 夹头榫

图 1.30 云型插肩榫

抱肩榫（图 1.31）是腿足与面板、腿足与腿足相结合的部位，是家具水平部件和垂直部件相连接处特别重要的榫卯结构。

棕角榫（图 1.32）常用于柜、桌等无缩腰结构的家具，是面板与腿连接的常用榫卯形式。棕角榫的优点是三面都集中到角线，形成 45° 斜线，受压后三角结合在一起。

图 1.31 抱肩榫 图 1.32 粽角榫

腿足与托泥的结合（图 1.33）的优点是牙条与腿足和角牙拼合时，三者紧密结合在一起，结构非常牢固。

刀牙条案榫具有夹头榫结构，采用带侧脚的圆材腿足上端开口嵌夹带榫结合的耳形牙头的牙条，再以双榫纳入案面边框底部（图 1.34）。

图 1.33 腿足与托泥的结合 图 1.34 刀牙条案榫

总结各类典型的榫卯结构，其连接方式与主要用途都有各自的独特之处（表 1.1）。

表 1.1 按点、面、体分类的榫卯结构

分类	连接方式	代表类型	主要用途
点	横竖材相互交叉结合，直材、弯材结合，明、暗相互交叉结合，实现方向的转变和衔接	主要有暗榫、明榫、楔钉榫、方材丁字形结合榫、挖烟袋锅榫、三根直材交叉榫、走马销、弧形直材十字交叉、梅花榫、圆方结合裹腿榫等	家具中主要用于桌子腿部、椅子扶手、物件支架等，建筑中主要用于梁柱的衔接部分
面	实现面与面结合、平面与四边相互结合、边与边的相互插合，实现转弯、拼接、延伸	主要有抄手榫、穿带榫、攒边打槽装板、燕尾榫等	家具中主要用于床类、箱类、架子物品放置面等平面连接处
体	各式榫卯结构相互交叉，形成一个整体	主要有夹头榫、云型插肩榫、抱肩榫、粽角榫、腿足与托泥的结合、刀牙条案榫等	架子类、柜类等各式平面或边的转角处，用于边与平面的衔接与交互结合

1.5.3 建筑中的榫卯结构

建筑中的榫卯结构主要分为4类：柱、梁、枋、斗拱。中国的木建筑构架一般包括柱、梁、枋、斗拱等基本构件，这些构件相互独立，需要用一定的方式连接才能组成房屋。在中国传统古建筑中，原则上采取榫卯连接的方式，必要时也会用铁钉。

柱作为古建大木结构的重要承重构件之一，主要用于垂直承受建筑上部传来的作用力。古建筑的柱子与梁是通过榫卯方式连接的，即柱顶做成卯口形式，梁端做成榫头形式，插入柱顶预留的卯口中。

梁（图1.35）在建筑中的木构是梁柱系统，建筑的梁柱系统通过柱子与横梁的交叠扣搭来支撑整个屋顶的重量。梁柱之间不同的搭配，又可以形成抬梁式与穿斗式等不同的样式。

图1.35 梁

枋（图1.36）在柱子之间起联系和稳定的作用，属于水平向的穿插构件，往往随梁或檩设置。枋是较小于梁的辅材，截面为矩形，是方柱形的横木。

斗拱（图1.37）由方形的斗、升、拱、翘、昂组成，是中国木构架建筑的关键部件结构。斗拱在横梁和立柱之间挑出，用以承重，从而将屋檐的荷载经斗拱传递到立柱。

图1.36 枋 　　　　图1.37 斗拱

北京故宫的建筑反映了榫卯结构是如何运用到建筑领域的。故宫中极具特色的建筑之一，即为角楼。现存的角楼设计精美奇特，蕴含了阴阳五行观和中庸思想，是紫禁城内造型最为复杂的建筑，其工艺之高超，举世罕见。角楼每层屋檐下的斗拱整齐有序，弧度优美，极具艺术感。斗拱下三交六椀菱花纹饰门窗的各直棂与斜棂相交后组成无数

等边三角形，每组三角形内有六瓣菱花，这些菱花相交后又围成一个个圆形，形成虚实相映、繁花似锦般的几何造型。立柱巧妙布置于建筑的各个转角，与梁枋均为榫卯连接，形成东方古建筑特有的刚柔相济之美。支撑立柱的台基稳固有力，完成城墙与角楼的衔接过渡（周乾，2021）。

1.5.4 家具中的榫卯结构

家具中的榫卯结构主要有 7 种代表，分别为燕尾榫、圆棒榫、指接榫、方形榫、插片榫、走马销、楔钉榫。

燕尾榫是目前已得到验证的最牢固的一种盒子或柜子，这种箱体结构的榫接方式非常普遍地用于制作盒子或柜子。但其手工制作难度相对较大，如果要做到严丝合缝，需要一定的练习。

圆棒榫（图 1.38）是现代家具中使用的典型连接结构，与燕尾榫、方形榫等传统榫卯相比，圆棒榫的生产加工更高效。如图 1.38 所示，椅子中的每一个插孔和插槽都采用机器加工生产，穿插严密、紧密结合。其表面分为光面和螺纹，螺纹圆棒榫的接合强度更大，且能增加圆棒榫在榫眼内的深度，还能加大接合强度，遵循榫卯结构力学原理，确保椅子美观耐用。

指接榫（图 1.39）指接板由多片木板拼接而成，类似两手的手指交叉对接，用于零件的接长和脚部的接合。指接榫是仅次于燕尾榫的箱体结构榫接方式，其因制作相对方便，同时又有很高的强度，被广泛应用于各类箱体结构当中。

图 1.38　圆棒榫 　　　　　　　　　图 1.39　指接榫

方形榫（图 1.40）是最常见的接合方式之一，其最主要的特征是具有方形榫头，两构件接合后外露的是明榫，隐藏于构件内的是暗榫。该榫常使用在桌角与桌腿的连接处，在三个连接部件上有榫眼，此结构能让构件紧密连接，使家具设计更加生动美观（张琪，2021）。

插片榫（图 1.41）为 45°对角插片榫，即将两块板端面部位切成 45°，利用胶水黏合固定后，在交接面锯出插片槽并插入榫片。

图 1.40　方形榫　　　　　　　　图 1.41　插片榫

走马销拆装便捷，如今仍被沿用在许多现代家具上，部分不锈钢橱柜也采用新型不锈钢走马销榫卯连接技术。该技术能够使家具表面平整无孔且不易落灰，还能有效提升柜体的稳固性，大大提高安装效率（张雨萌等，2021）。

楔钉榫在古代传统圈椅的扶手上应用很多。它虽然身材小巧，但非常牢固，能使整个弯材连为一体，紧密无缝。此榫不仅能加强横杆的牢固程度，木材内应力还加强了竖杆的结构稳定性，圆角设计更增加了使用时的安全性。

此外，还有复合型的榫卯结构，类型主要包括 12 种。总而言之，榫卯结构的类型多种多样，应用领域广泛，功能齐全。

1.5.5　榫卯结构创新探索的研究工具

榫卯结构的创新开发所使用的研究工具主要有 3D One 绘图软件、3D 画图、SolidWorks 等画图软件；涉及的文献资料主要来源于中国知网、维普、百度、bilibili 等网站；涉及的加工材料有混合型水晶滴胶等。

1.6　榫卯结构的创新开发与实践探索

基于对榫卯结构的相关文献、资料和信息的搜集及整理，我们发现榫卯结构具有牢固性、美观性、实用性和简洁性等特点。因此，我们设想能否制作一种尽可能满足上述优点的榫卯结构，其主要优点包括：①结构简单，制作方便；②衔接紧实，牢固性强；③可改变构造方向，满足更多需求；④结构清晰，实现自锁；⑤受力合理，坚固耐用；⑥解决木材热胀冷缩的问题，避免浪费。基于以上的设想，如下的作品设计着重考虑榫卯结构的自锁设计。榫卯中的自锁结构指榫与卯的安装方向与安装后的受力方向垂直或呈一定角度，即安装后受结构或结构间的作用力限制固定不动，而在安装方向上可拆装的一种结构。自锁结构的拆装具有固定的顺序，安装后可卡紧，非人为不可拆卸（王佳实等，2021）。这样的设计可以更好地解决结构、牢固性、受力等问题。

榫卯结构的如下创新开发主要设计并制作了五种榫卯结构，分别为穿带自锁榫、明榫二通、五体暗榫、凸凸体、鲁班凹体。每一个结构的设计都有其侧重点和创意。

1.6.1 穿带自锁榫

穿带自锁榫的主要优点包括：①实现目标物件自锁的同时，可利用穿带结构增加其稳定性；②节省材料、结构简单、修补容易；③卯部件承重力度大，借助穿带分散受力，同时与榫部件结合得更加紧密。穿带自锁榫 3D One 建模图如图 1.42 所示。

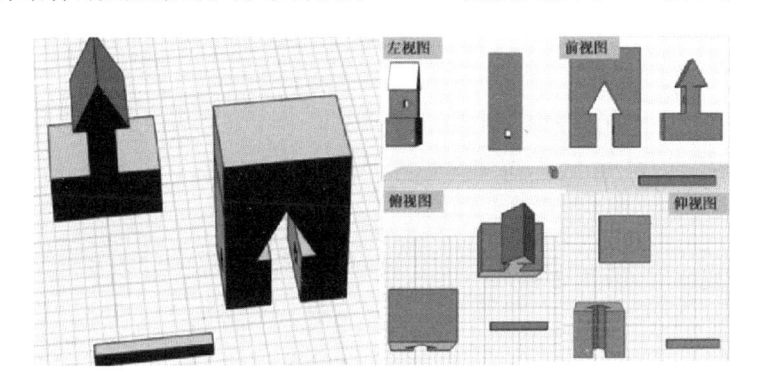

图 1.42 穿带自锁榫 3D One 建模图

1.6.2 明榫二通

明榫二通的优点包括：①由一榫一卯构成，制作简易且结构美观；②采用楔形嵌合结构，结合紧密，牢固性强；③运用明榫结构模型，可以修补，同时榫头与榫眼扣合后上提或挂拉都不会脱落，实现自锁；④实现上下、左右的方向转换，满足"二通"需求，更好地满足现实需要。明榫二通 3D One 建模图如图 1.43 所示。

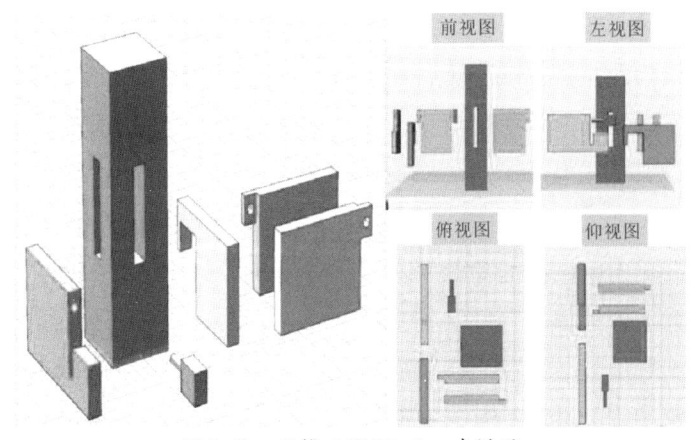

图 1.43 明榫二通 3D One 建模图

1.6.3 五体暗榫

五体暗榫的优点包括：①整体由四榫一卯组成，结构契合程度高，稳固性强；②同时实现上下左右四个方向的结构需要,更好地满足多样化需求;③满足衔接与延伸的需要的同时,分散受力,增强整体承重能力;④契合部位采用微留空的设计,能够解决木材热胀冷缩的问题,省材耐用。五体暗榫 3D One 建模图如图 1.44 所示。

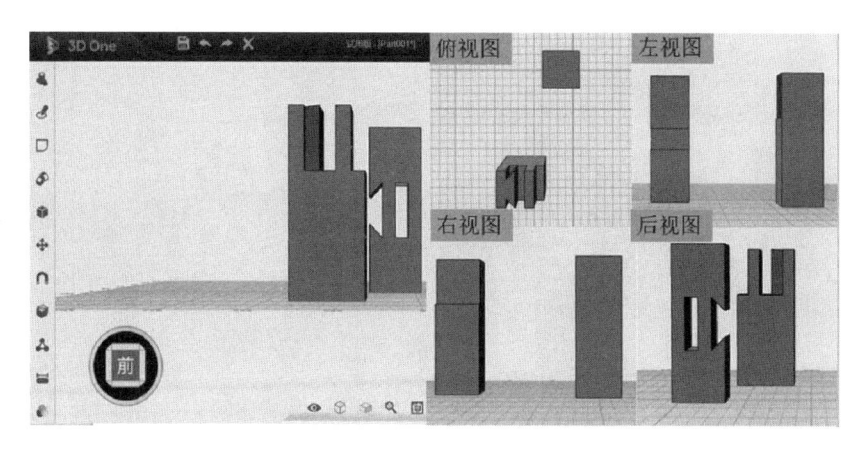

图 1.44　五体暗榫 3D One 建模图

1.6.4　凸凸体

凸凸体是最经典的榫卯结构之一,其优点包括:①同时运用明榫、暗榫,各部件既可为榫,也可为卯,契合程度高,稳固性强;②采用楔形嵌合结构,上部小、下部大,确保榫头与榫眼拍合后上提或挂拉都不会脱落;③实现目标物件自锁的同时,可利用穿带结构,严密贯穿,连接成一体。凸凸体 3D One 建模图如图 1.45 所示。

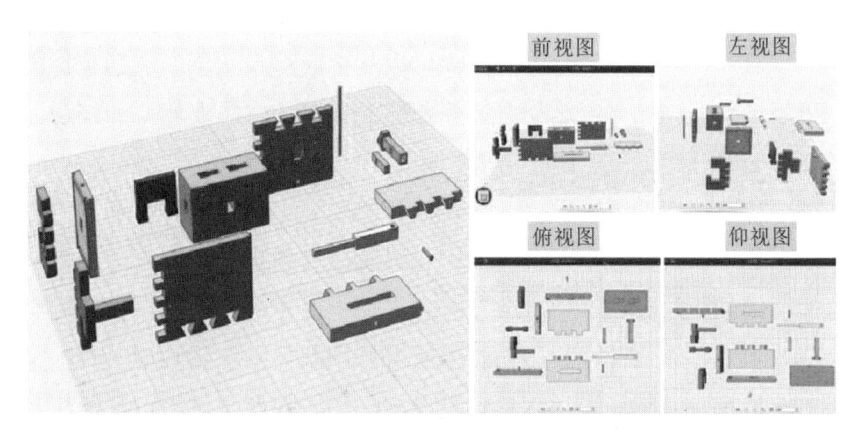

图 1.45　凸凸体 3D One 建模图

1.6.5　鲁班凹体

以凹字形榫卯结构(鲁班凹体)相契合,实现多结构、多层次、多方位的结合,进而延伸,可得到一个更坚实牢固的榫卯:①整体结构衔接紧实,契合程度更高,牢固性强；②外部运用抄手榫与明榫的设计，两榫相交成直角，受力均等且平整，确保部件不会上下、左右脱节；③内部采用鲁班锁结构，可以实现自锁，结构衔接精密且巧妙，几何原理运用透彻。鲁班凹体 3D One 建模图如图 1.46 所示。

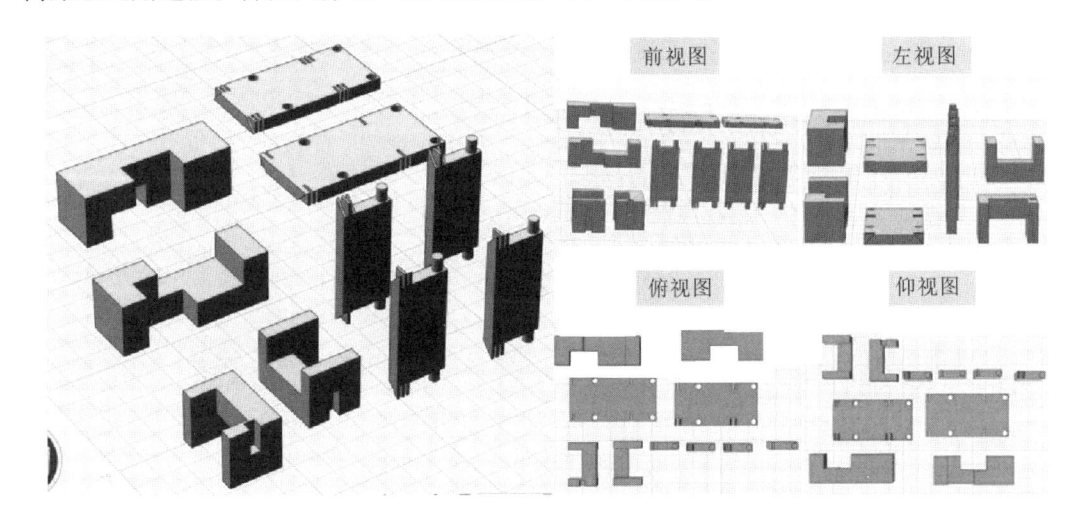

图 1.46　鲁班凹体 3D One 建模图

1.7　榫卯装置项目学习与探究反思

首先，具体的目标是一个好的开始。形成整个项目所需资料与材料的框架，按照具体的步骤去行动，会让接下来的项目推进变得更顺利。

其次，资料整合和分门别类的研究过程很重要。尤其需要透彻研究与解构分析每一类榫卯结构，这或许会考验你的耐心，但你可以从中获得新的创新点和延伸方向。在资料搜集与分析的过程中，你也可能会充满迷茫与混乱，此时需要耐心和细心。文献与资料从一开始就要做好分类，避免后续错乱。

再次，创新与制作的过程不要一开始就要求完美，因为你无法预估其间发生的变化。创新与制作就是一个不断打破原有想法的过程，从形成初步想法到全盘推翻，到再次提出想法、修改、试错、制作、再修改，再定型……这是一个自我提升的过程。

最后，要对 3D One、3D 画图、SolidWorks 等画图软件的基础功能及每一个功能键进行反复练习直至熟悉，要反复操作简单到复杂的构图。在此基础上，熟能生巧，并不断反思设计的过程，才可能产生不一样的创新想法。

第 2 章　鲁班锁内部结构探秘与创新实践

2.1 鲁班锁简介

作为中国古典四大益智玩具之一，鲁班锁凹凸拼插、卯榫成锁，比铁钉连接更加结实耐用，而且表面没有修钉的痕迹，不尽机巧内藏其中。鲁班锁蕴含了千百年来的工匠文化和技艺智慧，是传统益智玩具的代表，具有设计巧妙、造型优美、独具匠心等特点，流传于古今中外，千百年来收获了众多喜爱者。

2.2 鲁班锁相关的中小学课程标准内容及教育价值

2.2.1 鲁班锁相关的中小学课程标准内容要求

鲁班锁及类鲁班锁结构的探究分析活动，涉及中小学科学或通用技术课程中的工程技术内容。以下分别是小学科学、初中科学和高中通用技术的课程标准中的相关内容要求。

1. 2022 版小学科学课程标准

小学科学课程标准中指出，工程技术的关键是设计，工程是运用科学和技术进行设计、解决实际问题和制造产品的活动。技术的核心是发明，是人们对自然的利用和改造。鲁班锁是一种益智木作文化，学生学习鲁班锁的结构并加以创新，体现了对木作文化的利用和改造。

2. 2022 版初中科学课程标准

初中科学课程标准中指出，技术的创新设计旨在帮助学生理解技术的发展需要发明和革新，能够有意识地运用一定的技术和方法体验发明创造的过程，形成积极的创造意向和兴趣，培养良好的批判性思维和创造性思维等思维品质。其中"木工"主题是江苏省九年义务教育初中教科书《劳动与技术》中的一个重要模块。

3. 普通高中通用技术课程标准

《普通高中通用技术课程标准》（2017 年版）中的传统工艺及其实践模块中提到，传统工艺是人类长期以来采用特定工具与方法进行手工制作的经验凝练和积淀。该模块旨在帮助学生了解传统工艺的一般知识，经历传统工艺的项目制作与探究的实践体验，领略传统工艺的文化意蕴和技术特征，培育工匠精神。要求学生会运用传统木工技术、木结构连接技术，以及设计、画图、锯割、凿削、锉削、磨制等技术方法，制作一件木制品。

2.2.2 鲁班锁开发的教育价值

鲁班锁不仅展现了中国古代工匠的科技智慧，更是一种科技创新精神的象征。其独特精巧的内部结构，是中国古代工匠智慧的具体体现，是鲁班创新精神的符号代表。鲁班锁的凹凸配合实际就是木块之间的契合。契合就是通过精巧的设计和趣味组合过程，把巧妙的设计与使用时的愉悦心情贯穿始终。它不仅给工匠提供了充裕的创作空间，激发工匠创作的欲望，还将创意延续到使用阶段，使形态与使用者和谐互动。使用者在感受契合形态美感的同时，也能体会工匠深层次的设计内涵和智慧思维。为此，重燃鲁班锁的创新与探索研究的激情具有以下两个方面的意义。

1. 发扬传统工匠文化

鲁班锁浓缩了中国传统工匠的设计智慧与创新精神。它既可以作为一类益智游戏，也可以作为一类益智玩具，是中华传统科技文化的一种象征符号，以其特有的艺术价值形式延续传统造物精华，承载了底蕴深厚的民间木作文化内涵。鲁班锁还可以融入产品的创新设计，对于继承和发扬中国的传统工匠文化具有重要的意义。例如，鲁班锁可以融入现代家具的设计中，这不仅有利于家具的组装与拆卸，还可以让现代家具在创新中继续传承中国传统工匠的科技智慧。鲁班锁解构与重构的探索过程可以培养人们的探究精神与创新意识。鲁班锁中的人文性也体现在各个方面，既可提供娱乐以修身养性、启发心智，又可作为民俗装饰。同时通过了解鲁班锁的精巧结构，能够感受先人的奇思妙想，从而更深入地了解中国的传统工匠精神与科技文化，增强民族的认同感和凝聚力。

2. 锻炼益智思维

通过鲁班锁，我们既能够领略木作结构设计的巧妙与趣味，也能够理解其中蕴含匠心的设计与创新思维，将启智、培智和益智等教育环节融于日常游戏与玩具中。鲁班锁通过巧妙的构合、分离、搭嵌、拆卸与组装的过程寓教于乐，在趣味性中提升使用者的思维空间。

2.2.3 鲁班锁创新研究及方法

（1）从各种与研究主题相关的材料中搜集所需要的文献资料，为研究主题提供理论支撑。通过文献研究，了解该主题的研究现状。

（2）通过对已有文献资料的整理、梳理与提炼，结合研究现状与相关案例设计，确定研究主题开发与探索的方向。

（3）对于鲁班锁结构的研究，不应局限于其内部结构，而应该拓展传统工匠智慧与工匠技艺在现代家具、益智玩具和实验教具等设计中的应用。因此在研究鲁班锁种类与内部结构的同时，还应该关注传统工匠文化与技艺在现代的传承与创新探索。

关注传统工匠智慧和技艺的创新设计，是近年来各类产品开发的一大趋势，但益智玩具设计中关注传统工匠技艺的情况并不多见，该领域仍然有很大的探索空间。鲁班锁不仅是经久耐用的结构，更是具有形式美的传统技艺。研究鲁班锁结构在现代益智玩具中的创新设计就是将传统工匠技艺进行创新和再发展。

2.3 鲁班锁的溯源

鲁班锁是流传于中国民间的一种智力玩具。其最早见于文字是清代桃花仙馆主人唐再丰所著的一套魔术书《中外戏法图说》（又名《鹅幻汇编》），当时称它为"六子连芳①"，并描述它"乃益智之具，若七巧板、九连环然也。其源出于戏术家"。鲁班锁的奇妙之处在于运用了中国古代建筑中首创的榫卯结构，整体由基本的搭接榫构件通过位移和杆件的互补与自锁形成稳固的特有三维结构体。

鲁班锁的传闻众多，有的认为它是春秋时期的鲁班发明的，所以称为鲁班锁。相传鲁班曾用六根木条做了一个可拆卸、拼合的玩具给他的儿子，以此来锻炼孩子的动手能力，这就成了最初的鲁班锁。后来鲁班锁逐渐发展出各种造型，作为一种智力开发的玩具流传至今（吉枥贤和施煜庭，2020）。也有传闻认为鲁班锁是三国时期诸葛亮根据八卦玄学内在原理创造而来，因此也叫"八卦锁""孔明锁"。

还有一种说法是称其为"王尔文玩"（图2.1），据说由木匠的远古始祖王尔所创。关于王尔，《韩非子》中有"无规矩之法，绳墨之端，虽王尔不能成方圆"之句。据《韩子新译》提及"王尔，古巧匠名"，其生卒年月已不可考，是远早于鲁班的远古木匠始祖，且其源头可以追溯到新石器时代。在距今约7000年前的浙江余姚河姆渡文化遗址就发掘出了大量结合完好且多种式样的榫卯结构文物（图2.2）。目前，"王尔文玩"（鲁班锁、孔明锁）作为传统木作技艺，已被列入忻州市非物质文化遗产项目（赵永功，2021）。

图2.1 王尔文玩　　　　　图2.2 河姆渡文化遗址出土的榫卯构件

---

① "莲"也称"联"，"芳"也称"方"。

鲁班锁凝聚了古代劳动人民和工匠的智慧与创新，对放松身心、开发大脑、灵活手指均有益处，是老少皆宜的休闲玩具。随着历史的发展和研究的深入，鲁班锁的样式也越来越丰富。

2.4 鲁班锁的相关研究

张嘉慧等（2017）以三通锁、封锁、二十四锁为例，对鲁班锁的形态、结构、功能和审美等方面进行了分析，并研究了鲁班锁的特点和艺术价值，从而探究其所蕴含的民间智慧和对现代设计的启示。

赵楠和董博（2021）指出，近年来对儿童相关的投入日渐增多，促进了儿童木质家具产业的发展。该文章通过分析鲁班锁内部结构的设计内涵，介绍了儿童木质玩具的设计及开发现状，进而开展了鲁班锁启发下的儿童木质玩具设计与开发研究。

张驰和杨冬江（2021）以"六子联芳"为例研究了鲁班锁的造型语言和设计原理。通过分析现代会展展具的分类及构造，以"樽"展具的设计为例，展示了鲁班锁为解决现代会展设计相关问题提供的一种新的思维模式。

马婧和徐伟（2019）通过对传统鲁班锁结构的探索与解析，分析了其造型形态、结构特征以及内在审美，探讨了鲁班锁元素与现代家具结合的方式与意义。将鲁班锁这种巧妙的三维组合方式应用到现代家具结构支撑节点的设计中，不仅可为日常家居生活注入新的趣味与活力，也可为鲁班锁元素的现代化应用提供新的设计思路。

胡凤朝和李金坡（2014）指出，鲁班锁是我国古代先人发明的益智玩具，用于教学可以发展学生智力、培养劳动技能，拓展其功能可以培养学生的创新能力。

2.5 鲁班锁的具体研究

2.5.1 鲁班锁结构原理

鲁班锁起源于中国古代建筑中的榫卯结构（晓琳，2002），利用了榫和卯的原理。榫，也叫榫头，是竹、木、石制器物或构件上凹凸连接处的凸出部分。卯，也称为卯眼，是凹凸连接处的凹进部分（罗艺晴，2009），如图 2.3 所示。榫卯结构的精妙之处在于，通过一凹一凸的结构，不需要添加任何钉或胶作为辅助手段，就可以将各个部件稳定、精准、细密地结合在一起，连接合理（王洁，2018）。

鲁班锁完全靠自身的结构连接支撑，一榫一卯，一凸一凹，通过杆件的互补与自锁形成

图 2.3 榫卯结构示意

特有的稳固结构，紧密地连接在一起（马骏和穆琛，2012）。"榫卯原理"不仅指榫卯结构的外在表现形式和其运用的力学原理，更是指榫卯结构内部所蕴含的哲学思想和文化内涵——匠人精神和"天人合一"思想（黄亮和胡雪莹，2021）。

2.5.2 鲁班锁的模数探析

鲁班锁是榫卯工艺的一种特殊形式。榫卯工艺蕴含了数学的原理，其复杂的内部结构与特殊多样的形式使其具有独特的魅力。有学者对其空间形式与内部结构进行了分析研究。

鲁班锁的模数指选定的标准尺寸单位，是各种设计制作进行尺度协调的基础。例如，建筑中的基本模数规定为100mm，以M表示，即1M=100mm。榫卯工艺的结构均是符合特定模数关系的，揭示结构的模数关系才能弄清结构的内部构成，使复杂的结构有章可循（冯启飞和曹潇丹，2014）。

鲁班锁的结构构成与每个木条在结合体中所处的位置、木条上榫槽的位置直接相关，这两项是决定鲁班锁结构的重要变量。当每个木条所处位置不变时，榫槽的变化才能使不同木条构成一个完整的基本结构。

如果说鲁班锁是由多根木条组成的，那么一根木条就是一个模块，多个模块组成一个鲁班锁；如果一根木条可以看作是由若干个小正方体组成的，那么这个小正方体就称为模数块。一个模块由不同的模数块组成，每个模块都在不同的位置缺失模数块就形成了带有不同榫槽的模块。虽然模数块的位置和数量发生了变化，但是总体数量和最终结构形式不变，依然能构成一个完整的基本结构。模数展示图如图2.4所示。

图2.4 模数展示图

现代人研究发明的新鲁班锁样式大都是基于鲁班锁的模数关系进行创新的，万变不离其宗，只要能将多根带有经过精密计算切割后的榫槽的木条拼合成一个规矩严密的体块即可。在将鲁班锁结构与其他领域设计相结合时，模数关系是需要遵循的一个要点。

2.5.3 鲁班锁的"人机关系"

作为一种老少皆宜的益智游戏玩具，鲁班锁的拼装和拆卸过程始终离不开人手的操作。这项看似简单的脑力游戏，实际上蕴含着丰富的人机工程学原理。

鲁班锁的整体尺寸是在考虑人机工程学的基础上设计的，其大小刚好适合人手玩耍。不论是鲁班锁的拆解过程还是部件的穿插过程，手指一直处于活动的状态。为了保证良好的人机操作体验，鲁班锁整体尺寸的大小必须在人手的掌握之内，手握尺寸太大或太小都容易使手部肌肉酸困。

经过认真观察，发现做工精致的鲁班锁几乎每个部件都是光滑圆润的，没有锋利的尖角。这样的细节处理减小了鲁班锁拼接时的摩擦力，也保护了人手，使人产生心理上的愉悦和安全感。

2.5.4 鲁班锁的构造探究

鲁班锁还是一种流传于民间的益智玩具。它形式多变，玩法丰富，最神奇的地方是虽然不用任何工具固定，却能使各个部件紧密连接一起，使整体表现出不同的外观。鲁班锁类玩具比较多，形状和内部的构造各不相同，一般都是易拆难装，拼装时需要一定的空间思维能力和足够的耐心，并且需要仔细观察，认真思考，分析其内部结构。

1. 鲁班锁的构型探析

鲁班锁的视觉造型并不复杂，却带有极强的识别性（李志港和穆存远，2013），即使是部件最多的鲁班锁的造型也不会给人杂乱的感觉。鲁班锁都是以多个大小不一且结构规律的长方体榫构件通过凹凸相嵌的槽口制约拼插而成的，其造型简洁多变，且多以对称的形式呈现，各个部件经过重复、旋转、叠加、切割、相交等方式在三维空间中形成独特的美感，给人一种整齐有序、严谨且平静的感觉。

鲁班锁的各个构件由匠人经过精密计算切割，其凹槽结构之间蕴含着几何、虚实等多种含义。构件组成的中心结构则更为精巧，每一个构件都在为下一个构件预留摆放空间（穆存远等，2010）。最终，从单独构件到组装完成的整体都给人以严谨、端庄和简洁的感觉，充分体现出榫卯结构的美感。每一个构件的造型语言也都是遵从自身对称与构件间对称两大原则，无一不体现其美感。

鲁班锁的外观形态是斗榫合缝的十字立方体，内部则是不费一钉一胶的自主凹凸拼接的榫卯结构，通过位移榫构件，实现相应杠杆的互补与搭接，形成特有的稳固结构，完成自锁。鲁班锁的外观造型多以对称的形式存在，简约紧凑，同中存异。从其正视图来看，都展现出45°倾角，结构重心存在于视觉中心区，四方均衡对称。而简洁的木质结构给予人温润、周正之感，整体呈现出木作结构的自然纯正之美，展现了中华传统造物之精华。

2. 鲁班锁的结构探秘

在鲁班锁的造型中，每根木方大体相同，但仔细分辨又都有自己独特的样式，木方不同的凹槽用于根据设计好的榫卯结构做调整。在拼装时，即使木方紧紧相扣，其仍然为后放置的木方预留了空间，直至最后一根"锁眼"放入之后，才形成了紧密结合、密不可分的鲁班锁玩具（赵雨涵和曾勇，2020）。

不同种类的鲁班锁的内部结构也不同，各功能杆件在三维空间中通过相交、旋转、叠加、搭接等方法攒聚成各异的立体结构形态。根据其结构形态大致可以分为点材、线材、块材，其中以点材为主的鲁班锁具有活泼、跳跃的感觉；线材则具有长度和方向感；块材是具有长、宽、高的三维空间实体，其表面有扩展感和充实感，切面之后侧面有轻快感和空间的体量感（薛坤，2010）。

经典的鲁班锁由6根截面为正方形的木棍构成，6根短木分别冠以六艺之名，中间有缺，以缺相合，作十字双交形。平行、相互面对面的2根为一组，共3组。3组彼此互相垂直，如同三维空间的 x、y、z 轴。每组木棍（如 x 轴）都被与它垂直的那组（y 轴）束缚，就像扎腰带一样使其不会散开，同时它也束缚住和它垂直的另外一组（z 轴）。这3组木棍的关系是彼此制约，犹如游戏"石头、剪子、布"的关系。它们的交叉部位就是鲁班锁的精彩所在，这里"犬牙交错"，原则上没有空隙。一根锯掉的部分必由另外2根来垂直填补。

鲁班锁本身作为几何立体的益智玩具而存在，其通过几何立体的不同分割方式达成各式各样的成锁模式，组合成形式各异的几何立体。据研究，6根木棍组合模式的鲁班锁样式就多达119963种。鲁班锁的结构有十字交叉、十字网格交叉、多轴网格交叉等类型，前两种木条与木条之间只有平行、垂直两种空间关系，后者由于榫卯结构比较复杂，所以造型也比较灵活多样。

或方或圆的鲁班锁外表看上去都是由一根根相似的木条组成的，有着重复的中心对称的几何美，拆开之后会发现其内部构造也十分巧妙。通常，会有一根完整的条棍最后插进整体结构，起到"锁"住整体的作用，这个条棍也叫作"锁棍"；或者是每一个卯口的拼合都为最后一根锁眼预留空间，最后一根带有卯口的木棍也起到了"锁"住整体的作用。鲁班锁的样式在经过了历代的研究改变后，结构从简单到复杂，一直不变的是拼合后整个鲁班锁由内而外的精密构造所带来的韵律美感。

鲁班锁蕴含着几何、力学、八卦阴阳、虚实等多重含义，充分体现了老子"有无相生"和孔子"和而不同"的哲学思想。在多个等长、等宽、等高的立方体中，于不同位置取相同大小的缺口，各部件之间的缺口产生了微妙的空间虚实关系。正是借助部件之间的空隙所产生的空间虚实对比关系，重复基本形交替排列。同一基本形在左右和上下的位置正负交替变换，增强对比并产生形态的变化，造成空间的节奏感和流动感，给人以轻快、通透、紧张和愉悦的体验。

结合前人的研究与分析，可以概括和梳理鲁班锁的外部结构特点如下：①是三维组合式的拼插木制品，外观形态是斗榫合缝的对称立方体；②有多个大小不一但结构规律的长方体榫构件；③从正视图来看，都展现出45°倾角；④结构重心存在于视觉中心区，四方均衡对称。鲁班锁的内部结构可以概括为不费一钉一胶、自主凹凸拼接、复杂多变的榫卯结构。

3. 鲁班锁的解构方法

通过亲历探究实践与动手体验，以及文献资料查阅，可将鲁班锁的拆解方法梳理如下（图2.5）。

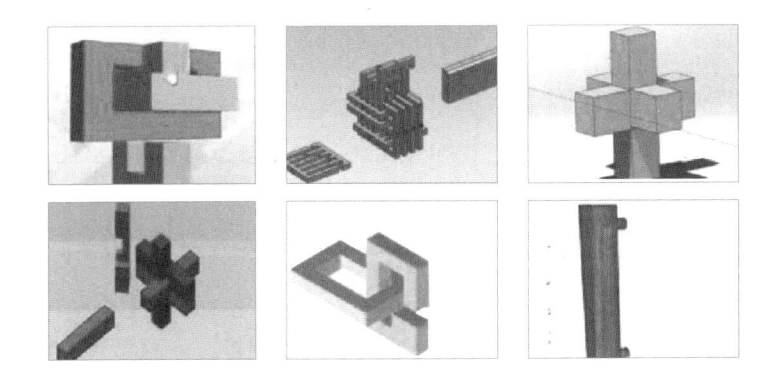

图 2.5　鲁班锁的动态拆装

（1）抽根法：有一根完整且没有榫槽的木棍，先抽出它，随后就可拆开其他部件。
（2）错开法：沿着某轴线平行错动，可以先拆掉一根，再拆其他的部件。
（3）旋转法：只有先旋转某部件才能拆掉，其余部件可以通过平移拆掉。
（4）综合法：只有利用旋转、错动、抽根等混合操作才能拆掉某一部件。

4. 鲁班锁的解构与重构

各类鲁班锁的折装如图2.6~图2.17所示。

图 2.6　八卦锁的拆装

图 2.7　八角球的拆装

图 2.8 八面玲珑的拆装

图 2.9 抽屉锁的拆装

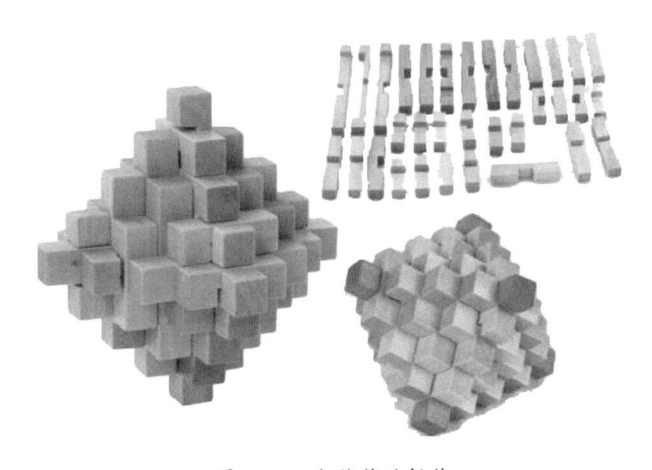

图 2.10 大菠萝的拆装

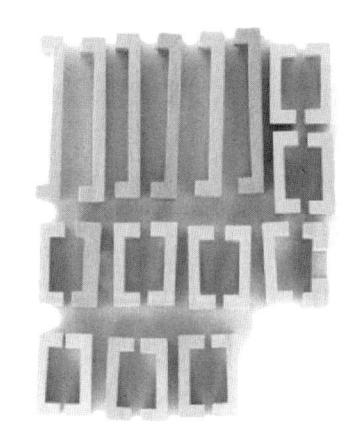

图 2.11　二十四锁的拆装

图 2.12　风火轮的拆装

图 2.13　封锁的拆装

图 2.14 好汉锁的"解构"与重构

图 2.15 回首锁的拆装

图 2.16 井字锁的拆装

图 2.17 九根锁的"解构"与重构

2.5.5 鲁班锁的分类研究

1. 组合方式

根据组合方式的不同，鲁班锁可分为三种：实心单组式、空心单组式与对组式。

（1）实心单组式：不论是组装还是拆卸，一次移动一根木条就能完成。如六子联方鲁班锁、鲁班球、三通锁、九通锁、梅花锁、笼中取珠，如图 2.18~图 2.21 所示。具体表现为将前几根木条放在对应位置后，鲁班锁中间会空出一个用于放完整且没有缺口的木条的位置，使得鲁班锁整体在中心组合为一个实心点。

图 2.18 三通锁 　　　　　　图 2.19 九通锁

图 2.20 梅花锁 　　　　　　图 2.21 笼中取珠

（2）空心单组式：因空心量和配位的不同，有时需要移动许多根木条才能组装或分开一根，如笼中取珠。此种组合方式可用来设计存放物品的匣子，六个经过设计的榫卯结构形成的面共同围合出一个空间。

（3）对组式：六根长方体两两形状相同；在组装或拆分时，并不是一根一根地拼凑，而是几根为一组，同步推进或推开，如十八罗汉锁（图 2.22）、笼中取宝。复数的出现使得该种鲁班锁的变化更多，形态也更繁复精致。

2. 构件拼合的运动方式

根据拼合时构件运动方式的不同，鲁班锁大体可分为四种：A 型鲁班锁、B 型鲁班锁、C 型鲁班锁与 D 型鲁班锁。

图 2.22　十八罗汉锁

（1）A 型鲁班锁：构件沿直线运动，如六子联方（图 2.23）、笼中取球、九根锁（图 2.24）。

图 2.23　六子联方 　　　　　　　图 2.24　九根锁

（2）B 型鲁班锁：少数构件由圆柱形做定轴运动，如六通锁（图 2.25）。

（3）C 型鲁班锁：构件有斜面，不同方向柱沿不同方向同时做直线运动，如八角球（图 2.26）。

图 2.25　六通锁 　　　　　　　　图 2.26　八角球

（4）D型鲁班锁：构件无圆柱也可做定轴运动，如好汉锁（图2.27）、四品旋极（图2.28）。

图2.27　好汉锁

图2.28　四品旋极

3. 部件形态

根据部件形态的不同，鲁班锁可分为三种：点材、线材与块材。

（1）点材：具有活泼、跳跃的感觉，如围城（图2.29）、十字架（图2.30）、丁香花（图2.31）。

（2）线材：具有长度和方向感，如六通锁。

（3）块材：具有长、宽、高三维空间的实体，表面有扩展感、充实感，切面之后侧面有轻快感和空间的体量感，如六片拼（图2.32）。

图2.29　围城

图2.30　十字架

图2.31　丁香花

图2.32　六片拼

4. 构件形状

根据构件形状的不同，鲁班锁可分为四种：柱形鲁班锁、板形鲁班锁、带框形鲁班锁与其他类型鲁班锁。

（1）柱形鲁班锁：组成构件大多为规则的柱形，柱形又分为圆柱形、异形柱和方形柱。圆柱形指构件大多为圆柱，如六角十二姐妹锁和十二姐妹锁。异形柱指截面被切割成棱角形的柱子，如丁香花和梅花锁。方形柱指截面均为方形的柱子，如好汉锁和十字架。具体形式如表 2.1 和图 2.33~图 2.54 所示。

表 2.1　柱形鲁班锁

类型	具体形式
圆柱形	六角十二姐妹锁、十二姐妹锁
异形柱	八角球、梅花锁、足球、丁香花、孔明球、双子星、火箭锁
方形柱	大菠萝、二十四锁、封锁、好汉锁、回首、井字锁、九根、九通、六通、六子联方、木结、笼中取球、笼中取宝、十八柱、十三柱、十四锁、十五通、十字架、双十字笼、八方块、潜伏、心心相印、正方锁、避让锁、十二兄弟、十二根、十六联方、田字锁

图 2.33　十二姐妹锁

图 2.34　梅花锁

图 2.35　足球

图 2.36　孔明球

图 2.37　双子星

图 2.38　火箭锁

图 2.39　大菠萝

图 2.40　封锁

图 2.41　回首

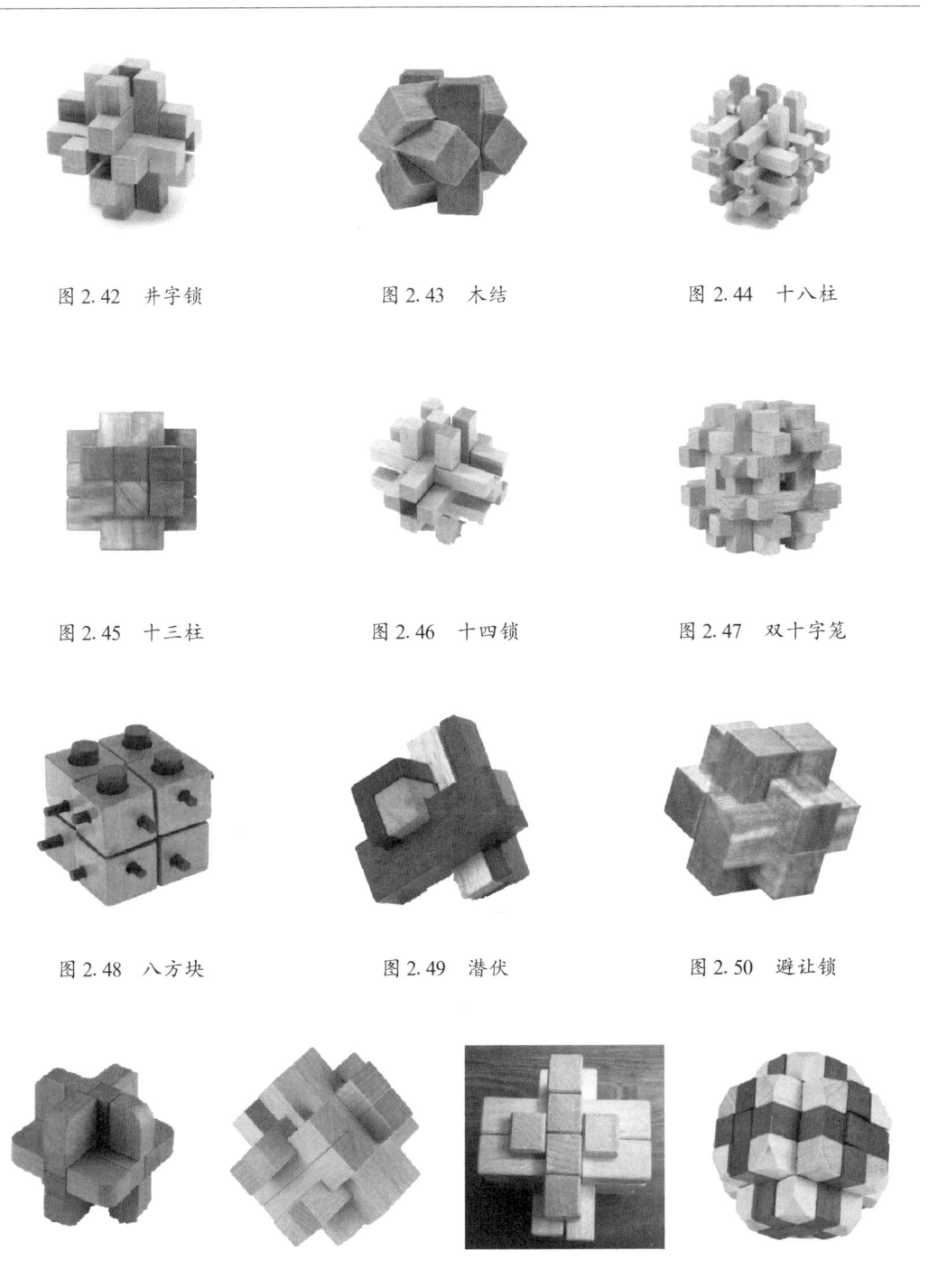

图 2.42　井字锁　　　　图 2.43　木结　　　　图 2.44　十八柱

图 2.45　十三柱　　　　图 2.46　十四锁　　　　图 2.47　双十字笼

图 2.48　八方块　　　　图 2.49　潜伏　　　　图 2.50　避让锁

图 2.51　十二兄弟　　图 2.52　十二根　　图 2.53　十六联方　　图 2.54　田字锁

（2）板形鲁班锁：大部分构件为平扁的板状木，板形又分为片形和板形。片形指完整规则的木片，如六片拼、墙角、三通、中字锁、准心、兄弟同心、双色六通。板形指被切割成不规则形状的木板，如八卦锁、风火轮、鲁班球、旋转蛋黄、环环相扣、圆通、卫星锁、相思锁、轮回锁、世界之窗、缘分锁。部分形式如图 2.55~图 2.67 所示。

图 2.55　墙角 　　　　　图 2.56　中字锁 　　　　图 2.57　准心

图 2.58　兄弟同心 　　　图 2.59　双色六通 　　　图 2.60　八卦锁

图 2.61　风火轮 　　　　图 2.62　鲁班球 　　　　图 2.63　旋转蛋黄

图 2.64　环环相扣 　　图 2.65　圆通 　　图 2.66　轮回锁 　　图 2.67　缘分锁

（3）带框形鲁班锁：构件组成中存在不可分的不完整箱状，或者构件之间可形成方框。带框形又分为板形框和箱形框。板形框指部件间可以围成一个框或者构件本身是个框，如围城锁、抽屉锁和子母锁。箱形框指有一个构件必是不封闭箱子状的，如内幕、潜规则、四品玄机、温柔和越狱二代锁。部分形式如图 2.68~图 2.72 所示。

图 2.68　抽屉锁 　　　　图 2.69　子母锁 　　　　图 2.70　内幕

图 2.71　潜规则 　　　　　　图 2.72　四品玄机

（4）其他类型鲁班锁：构件多为不规则的形状或者由几种形状组成，类型大致可以分为片柱组合形、盒形、类鲁班锁和其他。片柱组合形指部件主要由柱形柱和片形板组成，如八面玲珑、十二金钗和靠拢。盒形指部件最终可形成一个密闭的可存放东西的盒子，如大魔盒和单开魔盒。类鲁班锁是没有应用榫卯原理却在构造方面像鲁班锁的一类，如笼中取塔、神龙摆尾、钥匙锁、笼中取刺和三十六计。其他指造型多为生活常见的物品，如酒桶、心锁、圆球、双色三角、太空球、环抱锁、鱼雷锁和苹果锁。部分形式如图 2.73~图 2.85 所示。

图 2.73　八面玲珑 　　　　图 2.74　十二金钗 　　　　图 2.75　单开魔盒

图 2.76　笼中取塔 　　　　图 2.77　笼中取刺 　　　　图 2.78　三十六计

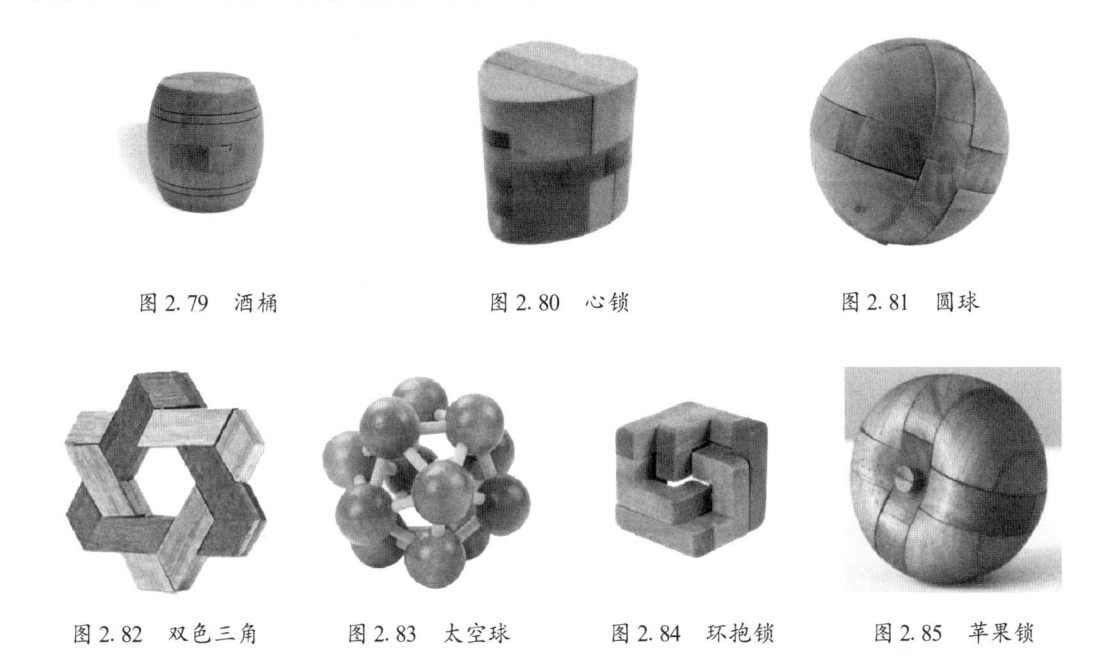

图 2.79 酒桶　　　　　　图 2.80 心锁　　　　　　图 2.81 圆球

图 2.82 双色三角　　图 2.83 太空球　　图 2.84 环抱锁　　图 2.85 苹果锁

按制作的材料的不同，可将鲁班锁分为木料、塑料和金属的类型。

鲁班锁的分类如图 2.86 所示。

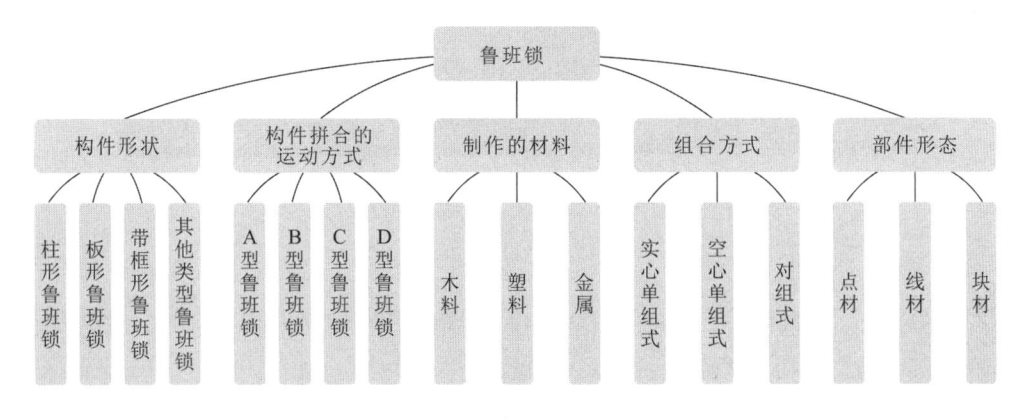

图 2.86 鲁班锁的分类

2.5.6 鲁班锁的应用

鲁班锁的构造原理和造型设计艺术除了被应用于以应县木塔为代表的传统建筑和以上海世界博览会山东馆为代表的现代建筑中，也被广泛应用于传统和现代家具设计中，现在也开始在首饰设计中出现。

1. 建筑设计中的应用

我国古建筑大木结构的连接方式以榫卯连接为主，加以雀替等辅助力学构件，使得节点具有较好的抗震耗能效果（戴智彪，2018）。人们在传统榫卯结构的基础上，以提炼、解构、重构等方法进行改进，结合现代建筑材料，如玻璃、钢材、混凝土等，创新设计出满足使用功能、具有一定建筑风格、融入周围环境的建筑，满足了人们对建筑的精神需求（董森森，2018）。

佛宫寺释迦塔俗称应县木塔（图2.87），呈平面八角形，纯木结构，是世界上现存的唯一一座最古老、最高大的木塔。释迦塔的设计广泛采用榫卯与斗拱结构，全塔上下使用了多种斗拱，每个斗拱都有一定的组合形式，如有的将梁、坊、柱结合成一个整体。整座塔每层都形成了一个八边形中空结构层。

中国科学技术馆新馆（图2.88）结合了中国古代的科学思想和现代科技馆的特点，利用若干个积木般的块体相互咬合，使整个建筑呈现出一个巨大的鲁班锁造型。同时场馆也像一个巨型魔方，具有探秘解锁的寓意。

图2.87 应县木塔

图2.88 中国科学技术馆新馆

从外表看，上海世界博览会山东馆的鲁班锁（图2.89）由六根等长的条形体分成三组，经90°卯榫，形成30个显示面，组成一段完整的电影片段。四季轮回的景象、万物生长的朝气、洁白天鹅的优雅飞翔，无不展示着人与自然和谐相处的理念与美好愿景。

图2.89 上海世界博览会山东馆以现代光电技术制作的巨大"鲁班锁"

2. 家具设计中的应用

传统家具榫卯繁多，不利于机械化、自动化生产与搬运装配、储存，造成传统木制家具逐渐被取代。现代组合家具利用鲁班锁结构设计成活动的榫卯结构，方便拆卸与重组，解决了搬运、包装及储存不便的问题，为传统家具设计创作注入了新的活力。

过去人们使用的绕线架都是三根或六根的鲁班锁结构，一般一个平面的线板只可以绕一到两种线，而鲁班锁结构的绕线架（图 2.90）可以绕六种不同的线，只是这种鲁班锁结构的绕线架由于上了漆，一般不能够打开。

鲁班锁结构还可用于器具，如针线盒和筷子篓（图 2.91）。人们一般将这种筷子篓挂在厨房的墙上，放置洗干净的筷子。制作这样的器具时要用不完全干燥的竹子，先用竹子做出鲁班锁结构的架子，再将木板嵌入框架中；等到竹子完全干燥后，器具的结构就会紧密结合，不能再打开。

图 2.90　绕线架

图 2.91　筷子篓

我国民间艺人利用鲁班锁的结构制作了多种工艺品，如烛台、健身球等。近代还诞生了塑料盒木材制造的组合球、组合马、魔方锁扣盒镜框等。

鲁班凳（图 2.92）是由整块木材制作而成的一种可折叠的小型家具，展开后放在地上可以当小板凳使用，放在床头可以当枕头枕，合上就能成为一块木板，便于携带。鲁班凳一物多用、轻巧灵便，具有很强的实用功能。

如意落地灯（图 2.93）是形似玉如意的灯罩利用燕尾榫形式拼成抽象牵牛花的造型。灯柱与灯座底部同样使用了榫卯连接方式，实现了灯柱造型模块的替换。根据鲁班锁模块化设计的灯具在很大程度上实现了易损件可替换、外观形态可更新、易拆卸安装等功能。

图 2.92　鲁班凳

图 2.93　如意落地灯

3. 首饰设计中的应用

在首饰设计的过程中,利用鲁班锁榫卯原理设计出"一物多用"的首饰作品,不仅节省材料,还可优化首饰的形态。首饰划分出的构件通过叠加、解构和重组等方式重新进行组合,既增强了首饰的新鲜感和层次感,也为佩戴者带来了互动感和别样的使用体验。

"环环相扣"情侣项链(图2.94)表现为半圆形鲁班锁环环相扣,就像两只手紧紧握在一起,让人联想到情侣之间的亲密关系。在原本的结构中加入两个圆管又可形成另外一种榫卯结构,用链条结合,可拆分为两人都可戴的项链。

《Mercury》首饰(图2.95)运用了由榫卯结构发展而来的孔明锁器具原理。其各个部分通过孔明锁的闭锁原理能契合在一起形成立体胸针,拆开后的单个部分也能用作项链的挂坠或戒指的装饰。

图2.94　"环环相扣"情侣项链　　　　图2.95　《Mercury》首饰

上海建桥学院学生设计的作品《无焊》(图2.96)则运用了龙凤榫和孔明锁的榫卯结构。该作品中的每个部件都是分开制作的,佩戴者可以根据底部的榫卯组件来完成戒指与项链之间的佩戴转换。分开制作还有一个优点就是便于电镀着色,这也使得整件作品在色彩上具有更强烈的对比与表达力度,因此《无焊》的装饰美不仅体现在造型上,也体现在色彩上。

图2.96　作品《无焊》

2.6 鲁班锁的创新开发与实践探索

鲁班锁在中国传统木作结构中是极为精巧的发明,广泛用于木质器具的连接。作为一种经典的家具连接方式,它比用铁钉来连接更加结实耐用,而且表面没有修钉的痕迹,使得家具浑然一体。把这种结构运用到益智玩具中，对进一步探索鲁班锁在益智玩具造型和结构上的设计很有意义。

可借助现代技术软件 Shapr3D 对鲁班锁进行创意设计与创新开发。Shapr3D 是 2016 年 3 月在 App Store 上线的一款直接 3D 建模工具。与同类型软件相比，Shapr3D 是首款在 iPad Pro 上运行的 3D 建模软件，它结合了西门子 Parasolid 建模引擎和 HOOPS Exchange，可以在应用程序中进行实体建模和数据转换，将移动 CAD 体验提升到一个新的水平，为工程师和设计师们提供了在平板电脑上实现 3D 建模的可能性。

2.6.1 地球仪鲁班锁

地球仪鲁班锁的创作是为了解决浑然一体的地球仪教具只能展示地球的外貌，而不能具体形象地看到地球内部构造的问题。

地球仪鲁班锁（图 2.97）是一个形似地球仪的益智类玩具，体现了玩中学、学中玩的思想。球体表面是七大洲、四大洋的地形图，球体内部则用不同的颜色表示地球内部的构造（地壳、地幔和地核）。在拼拆过程中，学生不仅可以了解鲁班锁的设计巧妙和对称美，还可以认识地球表面的构成和内部的构造。为了能够看见内部结构，这个设计采用了结构创新，使用多种榫卯结构进行组合。

图 2.97 地球仪鲁班锁

2.6.2 雪容融鲁班锁

雪容融鲁班锁（图 2.98）的创作灵感来源于 2022 年北京冬季残疾人奥林匹克运动会的吉祥物雪容融，当时"一偶难求"，加之市面上很少有玩偶式的鲁班锁，于是鲁班锁的造型外观得到了创新。

在雪容融鲁班锁的作品设计中，设计者注入了现代的艺术内涵和文化意蕴，使得该鲁班锁既能吸引儿童的兴趣，激发其好奇心，也能锻炼他们的审美能力、动手能力和创新意识，更具有实用价值和纪念意义。

图 2.98　雪容融鲁班锁

2.6.3 多级火箭鲁班锁

多级火箭鲁班锁（图 2.99）的创作灵感来源于现有的火箭锁并不是现成的火箭模型，于是设计者结合中国已经发射的神舟火箭，设计开发了多级火箭鲁班锁。多级火箭鲁班锁主要由三个鲁班锁组成，这三个鲁班锁除大小不一样外，组合方式和内部结构形态都是一样的。

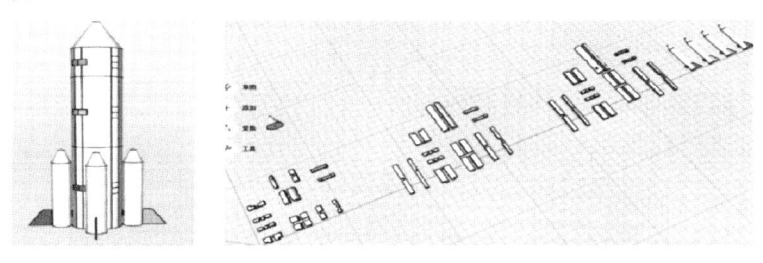

图 2.99　多级火箭鲁班锁

该鲁班锁借鉴了酒桶鲁班锁及圆球鲁班锁的组合方式，外表的造型和前文所述的鲁班锁都不同，其中的部件连接也没有借助外力，而是运用了最简单的榫卯凹凸结构完成自锁，使几个鲁班锁和多级火箭上的尾翼等部件结合在一起。同时，多级火箭上的鲁班锁还可以任意调换位置，鲁班锁的个数也可以任意组合。

2.7 鲁班锁项目学习与探究反思

不知不觉，本章关于鲁班锁项目的开发与探究已接近尾声。回忆起项目研究之初，从查阅文献到资料的分类整理，从选定研究主题到着手研究，整个过程的酸甜苦辣，细细品味，也可谓是回味甘甜了。项目初始阶段，我们对鲁班锁的了解可以说是微乎其微，但随着探究的深入，我们对鲁班锁有了更多的认识，也渐渐对这一巧物充满了兴趣。经过了近两个月的文献资料查找，基本确定了接下来要开展的任务，开始规划研究思路，确定主要方向。整体而言，就是先查阅资料文献，再着手行动，形成创新想法与方案。整个研究过程看似已经非常清晰明了，感觉也十分舒畅，心中涌动着胜利在望的喜悦。

然而，计划赶不上变化。在查阅资料时我们才发现鲁班种类之繁多，大大出乎了我们的意料。各类鲁班锁的资料搜集归纳、每类鲁班锁的内部结构探究、创新设计等都成为此次研究面临的主要问题,而真正的关键性问题在于创新。此前对于鲁班锁的研究已经在种类的梳理与分类上非常齐全了,要在开发中有所创新实属不容易。第一代地球仪鲁班锁的开发为我们积淀了宝贵的创意经验,后来经历多次讨论和摸索才渐渐形成第二代雪容融鲁班锁和第三代多级火箭鲁班锁的创新思路,才让整个创新过程得到梳理并进一步完善且付诸实践。

在项目开发的整个过程中,从开始的干劲满满,到中期的迷茫,再到后期的成就感,我们学习了很多新认识,得到了新收获,认识了从不同视角发现、分析和解决问题的能力的重要性,明白了知识的积累和沉淀对于在时代更迭的快节奏社会中立足的重要性,体会了创新思想对于年轻一代是多么重要且难能可贵。当今社会的年轻力量需要拥有创新意识和创新能力,才能成为时代进步的中坚力量。人工智能或将替代一切的未来,唯有不断地创新探索,方是长期发展之本。

第3章 九连环益智玩具的探究与创新实践

3.1 九连环的简介

九连环由九枚金属圆环相连，需要使用同一种程序反复更迭还原，最终回归最简单的形式，其中蕴含了拓扑学的纽结理论和中国古代的递归原理。九连环的起源最早可以追溯到战国时期，流传至今，风靡国内外。我国目前已成功举办了首届中国传统智力游戏挑战赛，南京等地的一些学校也将九连环融入高中通用技术课程和中小学科学、数学、信息技术等课程进行情境化教学。九连环课程不仅可以拓展学生的科学思维和空间想象能力，还能帮助学生充分学习排列组合相关的数学知识，培养学生的观察能力与逻辑推理能力，拓展学生的发散思维，为学生的逻辑发展奠定基础。此外，学生能在探究过程中培养动手实践能力和空间想象等能力，从而提高科学思维、探究实践等方面的核心素养。九连环作为中国传统益智玩具，形式多样、难度不一、设计独特，将其融入教学中能提高学生的审美情趣。开发九连环的相关科技教育资源对于当下的科技教育改革具有现实意义。

3.2 九连环相关的中小学课程标准内容及教育价值

3.2.1 九连环相关的中小学课程标准内容要求

1. 义务教育科学课程标准

1）课程内容：技术、工程与社会

1~2年级：在教师的引导下，学生能够举例说明在生活中常见的科技产品的结构和功能。

3~4年级：通过教师的帮助，学生能够尝试设计和制作某种产品的简化实物模型，知晓其中的原理，并能初步说明一些技术产品设计的科学概念或原理。

5~6年级：引导学生了解发明会用到的部分科学原理，并让学生能够举例说明某些典型的发明及其蕴含的科学原理。以科学技术为基础，设计制作模型并能运用所学知识解决生活中遇到的现实问题。

7~9年级：使学生了解跨科学技术、工程、数学等领域中解决实际问题的方法，并尝试解决实际问题；让学生初步意识到现代科学技术与工程越来越高度融合、密不可分。

2）课程目标：科学观念、科学思维、探究实践、态度责任

(1) 科学观念。

1~2年级：从感官方面让学生认识常见物体的基本外部特征，并能举例说明某种事物的外部主要特征。

3~4年级：从感官方面让学生认识常见物体的某些特征，能辨别事物的主要特征并能对其进行简单分类。

7~9年级：在授课中让学生了解现代技术与工程具有系统性和复杂性，科学对技术与工程具有指导意义。

(2) 科学思维。

1~2年级：引导学生观察具体事物的构成要素，通过口述、画图等方式描述物体的外在特征，并能够根据事物的外在特征对常见事物进行分类。

3~4年级：帮助学生利用模型解释简单的科学现象，让学生能在教师引导下用二维方式表达三维空间的物体，使学生初步掌握重组思维、发散思维、突破定势等创造性思维的基本方法。

5~6年级：学生在教师的指导下能够掌握简单事物的本质特征，使用或建构模型，解释有关的科学现象和过程。

7~9年级：学生在教师的指导下能够分析解释模型所涉及的要素及结构，解释并模拟相关的科学现象和过程，灵活运用二维方式展现三维空间的物体，形成事物动态变化的图景，掌握并应用重组思维、发散思维、突破定势等创造性思维的基本方法。

(3) 探究实践。

1~2年级：学生能够在教师的指导下，运用多种感官或简单的工具，观察对象的外部形态特征及现象，并能够对这些特征和现象进行简单的比较和分类等。

3~4年级：学生能够在教师指导下，通过对具体事物的观察与比较，初步具有描述对象外部特征和现象以及分析处理信息并得出结论的能力。

5~6年级：在教师的引导下，学生能够通过多种方式获取信息并整理所得信息，初步具有获取信息、运用科学方法描述和处理信息并得出结论的能力。

7~9年级：在教师的指导下，学生能够通过小组合作，制作可以将科学原理转化为技术产品的简单装置，使用形象的模型演示抽象的科学原理（李鑫宇和李柏山，2021），具有一定的设计与实施能力。

(4) 态度责任。

1~2年级：学生在好奇心的驱使下，通过感官，尝试从不同角度采取不同方式认识事物。

3~4年级：学生在好奇心的驱使下，乐于动手操作感兴趣的事物，并能尝试运用不同的思路和方法完成探究。

5~6年级：学生在教师的引导下，乐于尝试运用多种思维和方法完成探究和实践，初步具有创新的兴趣；能够与他人就科学问题进行讨论，基于证据反思和调整探究活动。

7~9年级：学生能够乐于思考现象发生的原因和规律，善于通过小组合作与交流，共同解决科学、技术与工程问题。

2. 普通高中通用技术课程标准

在教师的引导下，让学生了解一至两种数字化加工设备（如激光雕刻机、3D打印机等），并能够制作一个简单的模型。帮助学生形成学科融合的视野，能够比较和分析科学技术、工程、艺术、数学、社会各学科之间的区别与联系，体会多学科融合创新的重要性。

3.2.2 九连环开发的教育价值

1. 拓展思维与想象能力

低年级的学生思维以具象思维为主。需要引导他们通过直接接触和实际动手操作，亲身体验和感知材料工艺的特殊性，充分感受事物不同形状的排列组合方式及不同组合的变化。使学生了解不同图形之间的相互转换关系，增强其思维认知能力，有助于学生形成空间观念，帮助学生实现从无意想象到有意想象的蜕变（曾辉和王磊，2021）。

2. 开发观察与逻辑推理能力

有助于在开放的环境中培养学生的观察能力与逻辑推理能力。通过这类具有主观能动性、探究性、创造性的益智玩具，培养学生的发散思维和逻辑推理能力。

3. 开发空间与图形智力

培养学生对图形的直观判断能力，增强学生图形想象能力，提高动手能力，起到开发空间与图形智力的效果。在探究实践中提升学生的思维认知能力，丰富学生的生活实践经验，为智力开发与动手能力的培养打下基础，增强学生自主创造与创新思维的活力。

4. 传承中国传统设计元素

将九连环设计元素运用在基础教育教学中，能调动学生的主观能动性，实现中国古代益智玩具传统造物思想的继承与发展。

开发九连环的教育资源，将各类知识重新排列组合，使形态构成的原理与现代科学技术巧妙融合渗透，透过形态掌握设计创新与艺术教育的精髓，使新的设计思维通过全新的方式呈现在基础教学过程中，从而达到寓教于乐的目的。

3.3 九连环的溯源

3.3.1 国内九连环的起源与发展

战国时期，《战国策·齐六·齐闵王之遇杀》中记载了秦昭王使出玉连环难住齐国群臣的故事，表明我国在两千多年前就已有连环玩具，且圆环用玉制（图3.1）。从"群臣不知解"可见解环并不是一件容易的事。

西汉时期，辞赋家司马相如之妻卓文君在其数字诗中提及"九连环"。

北宋时期，北宋著名文学家周邦彦的《解连环（商调·春景）》一词中，有"纵妙手、能解连环"之句，不仅是赞咏"妙手"，更是对聪明头脑的赞叹。

南宋时期，据《西湖老人繁胜录》记载，南宋都城临安（今杭州）的集市中便有出售"解玉板"的杂货摊，且民间俗语云："解不开的歧中易，摘不下的九连环"。

图 3.1　玉连环

元朝杂剧作家郑德辉以君王后解玉连环的故事为素材，创作了《丑齐后无盐破连环》杂剧。在这出戏里，"无盐娘娘"以其过人的聪明才智，轻而易举解开了玉连环。这反映了在元代连环类玩具已很流行，并且能够拆解的人也已经存在了。

在明朝，杨慎在《丹铅总录》中记载了曾以玉石为材料制成两个互贯的圆环，"两环互相贯为一，得其关捩，解之为二，又合而为一"。后来，以铜或铁代替玉石制成的圆环逐渐成为妇女儿童的玩具。

清朝，在曹雪芹的名著《红楼梦》第七回中，九连环也流入了大观园。

近代，徐珂著有大型笔记《清稗类钞》，其中物品类出现了九连环专条："九连环，玩具也，以铜制之。欲使九环同贯于柱上，则先上第一环，再上第二环，而下其第一环，更上第三环，而下其第一二环，再上第四环，如是更迭上下，凡八十一次，而九环毕上矣。解之之法，先下其第一环，次下其第三环，更上第一环，而并下其第一二环，又下其第三环，如是更迭上下，凡八十一次，而九环毕下矣。"

这是现存最早记述九连环上、下环运行具体程序的文献。可以看出，我国九连环传统解法是按九连环机构性质操作的：把环一和二并作一步，不论上环或下环都是"并下其第一二环。"

在 20 世纪 40 年代，许莼舫、姜长英的相关专著中都有九连环记载，可惜都未详究操作细节。新中国成立后书刊偶有简单涉及九连环，如《十万个为什么·数学》《趣味数学辞典》，但都未有深究。

现代，有学者受奥运五环标志启发，创制五色连环，用于高中通用技术课堂。

3.3.2 国外九连环的起源与发展

西方最早在文献中提到九连环的是意大利数学家卢卡·帕乔利（Luca Pacioli, 1445~1517）。他在论文《数的次幂》（"De Viribus Quantitatis"）中描述了九连环，称"它可以是三环，或者更多的环"，并为九连环作解。帕乔利的论文仅仅比杨慎的文章早了几年。

欧洲学者自 16 世纪以来已为九连环发表论著多篇，称之为 Chinese rings 或 Chinese puzzle，很有见地。这些论著中对九连环的操作有着共同特点：上下环操作时，在满足充要条件前提下，作各种数学考虑。这种充要条件的叙述在我国现存典籍中却已失落，真有"礼失而求诸野"的意味。但是中国古代祖先曾熟知这种条件（《清稗类钞》所录操作步骤符合此条件），否则在操作九连环时将寸步难行，九连环也就不可能流传至今了。

17世纪以前九连环就已传入日本。《明治前日本数学史》中记载："学士院藏有《关（孝和）流算术传书》五卷抄本，卷二有九连环术。"虽然语焉不详，但可以想见，当时日本学者对九连环已有研究，且有著述。

3.4 九连环的相关研究

沈康身（2012）对九连环有关细节作了详细论述。九连环有异于华容道等板状玩具，前者在结构和操作方法上更具特色。九连环已有悠久的历史，流传地域甚广。由于九连环富含数学、逻辑学、运筹学和机构学等原理，操作九连环又有益身心健康，所以至今其仍具有强大生命力。

孙暾（2021）指出益智游戏符合小学生的成长特点和规律，七巧板、魔方、数独和九连环都是能锻炼学生理解能力和思维能力的活动项目。家长在数学游戏中的角色是支持者，需要陪孩子玩乐，共同进步。

刘耀斌（2008）指出，九连环是我国从古至今广泛流传的一种益智游戏，其玩法多种多样。文中提供了根据"九连环"游戏的解决方法所得到的一类线性递推数列，并且列出了其通项公式的三种证明方法。

高将和崔志永（2012）通过对九连环各方面的价值和作者探索九连环的切身感受的总结阐述，说明九连环入选初中活动课程的意义所在。

刘二强和陈兆勇（2010）对九连环进行了创新性选材设计，并完成了加工工艺流程，使得九连环更具观赏性和把玩性，使传统意义上的益智玩具获得新的生存发展空间。

上述研究更多的是从九连环作为一种益智玩具的玩法及规律探索等视角进行研究，鲜有从学习者的解环困难等视角出发进行研究。而如何利用现代软件技术将九连环的解环过程可视化，如何从多维视角帮助学习者探究其中的原理并有效培养其科学思维，是当下值得研究与关注的方向。

3.5 九连环的具体研究

3.5.1 九连环的分类研究

通过前期的文献查阅与研究梳理，考虑将传统的2D平面拼接技术创新地运用到3D环境中。通过使用3D软件SolidWorks模拟解环过程，九连环按形状分类，可分为M形、Ω形、G形、E形、8字环、6字环、螺线圈形等；按解法分类，可分为平移类、旋钮类、旋转类、中置物类、递归类（图3.2~图3.14）。

图 3.2　M 形 　　　　　图 3.3　Ω 形 　　　　　图 3.4　G 形

图 3.5　E 形 　　　　　　　　　图 3.6　8 字环

图 3.7　6 字环 　　　　　　　　图 3.8　螺线圈形

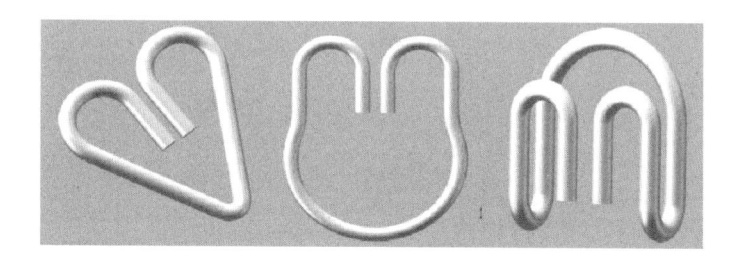

图 3.9　平移类

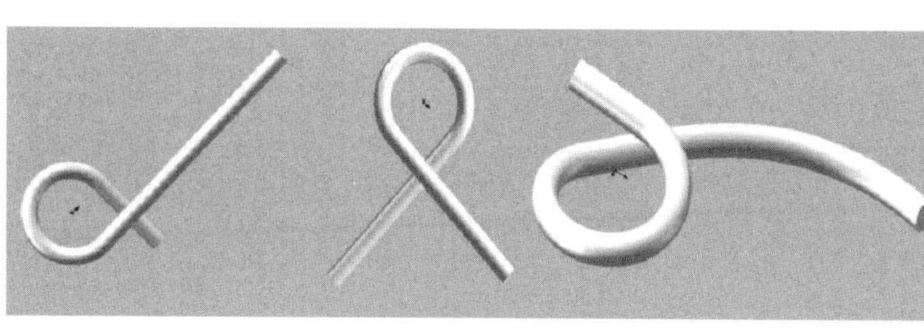

图 3.10　旋钮类

图 3.11　旋转类

图 3.12　中置物类

图 3.13　递归类

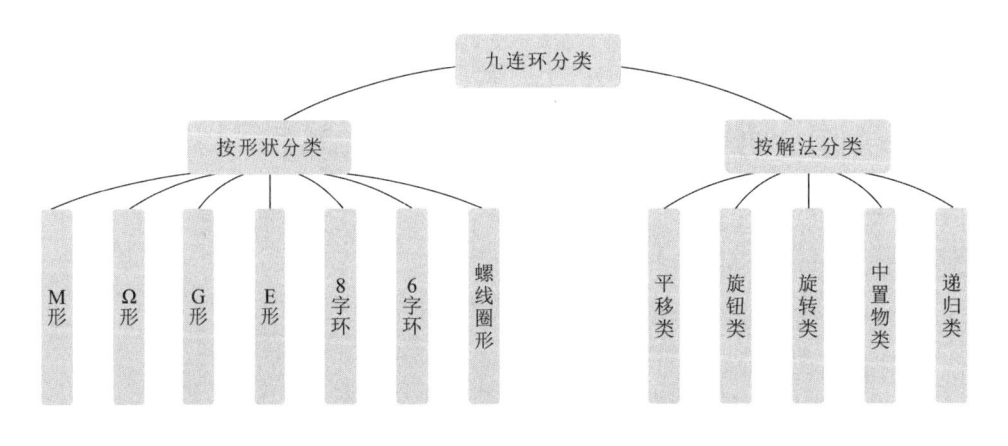

图 3.14　九连环分类导图

3.5.2　九连环的原理探究

九连环主要由一个框架和九个圆环组成。每个圆环上有一个直杆，叫作环杆。环杆勾着前一个圆环，穿过后一个圆环，以此类推。九个环杆的另一端用一块板固定，这块板叫作环杆板，上端穿过所有圆环的直杆叫作环柄（图 3.15）。解开九连环的条件就是将所有的圆环从环柄上退下（葛帆，2009）。

图 3.15　九连环构成

1. 拓扑学的纽结理论

拓扑学是数学的分支，研究空间形状的性质，特别是在连续变换下的性质。纽结理论是拓扑学的子领域，主要研究封闭的、不相交的曲线或曲线系在三维空间中的性质。九连环作为一种经典的益智游戏，其解法和原理可以运用拓扑学中的纽结理论进行分析和解释。

九连环的基本结构是一系列环通过特定方式连接，解环目标是将环逐个从主环上解开。解开九连环的过程，实际上是运用纽结理论进行实践操作，使九连环逐渐松环，最终完全解开。纽结理论可以为解决这类问题提供一种数学语言和方法。

纽结理论中的一些基本概念和方法，如纽结的同胚、纽结的不变量等，可以帮助我们理解九连环等益智游戏的性质。例如，纽结的同胚概念可以解释为什么某些操作可以将环从主环上解开，而另一些操作则无法实现这一目标。纽结的不变量是一种用于区分不同纽结的数学工具，可以用于分析九连环问题的复杂性和解法的唯一性。

2. 中国古代的递归原理

递归思想是指将一个大型复杂问题层层转化为一个比原问题规模更小的问题，问题被拆解成子问题后，递归调用继续进行，直到子问题无须进一步递归就可以解决为止（图 3.16）。

递归原理在 C 语言中可以描述为斐波那契数列（即兔子问题，图 3.17）；在高中数学中可以描述为数列问题，可以运用高中数学数列原理解释九连环的解环过程；还可以通过计算机语言使九连环等智力扣系列的解环过程动态化、可视化，让学生更加直观地理解递归原理。

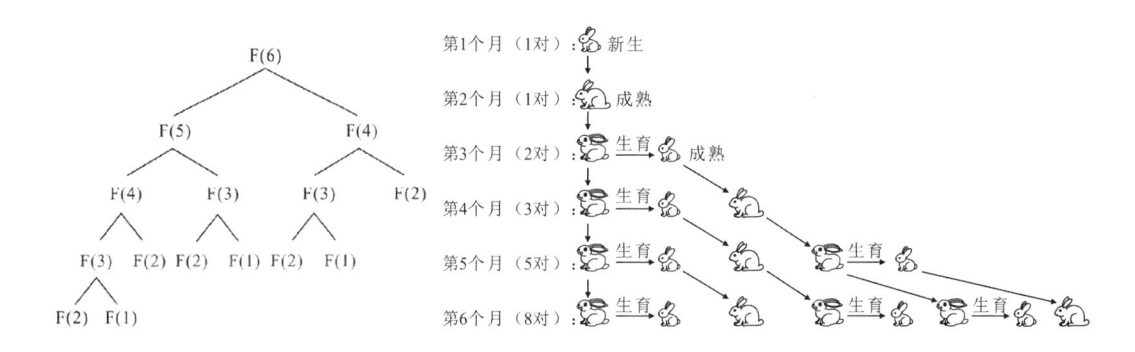

图 3.16 递归思想图解　　　　　　图 3.17 斐波那契数列图解

著名意大利数学家斐波那契（Fibonacci）曾提出一个问题：有一对小兔子，从出生后第 3 个月起每个月都生一对兔子，小兔子长到第 3 个月后每个月又生一对兔子。按此规律，假设没有兔子死亡，第一个月有一对刚出生的小兔子，问第 n 个月有多少对兔子？这就是斐波那契数列（兔子问题）。

3. 高中数学数列拓展中的九连环

运用高中数列原理解释九连环的解环过程（图 3.18）：设连环的环数为 n，解开 n 连环需要的总步数为 S_n，解开第 n 环需要的步数为 b_n：

已知 $S_1=1$，$S_2=2$，$b_n=2S_{n-2}+1$，求 S_n。

根据高中数列计算得 $S_n = S_{n-1}+2S_{n-2}+1 = S_{n-1}+b_n$。

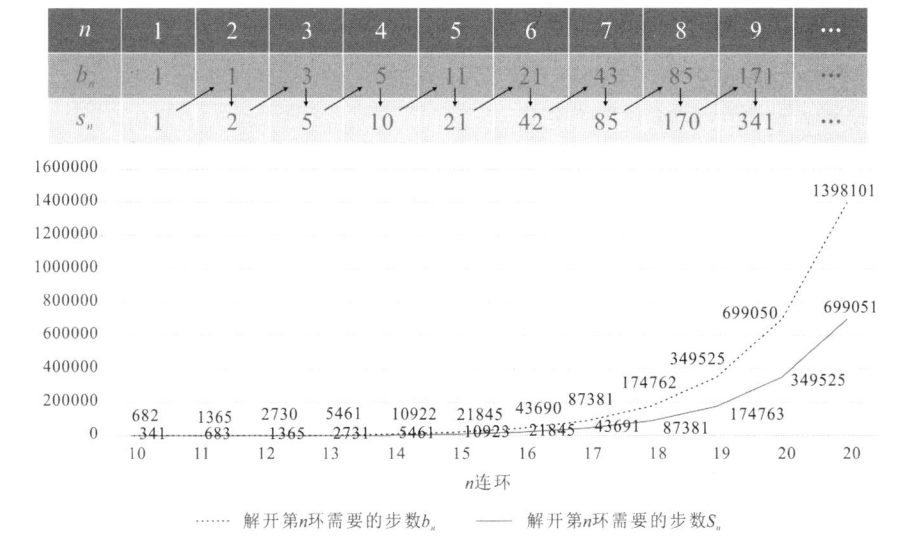

n	1	2	3	4	5	6	7	8	9	…
b_n	1	1	3	5	11	21	43	85	171	…
S_n	1	2	5	10	21	42	85	170	341	…

图 3.18 高中数列解九连环步数的数学计算

计算机解九连环的代码语言如下：

```
void zhuang (int n) {
    if(n= =1) { printf ("第%d步,装上--->%d\n", step++, n);
shangmian [n] = 1; return; }
    if(shangmian [n-1] = =0) {zhuang (n-1); }
```

```
        for (int i = n - 2; i > = 1; i - -) {
            if (shangmian [i] = = 1) { xie (i); }
        }
        printf ("第% d 步, 装上 - - >% d \ n", step + +, n); shangmian [n]
= 1;
        return;
    }
    int _ tmain (int argc, TCHAR *argv [ ], TCHAR *env [ ]) {
        for (int i = 0; i < 10; i + +) { shangmian [i] = 1; }
        for (int i = 9; i > = 1; i - -) { xie (i); }
        //xie (8);
        system ("pause");
        return 0;
    }
```

根据算法得出的动态图可得到解开九连环的要点：

(1) 第一环可以自由上下。

(2) 想要让第 n 环（$n \geq 3$）上下，则必须满足：①第 $n-1$ 环在环柄上；②前 $n-2$ 环均不在环柄上。

3.5.3 九连环的应用

1. 首届中国传统智力游戏挑战赛

首届中国传统智力游戏挑战赛包括九连环比赛、华容道比赛等多种比赛项目。在大九连环比赛决赛环节中，大九连环的世界纪录保持者叶佳希打破了自己之前 2 分 28 秒 60 的世界纪录，创造了 2 分 28 秒 46 的新成绩（王真真等，2019）。

2. 九连环解环比赛

通过网络资料搜集与整理发现，南京外国语学校在办科技节活动期间，就以学校为单位组织了全校性的九连环解环比赛。其九连环解环比赛活动策划方案见表 3.1。

表 3.1 九连环解环比赛活动策划方案

序号	分类	内容
1	活动背景	为了丰富科技节活动内容，提高同学们的科技素养和动手能力，增强团队合作精神，经过师生讨论，学校决定在科技节期间举办一场九连环解环比赛
2	活动目的	增进同学们对中国传统益智玩具的了解与兴趣；提高同学们的动手能力、观察能力和逻辑思维能力；培养团队合作精神和沟通协调能力；营造科技节活动氛围，丰富校园文化生活
3	活动对象	全体在校学生。学生可以单独报名参加，也可以组成团队报名
4	时间地点	时间：科技节期间；地点：学校图书馆报告厅

续表

序号	分类	内容
5	活动流程	①宣传推广：通过校园海报、网络平台等多种形式进行活动宣传，提高同学们的参与度 ②报名参赛：同学们可以单独或组队报名，每队人数不超过 3 人 ③比赛角逐：提供标准九连环道具，比赛分为初赛和决赛两轮。初赛按照报名顺序分组，每组选出解环速度最快的选手晋级决赛。决赛采取淘汰制，胜者晋级，直至决出冠军、亚军、季军 ④评奖颁奖：对获得冠军、亚军、季军的选手颁发奖品和证书，对所有参赛选手颁发参赛证书
6	活动准备	活动宣传物品制作（海报、网络推广等）；联系九连环道具供应商，确保比赛所需道具数量及质量符合比赛要求；组织志愿者协助比赛现场工作（签到、场地布置、计时等）；准备奖品及证书
7	活动总结	活动结束后，对活动进行总结与评估，收集参赛者和观众的反馈意见，了解活动的优点

以九连环为代表的中国传统益智游戏，不仅给人们带来了快乐的体验，还启发了人们的智慧。然而在当今社会，这些经典的传统益智游戏越来越少。随着社会进步、科技发展和信息时代到来，各种电子游戏充斥着现代世界。一些包含暴力和其他有害内容的网络游戏凭借其对多感官的刺激，吸引了越来越多的年轻人，尤其是学生，从而产生了各种负面影响。

青少年科技活动的主要目标是向学生介绍九连环等传统益智游戏，让学生有机会探索和了解这些传统益智活动。通过参与九连环的拼装和拆解，学生可以体验快乐，得到激励，并锻炼手眼协调能力。通过发掘隐藏在谜题中的数学与科学原理，学生可以体验运用思维解决问题的过程，激发思考与智慧。此外，学生还可以通过亲身体验传统游戏的魅力，培养更加科学、合理和健康的游戏观念。

3. 非物质文化遗产——九连环

20 世纪 30 年代，苏州人阮刘琪以制作巧环为生，在九连环的制作上不断创新，研制了 30 余个品种。他曾在上海、苏州的商场门口出售这些九连环，很受大众欢迎。其子阮和平 8 岁即跟随他学习这门古老的益智艺术，在 50 多年的实践中，潜心研制了 60 余个品种的巧环，大可比人高，小还不盈手掌。

另外，除了九连环，还有十连环、十一连环……n 连环，解环的过程随环数的增多而变得复杂，步骤也随即增多，但整体呈非线性的增长。若要解开 31 连环（图 3.19），按照计算机语言计算共需要 1431655765 个步骤，如果每一秒钟完成一步，一天解环 8 小时，那么将 31 连环解出来的时间大约是 102 年[①]。

---

① https://zhuanlan.zhihu.com/p/32647737。

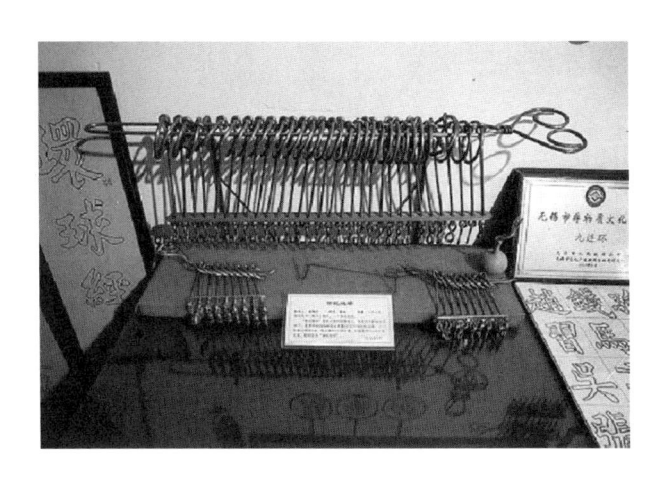

图 3.19 世纪连环——31 连环

3.5.4 九连环的研究工具

在九连环研究过程中,尝试将传统的 2D 平面拼接技术创新性地运用到 3D 建模环境中。通过使用 3D 软件 SolidWorks 模拟九连环解环过程,为学生提供一个更直观、生动的学习平台,有助于培养学生的空间想象力、逻辑思维和观察力。此外,3D 软件模拟解环过程还为教师提供了一个创新的教学方法,有助于提高课堂教学效果和学生参与度。

通过使用 3D 软件 SolidWorks 来模拟解环过程。SolidWorks 是一款比较优秀的三维计算机辅助设计(CAD)和计算机辅助工程(CAE)软件,由法国达索系统公司(Dassault Systèmes)开发。这款软件因其强大的功能、直观的用户界面和高度可定制性在工程设计、产品设计和制造领域中广受赞誉。SolidWorks 通过提供一整套集成的设计和分析工具,为工程师和设计师提供了一个全面的设计环境,以应对各种设计需求和挑战。

SolidWorks 的核心功能是参数化建模,使得用户能够创建基于参数的三维模型。在这种建模方法中,尺寸和几何特征由参数定义,从而实现了对设计的快速迭代和修改。参数化建模使设计过程更加灵活,可以轻松地对现有设计进行修改以满足不断变化的需求。

SolidWorks 还具有强大的装配和分件设计功能。它提供了一系列约束和连接工具,以实现装配体中部件之间的精确定位和运动控制。它还允许用户创建单个部件和将多个部件组合成完整装配体,这使得设计复杂机械系统和产品变得简单。

在设计过程的后期,SolidWorks 提供了自动化的二维绘图和文档生成功能。这些功能便于设计师创建详细的工程图纸和技术文档,为制造和生产提供关键信息。通过将三维模型转换为二维数据,SolidWorks 确保了设计数据在整个生命周期中的准确性和一致性。

由于 SolidWorks 的强大功能和可操作性,它已成为许多行业中的首选三维设计和建模软件。它在教育领域也非常受欢迎,因为它提供了一个直观的界面,使学生能够轻松地学习和掌握三维建模和设计的基本概念。

3.6 九连环的创新开发与实践探索

3.6.1 九连环设计的具体目标

（1）课标分析：小学课程注重九连环的玩法；初中课程强化九连环的原理探索；高中课程强调九连环的建模与应用。

（2）原理探究：递归原理和纽结理论。

（3）科学史溯源：国内（从战国时期到现代九连环的应用及变化）、国外（不同国家对九连环的命名及历史溯源）。

（4）九连环（智力扣）分类：按照形状和解法分类。

（5）3D建模与动画：将平面化的九连环解环转化为3D建模和三维可视动画。

（6）拆解与组装多连环：通过一个九连环的拆卸与另一个九连环组合，连接成十一连环、十二连环、十三连环等，揭秘更多重复步骤下由量变引起质变的关键节点。

（7）开发类九连环：三连环、五连环、七连环、九连环等的3D建模；将球换成外置机关，进行雕刻拼接形成类九连环。

九连环创新开发的具体目标流程如图3.20所示。

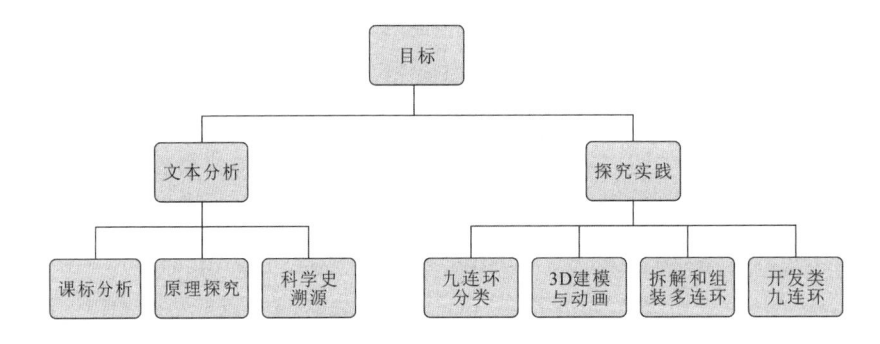

图3.20 九连环创新开发的具体目标流程

3.6.2 九连环的解构与重构过程

在借助SolidWorks创建九连环（智力扣）解环动画之前，我们在网上寻找视频教程等资源，同时线下咨询专家，以加深对现代电脑软件技术的理解。尽管付出了巨大努力，我们制作的第一个九连环解构与重构的动画在精度和美学效果上仍没有达到预期目标。

在最初的动画中，九连环模型偏离了中心位置。无论是旋转还是平移模型，动画都显得有些卡顿，缺乏丝滑流畅的效果，问题源于SolidWorks中的逐帧动画制作过程。为了实现流畅且无缝的动画，我们根据环扣的位置进行了微小的调整，最终使动画效果更加流畅（图3.21）。

认识到其中的不足，我们便开始深入研究 SolidWorks 的各类功能，专注于改进 3D 建模和动画技巧。通过不断以微小的幅度调整组件位置，并关注位置对齐和运动约束，逐步实现了动画的流畅，并掌握了在 SolidWorks 中创建动画的技巧，最后的成品在精度和美学效果上都基本令人满意。通过设计过程的迭代并不断地修正调整，最终我们掌握了 SolidWorks 的强大功能，并能够将类九连环结构之间的交叉效果图呈现出来（表 3.2）。

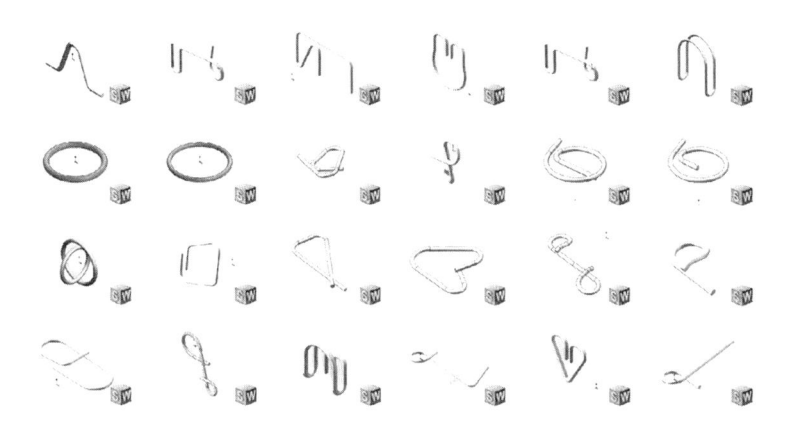

图 3.21　九连环的解构与重构（1）

表 3.2　类九连环之间的交叉效果图

类型	单个效果图	交叉效果图
平移类		

续表

类型	单个效果图	交叉效果图
平移类		

续表

类型	单个效果图	交叉效果图
旋钮类		

·57·

续表

类型	单个效果图	交叉效果图
旋钮类		
旋转类		
中置物类		

3.6.3 九连环创新探索

1. 九连环的创新设计

利用多个简单易得的九连环制作出难度逐渐上升的十连环、十一连环和十二连环，并在多个摄像机机位的拍摄下完成九连环、十连环、十一连环和十二连环等的解环过程（图 3.22～图 3.25），从而得出 n 连环的解环规律。

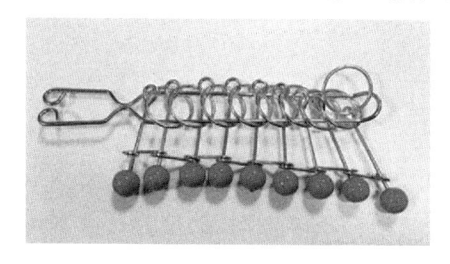

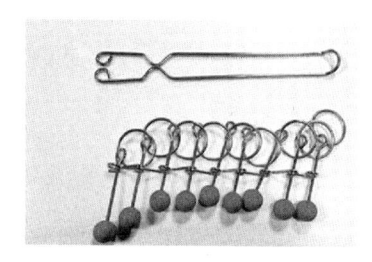

（a）解环前　　　　　　　　　　　　（b）解环后

图 3.22　九连环

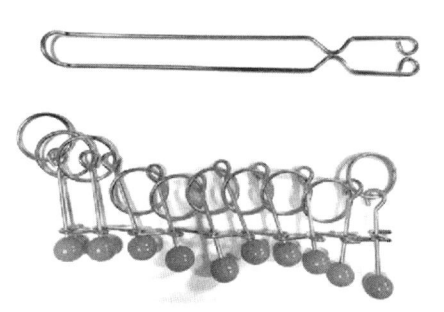

（a）解环前　　　　　　　　　　　　（b）解环后

图 3.23　十连环

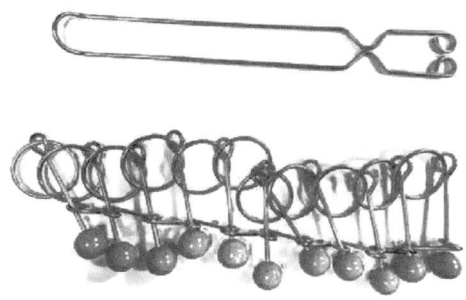

（a）解环前　　　　　　　　　　　　（b）解环后

图 3.24　十一连环

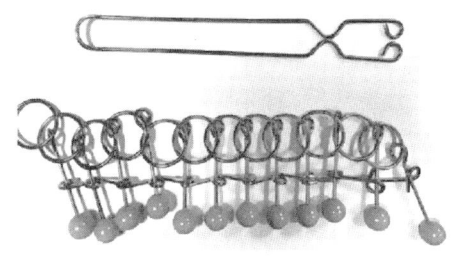

(a) 解环前　　　　　　　　　　　　　(b) 解环后

图 3.25　十二连环

运用 SolidWorks 软件及相关知识对实物模型进行 3D 建模，利用软件绘制实物模型的 3D 图，并根据九连环的拼装与解环过程进行"动画拼装"，制作出九连环解环时的三维可视动画。

查阅大量文献资料后，发现有些玩具（如榫卯结构、汉诺塔等）的玩法与九连环解环规律涉及的递归原理有异曲同工之妙。

2. 类九连环设计

在教育研究和科学研究领域中，九连环（智力扣）作为传统益智玩具，一直以其独特的结构和解环规律吸引着人们。为了进一步拓展这些领域的研究，经多次探究与实践，决定开发设计一款类九连环。这个类九连环既能运用九连环的解环规律，相较于九连环的外形又有异曲同工的结构。在设计类九连环时，采用 SolidWorks 软件进行三维建模和仿真分析（图 3.26）。通过对九连环的拓扑学原理和递归算法进行深入研究，将这些原理运用到类九连环的设计中，并将类九连环的结构设计成直观的立体可视效果，使学生在解构过程中能够更清晰地理解其内部结构的运动规律。

图 3.26　九连环的解构与重构（2）

类九连环的可视化设计不仅有利于学生对九连环（智力扣）解环规律的掌握，还可以为其他领域的研究提供启示。在计算机科学、人工智能等领域，在解决问题时递归算法有着至关重要的作用。通过对类九连环的设计与研究，可以进一步探讨递归算法在现实生活中的应用，以及探索如何将其与其他领域的知识相结合。

在工程设计与制造领域，三维建模和仿真技术已成为一种重要的研究手段。借助SolidWorks软件及相关知识，对实物九连环（智力扣）模型进行三维建模，可以更加直观地理解九连环（智力扣）的结构及解环过程。

运用SolidWorks软件绘制出实物模型的三维图形，并对模型的各个组件进行精确建模。在完成三维模型的建立之后，对模型的拼装与解环过程进行仿真分析，以便更好地了解九连环（智力扣）的原理。

为了使九连环的解环过程更加直观，进一步制作解环时的3D可视动画。通过在SolidWorks软件中设置关键帧和运动路径，将九连环的拼装与解环过程制作成一段连续的动画，方便学生直观地观察九连环在解环过程中的变化。

研究九连环的意义在于通过运用现代三维建模技术和仿真技术，更加深入地研究九连环（智力扣）的结构特点与解环原理。此外，制作的可视动画不仅有助于提高学生对九连环解环规律的理解，还可以作为一种有效的教学辅助工具，为工程设计、制造领域的教育和研究提供技术辅助支持。

3.6.4 九连环课程开发的重点与难点

九连环的课程开发专注于组装和拆解九连环（智力扣）。通过多次尝试和探索，熟练掌握传统益智玩具的组装和拆解过程。所积累的实践经验可为后续3D模型的解构、重构和可视化提供坚实的实践基础，确保实现对传统益智玩具的内在结构和操作机制的科学理解。这类探究实践强调对3D建模和可视化技术的学习与探索，强化现代软件技术在传统益智玩具开发方面的应用。

3.6.5 九连环开发主题的应用与拓展

1. 开发主题的应用

九连环作为一种中国传统的益智玩具，主要运用在娱乐休闲、教育培训、文化传承、社交活动和艺术创作几个方面。

（1）娱乐休闲：九连环作为一种有趣的益智游戏，可以帮助人们在闲暇时间放松身心、陶冶情操。九连环可以作为一种休闲锻炼活动，让人们在解压的同时，锻炼手指灵活性。

（2）教育培训：九连环可以作为一种教育辅助工具，帮助学生培养观察能力、动手能力和逻辑思维能力。

（3）文化传承：九连环作为一种具有悠久历史的中国传统益智玩具，承载着丰富的文化内涵。九连环的传播和推广，可以让更多人了解和传承中国传统文化，增强民族自信和文化自信。

（4）社交活动：九连环可以作为一种社交活动，如亲子活动、团建活动等的载体，帮助参与者增进感情、培养团队合作精神。在这些活动中，九连环可以成为有趣的互动工具，让参与者在游戏中建立信任和友谊。

（5）艺术创作：九连环的独特结构和形式也为艺术家提供了灵感。在雕塑、绘画等艺术领域，可以将九连环作为一种设计元素融入创作中，展现出丰富的艺术表现力。

2. 九连环开发主题的拓展

1）类九连环的创新开发

创新开发的类九连环包括四部分：环扣、操作杆、底盘和机关（图3.27~图3.30）。游戏的目标是将操作杆与底盘分离，可运用环扣上下移动将操作杆逐步解放，如图3.31所示。

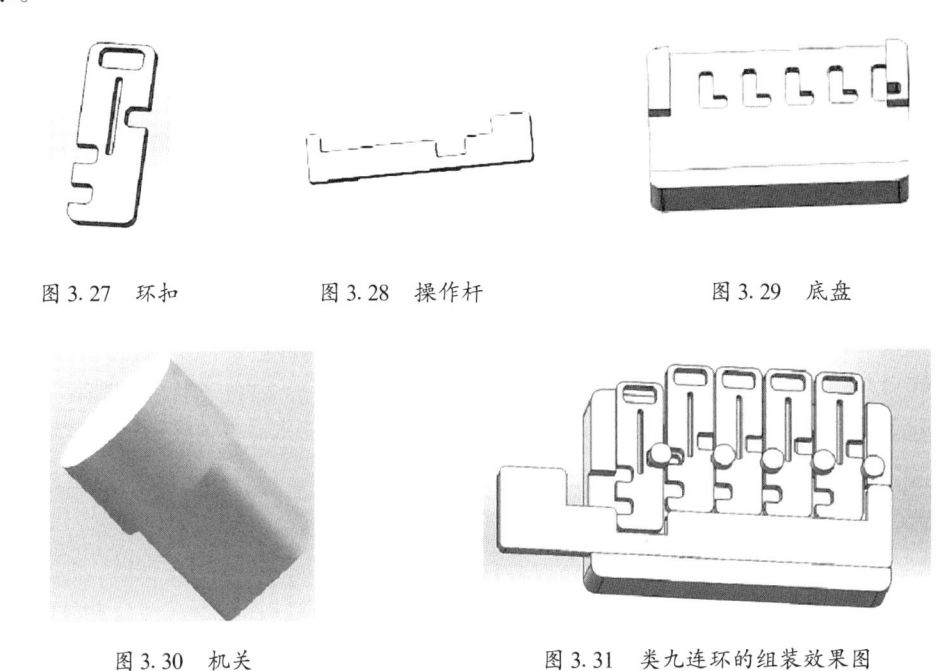

图3.27 环扣　　图3.28 操作杆　　图3.29 底盘

图3.30 机关　　图3.31 类九连环的组装效果图

基于递归原理并模仿九连环的解环过程，设计制作出一款可视化的类九连环。相较于传统的九连环，创新开发的类九连环使解环过程更加清晰可见，更易于玩家模仿与操作。

2）汉诺塔的Python语言算法代码开发

1883年，法国数学家爱德华·卢卡斯（Édouard Lucas）提出了汉诺塔问题。

汉诺塔游戏包含三根柱子和一系列大小不同的圆盘。游戏开始时，所有的圆盘按从大到小的顺序堆叠在一根柱子上（图3.32）。游戏的目标是将所有的圆盘从一根柱子移到另一根柱子上,并保持原有的大小堆叠顺序。在游戏过程中,玩家每次只能移动一个圆盘,而且不允许将较大的圆盘放在较小的圆盘之上。

设有 n 个圆盘,小组成员可以将问题拆解为 3 个步骤:①将前 $n-1$ 个圆盘从 A 柱移动到 B 柱,C 柱作为辅助;②将第 n 个(最大的)圆盘从 A 柱移动到 C 柱;③将 $n-1$ 个圆盘从 B 柱移动到 C 柱,A 柱作为辅助。

针对这个递归算法,可以定义一个名为 hannuo 的函数,其输入参数为 n(圆盘数量)、Xzhuzi(源柱子)、Yzhuzi(目标柱子)和 Zzhuzi(辅助柱子)。开发汉诺塔的 Python 语言算法代码,就可以在电脑或平板电脑上用算法生成电子版汉诺塔游戏。电子版汉诺塔游戏比其他电子游戏更能培养学生的科学思维能力和智力。汉诺塔的 Python 语言算法代码如图 3.33 所示。

```
Python编写的汉诺塔解题算法
def hannuo(n, Xzhuzi, Yzhuzi, Zzhuzi):
    if n == 1:
        print(f"Move disk 1 from {Xzhuzi} to {Yzhuzi}")
        return

    hannuo(n - 1, Xzhuzi, Zzhuzi, Yzhuzi)
    print(f"Move disk {n} from {Xzhuzi} to {Yzhuzi}")
    hannuo(n - 1, Zzhuzi, Yzhuzi, Xzhuzi)

#示例: 从A柱移动3个圆盘到C柱, B柱作为辅助。
hannuo(3, 'A', 'C', 'B')
```

图 3.32 汉诺塔的情境式题目　　图 3.33 汉诺塔的 Python 语言算法代码

3.7 九连环项目学习与探究反思

党的二十大报告中指出:"教育、科技、人才是全面建设社会主义现代化国家的基础性、战略性支撑。"当今人才培养中存在这样的问题:学有余力的学生无法在教师的引导下进行知识的扩充,职前教师或新教师缺乏开发科技教育资源的能力与素养。这导致一部分中小学生在"制式化"的"整齐划一"教育中"吃不饱",学习不能如鱼得水,学生亟须在项目化学习、跨学科学习等颇具变革的学习方式中产生深度学习并获得更好的发展。因此,"多元化"的教学方式变革和能够让中小学生产生深度学习的教育资源开发显得十分必要。

通过前期对文献资料的搜集与对软件技术的不断探索,逐渐完善对九连环(智力扣)主题的跨学科知识的探索。九连环(智力扣)涉及数学、科学、技术、艺术和教育等方方面面:既有拓扑学中的纽结理论依据,又有中国古代递归原理依据,更结合了意大利数学家的斐波那契数列;使用计算机语言程序将九连环的算法结构用计算机的语言形式表达,将解环过程电脑模块化;除此之外,还附带了高中的数列原理,让学习者在探究规律中可视化地理解九连环、十连环、十一连环、十二连环等的解环过程与解环步数,增加学生对九连环益智玩具的科学本质的理解,并促进学生的科学思维发展。

在研究过程中,尝试将传统的 2D 平面拼接技术创新运用到 3D 建模环境。通过使用

3D 软件 SolidWorks 模拟解环过程，力图为学生提供一个更直观的互动学习平台，有助于培养学生的空间想象力、逻辑思维和观察能力。3D 模拟解环的过程也为教育工作者提供了一个全新的科技教育资源开发视角，有助于提高科学课堂的教学效果和学生参与度，为学生带来更高质量的学习体验。对九连环（智力扣）解构与重构的拓扑学理论研究，也将为经典益智游戏融入科技课程提供了理论知识和实践方法。

第 4 章 拼图的分类探究与创新实践

4.1 拼图的简介

拼图是将各类不同颜色的材料经过简单切割,形成各类不同图形的小件,再将小件拼成需要的图案的一种传统工艺(张浩,2018)。拼图的数学定义为在 $m \times n \times p$ ($m>2$,$n>2$,$p \geqslant 1$)的方块区域里,所有的方格两两不同,其中有一个特殊的方格,称为空穴,任何与之有邻面(二维时只需有邻边)的方块均可与之互换位置(这样互换一次位置称为一次操作,也称为空穴的一次移动)。初始阶段随机产生杂乱的排列顺序,要求经过一系列操作后形成要求的排列顺序(目标排列)。

拼图可以转化为这样一个问题:"任意给一个数字矩阵,能否证明经过无限次的交换,一定能到达目标矩阵,或者经过无限的交换也不能实现目标矩阵?"

4.2 拼图相关的中小学课程标准内容及教育价值

4.2.1 拼图相关的中小学课程标准内容要求

以下分别是小学、初中以及普通高中通用技术的课程标准对标拼图研究主题的相关内容。

1. 2022 版小学课程标准

语文学科:教学实施者要遵循学生身心发展和语文学习的规律,选择正确的教学策略。在识字写字与汉语拼音这一学习模块中,识字写字是一至二年级的教学重点。一至二年级要多认少写,汉语拼音教学尽可能有趣味性,教学应该以活动和游戏为主。如"我会拼图"。

数学学科:"图形与几何"这一学习模块,旨在帮助学生建立空间观念。学生能够根据几何图形想象所描述的实际物体和物体的空间方位及相互之间的位置关系,根据语言描述或通过想象画出图形等。在知识与技能方面,让学生经历从实际物体中抽象概括出简单几何体和平面图形的过程,了解一些简单几何体和常见的平面图形,感受平移、旋转和轴对称现象,认识物体的相对位置,初步掌握测量、识图和画图的技能。如"图形的拼组""分数的初步认识"等。

美术学科:在"综合探索"学习领域,需要采用造型游戏的方式,结合语文、音乐、品德与社会和科学等学科内容，进行美术创作与展示，并发表创作意图。根据各种材料特点，采用造型游戏的方式进行无主题或有主题的想象，创作美术作品，并发表自己的创作意图。结合品德与社会、科学等学科内容，设计并制作学校、村庄、公园、游乐场的地图或模型。如"有趣的拼图"。

2. 2022版初中课程标准

数学学科：设置了"空间与图形"领域，将几何学习的视野拓宽到学生的生活空间，强调空间和图形知识的现实背景，从第一学段开始让学生接触丰富的几何世界。通过从不同的角度观察物体、认识方向、描述物体和制作模型等活动，发展学生的空间观念且提高图形设计与推理的能力。在知识与技能方面，让学生探索并掌握相交线、平行线、三角形、四边形和圆的基本性质与判定条件，掌握基本的证明方法和基本的作图技能；探索并理解平面图形的平移、旋转和轴对称；认识投影与视图；探索并理解平面直角坐标系，能够确定空间位置。如"勾股定理""轴对称"。

地理学科：让学生使用简略地图、图表和模式图等，反映区域的自然和人文特征。例如，"认识大洲"的学习内容是北美洲的地形特征，可采用让学生阅读北美洲地形图的教学方法，将课文中对北美洲地形空间格局的文字表述转绘为地理略图或模式图。在知识与技能方面，学生应掌握地球的基本知识和使用地球仪的基本技能；掌握阅读和使用地图和地理图表的基本技能，初步掌握简单的地理观测、调查统计以及运用其他手段获取地理信息等的基本技能。了解世界、中国和家乡的地理概貌，了解中国与世界的联系；初步学习根据一个国家或一个地区的地理信息，归纳其地理特征。如"七大洲和四大洋""人口与民族"等。

3. 2017版普通高中通用技术课程标准

课程内容要有挑战性：《普通高中通用技术课程标准》在"基本理念"这一板块提出"课程要有时代特点、与生活紧密联系的课程内容"，要求富有挑战意义、满足学生个性发展。"烧脑"拼图作为一款"烧脑"的解谜类游戏，常赋予简单板块以灵巧的设计。拼图拼接过程中需要玩家识破并解开某一关键机关，或是领悟到某一规律，再按照一定的方法布局，才能进行后续的操作。拼图的玩法富有挑战性，可体现学生爱动脑、善分析的能力特点。

课程资源需培养学生创新思维："基本理念"板块中提出"注重科技与人文的有机融合，突出实践能力、创新思维和工匠精神的培养"。Puzzle拼图种类繁多，与中国传统的益智玩具有多种结合。例如，华容道便是一款作为滑块拼图列入Puzzle系列的传统拼图，再如结合了七巧板并通过拼接多边形构成新图形玩法的对称拼图，更有立方体木质联锁拼图、过山车联锁拼图、中国盒子等，都融入了鲁班锁的"解锁"关卡——需要旋转某一零部件才能解开的榫卯结构新式拼图。在教学过程中，可由此及彼地普及我国传统益智玩具，增强学生的民族自豪感。Puzzle拼图构造大多为平面图形或有棱有角的规则立方体，在有雕刻机和3D打印机的学校，学生还可以自制自己设计的拼图实物。因此，拼图课程符合课标"培养实践能力"的要求。

在核心素养方面要求运用工程思维：课程标准指出，"工程思维"是以系统分析和比较权衡为核心的一种筹划性思维。在 Puzzle 拼图搭建过程中，玩家需灵活调用手脑，分析拼图的构造和蕴藏的规律，尝试比较多种可能，此过程展现出对学生工程思维的初步培养。

课程设计需借鉴国际有益经验：Puzzle 拼图在国内起步较晚，目前市面上许多产品也由国外引进。在国际上，Puzzle 拼图已拥有赛事组织、设计者组织和专售平台，是一项较为成熟的益智游戏项目。将 Puzzle 拼图引入中小学课堂，使课程做到与国际接轨、与时俱进，有利于拓宽学生视野。

4.2.2 拼图开发的教育价值

儿童教育：拼图可以帮助儿童锻炼手眼协调能力，提高注意力和记忆力。此外，通过完成拼图任务，儿童还可以学习数学、几何和空间关系等知识。

特殊教育：对于一些有学习障碍或认知障碍的儿童，拼图可以作为一种特殊的教育工具，帮助他们提高问题解决能力和空间认知能力。

终身学习：拼图不仅适合儿童学习，也可以作为一种终身学习的工具。通过完成复杂的数字拼图或其他类型拼图，成年人也可以提高注意力和问题解决能力，保持思维的活跃度。

4.2.3 拼图的创新研究及方法

确立研究目标后，通过线上线下图书馆、中国知网、谷歌、超星和维普网等途径查阅与拼图和益智类玩具有关的文献资料，并进行分类整理。紧跟该领域的研究进展，围绕研究主题进行深入思考，提出研究创新思路。

搜集现有文献，对文献材料进行分类和整理，并结合研究主题涉及的案例，得出研究结论，确定开发实践方向。

通过对现有拼图益智玩具的案例研究进行分析，将理论与实践相结合，进行全面梳理与研究，发现更为科学、合理的分类，并从拼图的具体内容等方面进行深入剖析，探索并开发创意拼图。

4.3 拼图的溯源

拼图最早起源于 1760 年的法国和英国，主要用于传授历史或地理知识。

1762 年，法国路易十五统治时期，一个名叫迪马的推销商开始推销地图拼图，并取得了小小的成功。这种地图拼图要求将碎片重新排列，是一种很文雅的娱乐活动。同年，伦敦一位名叫约翰·斯皮尔斯伯里的印刷工人也有了相似的主意，进而发明了经久不衰的拼图玩具。他极其巧妙地把一幅英国地图粘到一张很薄的餐桌背面，然后沿着各郡的边缘精确地把地图切割成小块。十几年后，拼图制造商开始将历史主题加入拼图中。手工绘制、手工着色、手工剪切等制造程序使拼图的价格非常昂贵，相当于当时普通人的月薪。所以当时拼图只是有钱人的游戏，远远没有普及。

1789 年，现代拼图诞生了。英国人约翰·沃利斯发明了色彩明亮的风景画拼图，如图 4.1 所示，新拼图的诞生宣告了工艺精美但价格昂贵的斯皮尔斯伯里拼图时代的结束。

图 4.1 风景画拼图

19 世纪，新的工业大规模生产技术赋予了拼图明确的形式。以前庞大笨重的拼图由边缘光滑的碎片排列组成，轻微的震动就能使它们分开。1840 年左右，德国和法国的拼图制造商用联锁的咬接机来切割拼图（图 4.2），现代的拼图迷们都很熟悉这种形式。制造商用软木材、夹板和纸板代替硬木薄板，大大降低了生产成本。最终，价格低廉的拼图被各阶层的消费者接受，很快在儿童、成年人和老年人中掀起玩拼图的狂潮。

图 4.2 咬接机切割拼图

第一次拼图热潮从 1907 年持续到 1911 年。尤其是在美国东北部，拼图普及率直线上升，但当时的拼图并非人人都能玩得起。这是一项和有钱人相关的活动，他们在度假屋和奢华的家庭聚会上玩拼图。当时，一个 400 块碎片拼图的价格是 4 美元，而美国工人的平均周薪是 12 美元。因此，拼图俱乐部和拼图出租图书馆如雨后春笋般出现。

拼图有着强烈的心理吸引力，它能分散人们对生活问题的注意力，因此第二次拼图热潮与大萧条同时出现。当时，许多人失业，需要廉价娱乐。这个时期，拼图的材料从木头换成了纸板，制作成本降低。一个 300 块碎片的拼图价格只要 25 美分左右，低廉的价格使得拼图对每个人来说都变得更加易得。

拼图因其悠久的历史和丰富的文化底蕴，至今已经衍生出许多相关的益智类玩具。益智拼图不仅给人们带来娱乐，同时还能帮助人们根据自身需求从中学习新的知识，既开阔眼界，又开发情商和智力。玩拼图不仅可以强健体魄，还能提高大脑对事物的认知，甚至可以发展和锻炼情绪调动等方面的能力。

拼图可以培养儿童的手脑协调能力和空间想象能力。拼图具有丰富的颜色、各异的形状和多彩的图案设计，可以在儿童发育早期培养其认知和分类能力。进入 21 世纪，拼图类型增多，还可以满足不同年龄阶段人群的需求，甚至很多成年人都是益智拼图的忠实爱好者。

随着人们生活水平的日益提高，物质丰富带来精神的多样化需求，人们日常的娱乐方式也日益多样化和丰富化。拼图也有相应的发展，从最初的种类稀少到现在的品类丰富多样，家长对儿童拼图的购买需求也日渐改变。好玩性因素在拼图设计中日渐明显，拼图产业朝着玩法模糊化、产品系列化、互动亲情化、款式时尚化、材料多样化、配件通用化、元素本土化和风格国际化的方向发展。很多孩子都玩过拼图，很多父母也都会鼓励孩子玩拼图。

4.4 拼图的相关研究

张浩（2018）从传统的拼图活动出发，为提高拼图自动化程度，研究拼图过程中的相关技术要点。该研究设计了专用的工装夹具与末端吸附装置，并利用视觉系统获取所需要的拼图参数。传统的拼图活动至少需要考虑正面的拼图与背面的涂胶两个步骤，目前尚无实现这些步骤的自动化装置。

彭丹等（2023）介绍了新的一类自制拼图——手工布艺拼图玩教具，从健康、语言、社会、科学、艺术五大领域，探究拼图在幼儿园教育教学活动中的有效应用。该拼图在材质和玩法上均有创新，为教师有效开展教育教学活动提供了支持与参考，但仍局限于平面式拼图。

申博等（2021）进行的实验结果表明：①在多人拼图的环境中，拼图求解时间大致正比于玩家数量的倒数，且以玩家群体中的最强个体为基准点，群体拼图效率能够提高 31.36%~64.57%；②在该环境中，最快完成拼图的玩家获得的反馈信息平均具有 86.34% 的准确率，且随着群体规模的增加，反馈信息在最快玩家拼图结果中的平均占比逐渐从 20% 增加到 45% 左右；③相比于面对面协同的群体拼图求解方式，该环境呈现了更好的群体规模可扩展性，且拼图结果总是具有 100% 的正确率，而拼图问题自动求解算法平均只具有 52% 的正确率。

Roumana 等（2022）基于虚拟现实（virtual reality，VR）技术，以人类文化遗产为主题开发了一款虚拟世界的 3D 拼图益智游戏，将平面拼图转换成三维视图，丰富了拼图的表现形式。

4.5 拼图的具体研究

4.5.1 拼图运用的原理

1. 逆序

逆序是一个与排列相关的概念。由自然数 1,2,…,n 组成每一种不重复的有确定次序的排列，称为一个 n 级排列（简称为排列）；或者 n 个互不相同的元素排成一列，称为一个 n 级排列。例如，1234 和 4312 都是 4 级排列，而 24315 是一个 5 级排列。

在一个 n 级排列中，如果一对数的前后位置与大小顺序相反，即前面的数大于后面的数，就称为一个"逆序"。一个排列中逆序的总数就称为这个排列的逆序数。逆序数为偶数的排列称为偶排列；逆序数为奇数的排列称为奇排列。例如，在 2431 中，21、43、41、31 是逆序，逆序数是 4，为偶排列。交换一个排列中的两个数，则排列的奇偶性发生改变。

2. 几何学

几何学是研究空间结构及性质的一门学科。它是数学中最基本的研究内容之一，与分析、代数、数论等具有同样重要的地位，并且它们之间的关系极为密切。几何学历史悠长，内容丰富，几何思想是数学中最重要的一类思想。近代数学各分支发展都有几何化趋向，即用几何观点及思想方法探讨各数学理论。几何学中常见定理有勾股定理、欧拉定理、斯图尔特定理等。

3. NP 问题

拼图游戏是一类复杂问题的典型代表。拼图在计算机领域的计算方法已被证明为 NP 完全问题（申博等，2021）。

所有能用多项式时间算法计算得到结果的问题都称为多项式问题，即 P。要计算或解决一个问题，该问题通常有一个大小规模，用 N 表示。N 在算法里可以理解为解决某个问题的规模，N 越大，所需要的步骤就越多。例如，分析计算一个二进制数，该数的位数就是其大小规模。又如，从 N 个数里找出最大的数，N 就是该问题的规模大小。要比较 $N-1$ 次才能得到结果，$N-1$ 就是所需的时间，即时间复杂度。有这样一类问题，假设你得到了问题的解，要验证该解是否正确，则验证所需的时间是多项式，至于求解本身所需的时间是否是多项式则不考虑，多项式算法可能有、无甚至未知，这类问题称为 NP 问题。NP 问题是一种没有固定公式、无法按部就班直接计算出结果的问题，解决过程要"猜算"，但是答案是固定的。这类问题也被称为"非确定性问题"。

库克证明：任何问题都可以在多项式时间内按多项式的规模转化为对可满足性问题的求解，即只要可满足性问题具有多项式时间算法，则所有 NP 问题都具有多项式时间算法。具备这种特性的 NP 问题，称为 NP 完全问题（杜立智等，2013）。

4.5.2 拼图的分类研究

拼图可按维度、材料、难度和用途进行分类，如图 4.3 所示。

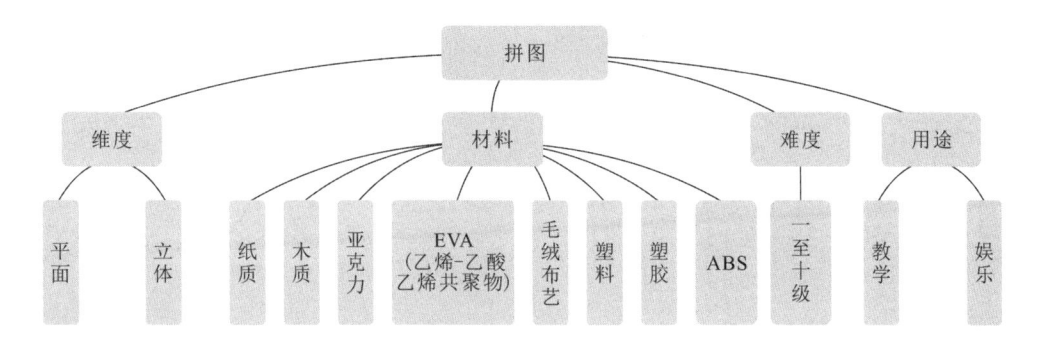

图 4.3　拼图的分类

1. 维度

拼图按维度可分为平面拼图和立体拼图。

平面拼图是一种由多片具有凹凸结构的拼图拼片对接拼合成图的玩具，如图 4.4 所示。现有的拼图大多为纸质的拼图拼片，由于材料和加工工艺的特点，平面拼图拼片之间的接触面积不够大，不能形成牢固的固定力。针对现有纸质拼图拼片的缺陷，目前市面上也出现了一些塑胶拼图拼片。

图 4.4　平面拼图

立体拼图（图 4.5）包含空腔立体产品分割成的多个片体，一个大小、形状与空腔立体产品相匹配的内胆；内胆为透明或半透明的空腔立体产品，内胆的内侧具有与分割成的片体轮廓相同的图案，内胆内部可装灯泡。利用片体拼装成立体产品，可以提高拼图的趣味性和难度，使得这类拼图兼具对智力与耐心的考验，并且拼装成的立体产品可直接作为装饰性的摆设。内胆除了可作为拼装时的依附体,还可在需要的时候通过内装灯泡的照射为使用者提供拼图指示,降低拼图难度。

图 4.5　立体拼图

2. 材料

拼图按材料可分为纸质拼图、木质拼图、亚克力拼图、EVA（乙烯-乙酸乙烯共聚物）拼图、毛绒布艺拼图、塑料拼图、塑胶拼图和 ABS 拼图等。

（1）纸质拼图（图 4.6）：种类较多,常见的材质有蓝芯纸、中华纸和灰芯纸等。在纸质拼图中,采用蓝芯纸作为材料很常见,蓝芯纸相对于其他纸质更健康环保。

（2）木质拼图（图 4.7）：木质拼图的材料相对于纸质拼图的材料更加坚硬、耐用,质地更光滑。木质拼图还可以收纳,不占存放空间。

图 4.6　纸质拼图 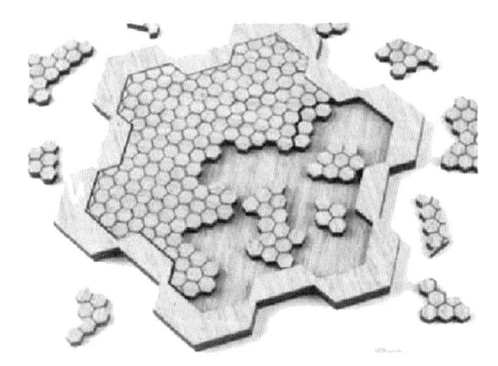　　　　图 4.7　木质拼图

（3）亚克力拼图：使用激光切割技术切成,每一块拼片切割后得到的线条边缘不一,最终只要按照线条边缘拼合就能确定拼图的位置。通过激光切割得到的亚克力拼图具有切割质量好、精度高、不会被损坏等优势。无接触切割的亚克力受热影响比较小,边缘光滑无毛刺,降低了残次品的产出率；部分厂家还会在亚克力表面雕刻一些图形,图形不受限制,还能保障使用的安全性。

(4) EVA（乙烯-乙酸乙烯共聚物）拼图（图4.8）：木质或纸质材料的拼图不仅容易燃烧，而且耐水、耐脏性较差。EVA材质的拼图可以克服上述缺点，不过容易变形。EVA拼图包含多个单体，每个单体包含一个由EVA组合物材料制成的主体，主体的上主表面和下主表面至少有一面印刷有部分图案；主体还具有一个外圆周侧表面，该表面形成向内凹陷的简单结构。

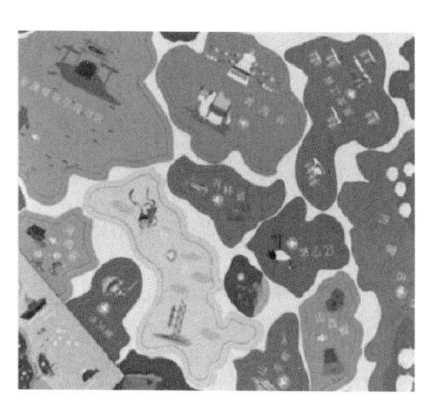

图4.8　EVA拼图

(5) 毛绒布艺拼图（图4.9）：指将一些零碎布块按照一定的构图设计或图形花色特征绘制拼接，组合成具有一定实用性和审美功能的工艺作品。通常可制成坐垫、靠背、婴儿毯、手提包等兼具实用功能和欣赏价值的拼布工艺品，也可作为室内装饰物品用于空间美化，如画拼布画、拼布壁挂等。

(6) 塑料拼图（图4.10）：在塑料拼图的制造中常用甲酰胺作为发泡剂来使塑料发泡，同时增加塑料的柔软度与柔韧性。为了在塑料上印出色彩艳丽的图案，塑料拼图制造商常常添加一些可能含有重金属的颜料，如镉、汞等。因此，在购买塑料拼图时，最好留意是否有正规的产品成分说明，尽量购买颜色简单而不是过于鲜艳的塑料拼图，且应避免气味过于浓烈的产品。

图4.9　毛绒布艺拼图　　　　　　图4.10　塑料拼图

（7）塑胶拼图（图4.11）：大部分塑胶的抗腐蚀能力都较强，不与酸、碱反应，因此塑胶拼图产品稳定性极强。由于塑胶制造成本低，所以塑胶类拼图产品价格相对于其他拼图价格较低。塑胶容易被塑制成不同形状，所以塑胶材质的拼图的种类更多。但缺点是塑胶容易燃烧，燃烧时产生有毒气体。例如，聚苯乙烯燃烧时会产生甲苯，甲苯属于致癌物质，对人体健康有害。塑胶无法被自然分解，这种特性目前已经导致许多动物的悲剧，例如，动物园的猴子、鹈鹕、海豚等动物，都曾误吞游客随手丢弃的塑胶制品，由于无法消化而痛苦地死去。

（8）ABS拼图（图4.12）：ABS材料硬度高、不易燃烧、安全系数高，力学性能和热性能也都不错，因此ABS拼图产品稳定性极高。由于ABS材料具有加工性强、加工方便、能和其他材料结合、可以涂装着色等特点，ABS拼图生产可以实现量产化。但是ABS材料耐气候性差，易受阳光影响，从而变色变脆。总体而言，ABS材质的拼图具有较多的优点，而且价格便宜、产量高。

图4.11　塑胶拼图　　　　　　　图4.12　ABS拼图

3. 难度

澳大利亚开发的Puzzle拼图及其他益智类玩具销售平台"Mr Puzzle"（网址：https://www.mrpuzzle.com.au/blog/）收录了大量益智拼图，其中包括IPP项目获奖拼图和全球各国提供设计的益智拼图。含有中国传统元素的华容道、鲁班锁、九连环、七巧板和中国盒子等益智玩具也可以在此平台上购买。

该平台将收录的拼图按解出结果并记住解决方法的玩法分为一至十等级的难度，平台对玩家进行预估，等级为一至三的拼图是较容易解出结果并记住解决方法的；等级四至七的拼图需要几个小时才能解出并记住解决方法；等级为八至十的拼图是预估80%的玩家不借助解决方案将无法完成的。具体评分由平台的团队进行研究再细分确定，网站除上述难度解释外尚未公布更详细的分级依据。

（1）一级拼图（图4.13）：花山心形拼图、澳大利亚动物拼图、两片对称拼图等结构简单且碎片数量较少，轮廓咬合明显，玩家能够快速完成的拼图被归类为一级拼图。

（2）二级拼图（图4.14）：四件铝式拼图、立体铝式拼图等拼装简单，但是制作材料得到升级、成品可用作观赏的拼图被归类为二级拼图。

图 4.13　一级拼图　　　　　　　　图 4.14　二级拼图

（3）三级拼图（图 4.15）：蹲相马拼图（一种类似俄罗斯方块的拼图）、康斯坦丁动物包装拼图等碎片边缘并不吻合，需要一定的技巧和逻辑才能将所有碎片平整地放入框中的拼图。三级拼图对玩家逻辑能力的要求相比一、二级拼图有所提高，但大部分玩家还是可以采用试错法较快完成此类拼图。

（4）四级拼图（图 4.16）：拼图难度参考六块魔力块拼图、组装拼图和球形立体拼图等。此类拼图在做工上更加精细，操作相对于三级拼图更为复杂。

图 4.15　三级拼图　　　　　　　　图 4.16　四级拼图

（5）五级拼图（图 4.17）：拼图难度可参考立方体木质联锁拼图，它是一种类似于鲁班锁的解锁益智游戏，其本身就是已拼好的立方体，玩家需达成的结果是将每个部件解开取出。拼图商提供的解决方案共有 12 个步骤，玩家需通过线性平移和旋转等操作才能将其解开。另一种同等难度的是四件式框架拼图，这种拼图的外围是一个棱边歪斜的立方框，需寻求合适的布局方案，将所有块件放入其中，构成完整的立方体，所有部件不能有突出。这也需要玩家有一定的 Puzzle 拼图经验才可能达到目标，难度非常大。

（6）六级拼图（图 4.18）：难度参考开瓶器拼图，这是一个反直觉的益智谜题，需要玩家有策略地将 4 个开瓶器碎片平整地放入拼图框中。

图 4.17　五级拼图　　　　　　　　　图 4.18　六级拼图

（7）七级拼图、八级拼图（图 4.19、图 4.20）：此类拼图有装裱拼图、包装拼图和立方体解锁拼图，玩法与上述其他等级的拼图并无太大差距，区别在于这类拼图增加了拼图块件，完成这类拼图需要花费更多时间。

图 4.19　七级拼图　　　　　　　　　图 4.20　八级拼图

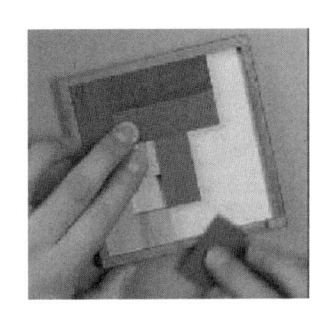

（8）九级拼图、十级拼图（图 4.21、图 4.22）：这两级拼图难度差异不大，国内市面上大多是九级和十级难度的拼图。十级拼图构造简单，像"四个篮子"。拼图就只有四块，但由于每个部件的尺寸设计不同，想要简单粗暴地将部件全部放入，只会让部件突出外框。玩家需要将放置在底层的部件旋转一定角度，放入下一块，再旋转归位，才能平整安置。

图 4.21　九级拼图　　　　　　　　　图 4.22　十级拼图

4. 用途

拼图按用途可分为教学拼图和娱乐拼图。

教学拼图（图 4.23）：拼图时需要将一幅完整的图随意打乱成零散的小片，再将零散的部分还原至原来完整的图画，这个过程可以锻炼使用者的记忆力、分析能力、推理能力和动手能力。在教学中有一种将拼图的理念和做法与教学相结合的教学方法——拼图教学法，又称互补式教学法。

娱乐拼图（图 4.24）：市面上用于娱乐且比较受欢迎的手机拼图游戏分别有《奇妙拼图世界》《匠木》《贝乐虎拼图》《宝宝爱拼图》《艺术解谜》等。玩拼图不仅培养了儿童的动手动脑能力，还锻炼了其观察能力。在拼图的过程中，为了能把图形碎片顺利地归位，儿童必须对拼图的每一块图片都做仔细的观察。这一过程对于儿童认识颜色和图形都能起到很好的锻炼作用，而且还能够让儿童在拼图的过程中增进对整体与部分的辨析理解，有益于儿童提高数学的加减运算能力。

图 4.23　教学拼图　　　　　　　　　图 4.24　娱乐拼图

4.5.3　拼图赛事活动

1. 世界智力谜题联合会

世界智力谜题联合会（World Puzzle Federation，WPF），简称世界智联，是一个致力于谜题事业的全球性合法组织，总部位于捷克，现有 44 个会员国家，每个国家只有一家机构能成为其合法成员，目前在中国的授权机构为北京广播电视台数独发展总部（北京市数独运动协会[①]）。世界智联遵从每个国家所认同的奥林匹克准则。

世界智联每年会在一个国家举办世界数独锦标赛和世界智力谜题锦标赛，涵盖数独和拼图两大项目。

世界智力谜题锦标赛设置了 8 轮回合赛，回合赛在比赛开始后每周四举办一次。拼图的赛题主要为逻辑谜题，参赛者只需在世界智联官网下载试题，打印成纸质版作答，将答案和解题思路拍照上传即可。该比赛为积分赛，参赛者回答的题目越多越难，获得的分数越高。参赛者在本轮的得分为回答正确的题目的分数总和。

回合赛前十名的玩家将获得进入季后赛（即世界智力谜题锦标赛）的资格。最后的优胜者将获得奖杯，其他季后赛参赛者会获得参赛证书。

---

① http://www.bjtyzh.org/shijishetuan/5369.html。

2. 益智设计大赛

国际拼图派对（International Puzzle Party，IPP）创建的目的是为专业的谜题搜集者提供一个年度论坛，在该论坛上不仅可以交换或销售机械拼图、书籍和相关物品，而且还能够享受娱乐和团体精神（图4.25）。自1978年以来，国际拼图派对几乎每年都举办活动，通常由美国和亚洲、欧洲的部分国家轮流组织[①]。

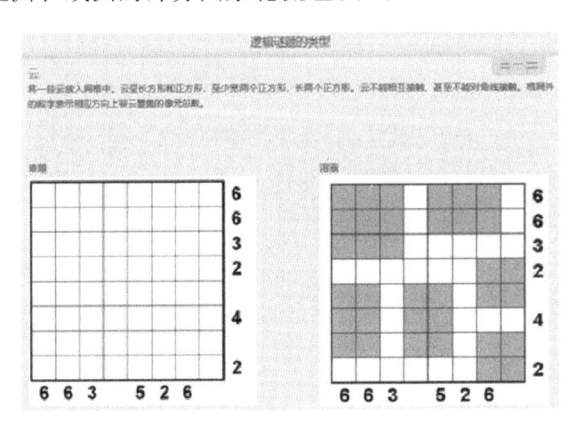

图 4.25 国际拼图派对

在 IPP 举办的益智设计大赛中，参赛者需制作出谜题实物并提交设计图纸、制作材料表和解谜方法至相应邮箱。评委将从创新性、物理设计、解谜难度和总体可取性四个方面对参赛者提交的拼图进行评估投票，同时这些作品会公开在 IPP 网站上，IPP 成员也可以根据自己的喜好投票。最终，得分高者将获得奖项和奖金[②]。

3. 中国（国际）拼图大师赛

中国（国际）拼图大师赛（China International Jigsaw Puzzle Masters）从 2022 年至 2023 年已举办四届，主办方为图益拼图研究中心。参赛选手分为儿童组和成人组；赛制分为个人赛和双人赛。比赛采用限时赛的方式，最终根据竞速成绩排名定胜负。

成人组选手的比赛拥有全国高手巅峰对决的场面。限时 100 分钟的个人竞速赛，不仅考验选手们的眼力和手速，还需要选手在比赛中保持耐心及较强的抗压能力。

双人小组赛在考验选手个人拼图技能的同时，也考验选手之间的配合默契程度。选手们分工明确、章法有度，看似繁乱的拼图就在一拼一合中呈现完美画卷。

需要注意的是，中国（国际）拼图大师赛所用拼图并非逻辑谜题型的 Puzzle 拼图，而是由碎片组成完整图案的传统拼图，注重考验比拼选手的耐心程度、分类整理的能力和对图案的局部观与整体观。

4.5.4 拼图的应用与探索

本节根据拼图的构造原理和造型设计，结合目前已有的拼图类型，研究应用于工程

[①] http://puzzleparty.org/.
[②] https://johnrausch.com/.

实践和结合数学原理的案例。

这类拼图通常在数学原理的基础上进行设计开发，更具备开发性、创新性和益智性，能够让学生在实际的问题中运用数学知识解决问题，培养学生的数学思维和建构数学模型的能力。以下列举相关的拼图案例。

1. 轴对称拼图

原本对称的拼图被分割成数片，使用者需要将这些拼图碎片拼合成一个对称图形（图 4.26）。

（a）示例一　　　　　　（b）示例二　　　　　　（c）示例三

图 4.26　轴对称拼图

2. 数字转盘拼图

数字转盘拼图的玩法是选定最外圈的一个数字，例如，选择最外圈的数字 4，再转动转盘，选择相对应的数字，使得转盘上从里到外的几排数字的和为 50（图 4.27）。

数字拼图由 12 个小长方块组成（图 4.28）。要完成该拼图，需要注意 14×4 的长方块，因为 4 是所有长方块的宽度和高度里唯一出现的数值；再通过 4 找差值，可以找到 18-14=4，以此为破题关键。当把木块一块块放上去的时候，一定要确保直角尽量少出现，不能出现类似连续山峰似的直角的情况。

图 4.27　数字转盘拼图 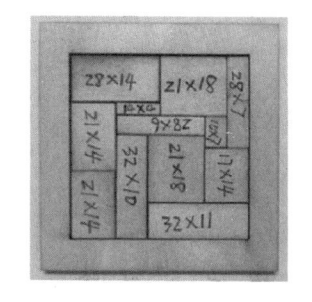　　　　　　图 4.28　数字拼图

4.6 拼图的创新开发与实践探索

拼图的种类繁多、难度不一，对青少年的智力有一定的启发，不过以娱乐性的功能

居多。随着时代发展,国外已经出现很多益智类拼图,这类拼图更能启发孩童的大脑,锻炼其思维能力,国内现有的益智类拼图大多由国外引进。因此,本书在分析拼图的原理、构造和应用案例的基础上,结合现有的益智类拼图进行实践创新,进而设计开发系列益智类拼图。

4.6.1 创新设计过程

1. 平面对称拼图

平面对称拼图运用了轴对称的原理,将三个木块拼成一个对称图形。

创新设计:该设计将抽象的数学问题直观化、可操作化,帮助学生在感官认知上建立轴对称概念。设计方案运用 ArtCAM 软件进行设计开发(图 4.29),并通过雕刻机将木块切割成三个小块。在工程实践与数学原理相结合的基础上,创造出了这款益智类拼图(图 4.30)。

图 4.29 ArtCAM 绘图过程   图 4.30 自制对称拼图

这款拼图的创作灵感来源于数学教学中对称图形的知识点对学生而言过于抽象,于是我们通过拼图与对称图形相结合的方式制作出益智类拼图,它既可以在教学中使用,也可以在课堂外用于娱乐。

2. 等比立体拼图

等比立体拼图:①横着数或者竖着数,能够形成包含 5 个数字及以上的等比数列(这样的数列共有 5 个),并且最后拼图的形状为长方体。可以根据最后的拼图形状为长方体,绘制其展开图;②观察筛子上的数字,发现分别有 1、2、4、8、16、32、64、128,最小为 1,最大为 128;③寻找规律;④结合展开图上的数字与筛子上的数字就可以拼出等比立体拼图(图 4.31)。

	1	2	4	
1	2	4	8	16
2	4	8	16	32
	8	16	32	
	16	32	64	
	32	64	128	

图 4.31　等比立体拼图规律

创新设计：有利于培养学生建立数学模型的能力；考查学生综合运用等比数列和立体图的展开图等知识点解决问题的能力（图 4.32~图 4.34）。

图 4.32　等比立体拼图展开图　　图 4.33　等比立体拼图建模　　图 4.34　等比拼图实物

这款拼图的创作灵感来源于数学教学中学生对等比数列的概念和性质的理解，学生要读懂立体图的展开图需要充分理解等比数列的特点并将其与三维空间的数理关系融会贯通。于是我们通过拼图与等比数列和立体图的展开图等原理相结合的方式制作出这款拼图，它同时具备娱乐性和探索性，帮助学生运用数学知识来呈现拼图，在游戏中启发学生的数理思维和空间思维。

3. 金字塔立体拼图

金字塔立体拼图是在参考了市面上的建筑类拼图和一些折纸类视频后设计而成的。这款拼图外形是拼合而成的四面体（金字塔），内部是类似"中国盒子"（一种用机关将盒子锁住、保护内含物的盒子，像鲁班锁一样需要一定技巧才能解开）的一种开锁类拼图，可将里面的内含物取出（图 4.35）。

图 4.35　金字塔立体拼图

创新设计：培养学生的想象力、创造力，锻炼其对于空间解构与空间折叠的理解能力。

这款拼图主要通过拼图与折纸艺术的结合，将几块折纸部分拼合成一个整体，能够培养学生的想象力、创造力和空间解构能力。在折纸的基础上进行拼图的设计开发，从而达到在三维空间锻炼学生的拼图思维与空间解构的理解能力的目的。

4. 空间构型立体拼图

空间构型立体拼图：这款拼图使用 C4D 软件模拟拼图拼接的过程（图 4.36），可以让观察者更加清楚地看到拼接的步骤和方法。要完成这个拼图，旋转是核心。

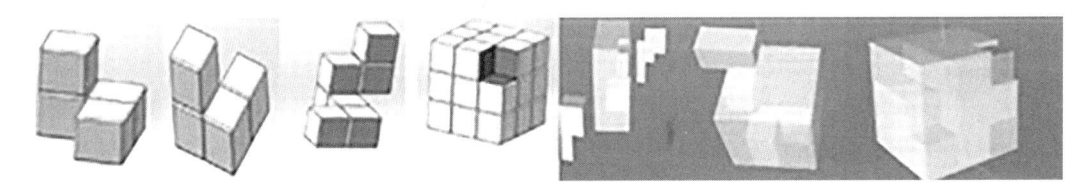

图 4.36 C4D 绘制的空间构型立体拼图

C4D 软件：C4D 全名 Cinema 4D，是德国 Maxon 出品的 3D 动画软件。C4D 是一款易学、易用、高效且拥有电影级视觉表达能力的 3D 软件，由于具有出色的视觉表达能力，其现已成为视觉设计师首选的三维软件。

创新设计：运用高新技术软件模拟复杂图样重组的过程，将拼图的拼接过程简单化，并能创造出多维的立体拼图。

5. SolidWorks 乐高积木拼图

SolidWorks 乐高积木拼图是一款运用 3D 建模软件 SolidWorks 绘制乐高积木模块，再在软件内进行装配的拼图（图 4.37）。

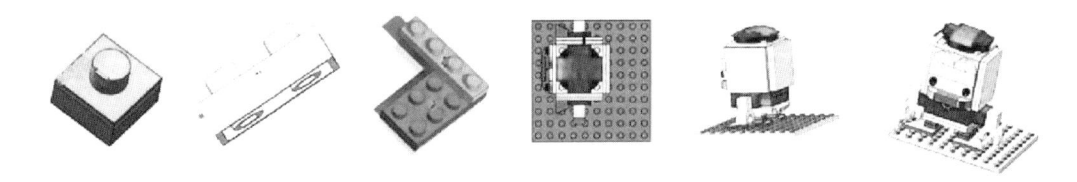

图 4.37 SolidWorks 乐高积木拼图

这款拼图是在电脑软件中绘制的虚拟乐高积木，无须购买实体乐高积木。该拼图的玩法类似于游戏《我的世界》，玩家可随意拼搭积木以得到自己想要的模型，游戏的开放性大、可玩性强；建模和装配的步骤需要操作者灵活操作，先思考各个零件间点、线、面的关系后再进行组合，工程量大，持续时间长。无力大规模购买乐高套件的学校可将该项目引入科学课堂，能够降低教学成本，并且融合建模的教学内容。

4.6.2 拼图开发的重点与难点

1. 拼图开发的重点

基于国内现有的益智类拼图的类型，并参考国外益智类拼图，制作出既能体现数学原理，又将拼图元素融入其中的拼图成为该研究主题的重点开发内容。经过不断的创新实践后，我们开发出了平面对称拼图、等比立体拼图和空间构型立体拼图等益智类拼图。

2. 拼图开发的难点

数学益智类拼图开发的难点在于如何让使用者在游戏过程中运用数学知识而非运气解决问题。这种益智类拼图的设计一定要紧密地与数学原理贴合，也要考虑难度系数。基于这样的考虑，设计出既结构合理，又有一定解谜难度，并且运用数学知识才能解谜的益智类拼图成为开发的难点之一，此外，为了达到使用 C4D 与 SolidWorks 软件进行益智类立体拼图的创新制作并使用动画演示的目的，我们不仅要学习软件，还要结合创新性、益智类、立体空间等特点进行拼图设计，这成为创新开发的另一个难点。

4.7 拼图项目学习与探究反思

从一开始的忐忑与迷茫到后来的清晰与坚定，我们实现了心态的重大转变。由于一开始并不熟悉研究主题，对开发拼图感到迷茫；后来经过充分查阅文献资料，逐渐了解了该研究的内容与目标。在心态转变之后，却又面临着两个现实困难。第一，文献资料的归类整合。前期我们寻找文献资料的途径过于单一，得到的文献资料有限。不过经过发掘不同途径寻找文献资料，使用不同的搜索引擎提炼关键字，最终获取了所需的有效文献资料，并在整理时运用了对比分析方法加以整合。第二，项目开发的创新点。需要从跨学科、跨学段和跨学域的视野，寻找学理的依据，因此我们在查阅文献资料并思考后确定了主要的开发方向：数学益智类拼图。项目开发的创新点在于围绕实际问题来运用数学知识解决问题，从而培养学生的数学思维和建构数学模型的能力。在具体的探究实践过程中，运用 SolidWorks 和 C4D 等软件，对拼图的结构进行了解构、重构与创新，并将其动态化地以三维形式呈现。但如何从多级和多维的视角开发是最困难之处。这不仅要实现从二维到三维的开发，还要考虑如何多维度地创新开发，这个过程是曲折的。为此，还需要不断地对 SolidWorks 和 C4D 等软件进行探索与学习。我们还为探索益智类拼图与折纸艺术结合付出了努力。通过探究与实践，我们开发出金字塔拼图，它既能融合传统艺术，也能保留益智拼图的特点，能培养学生的想象力、创造力和空间解构能力。

整个研究过程强调：拼图的开发是立体的、整合的、多维度的开发，是有难度、梯度和深度的开发，而不仅仅是某个点的突破。在探索与实践的过程中，我们逐渐学会如何在教材中挖掘隐含其中的研究主题与研究方向，思考如何促进学生的知识迁移与应用，如何从单一知识的深度学习转向对"基于需求、基于创新"的解决真实问题的意义与价值的探索。在拼图资源开发的过程中我们也收获颇丰：不仅学习了新的现代软件技术，而且深刻认识到只有不断学习新技术（信息技术、教育技术和软件技术）才能在科技教育领域真正创新，此外，还要借鉴前人研究的优点并坚持不断反思才能走得更远。

第 5 章　迷宫的项目学习与探究实践

5.1 迷宫的简介

迷宫，指的是充满复杂通道的建筑物，很难找到从其内部到达入口或从入口到达中心的道路，通常用来比喻复杂艰深的问题或难以捉摸的局面。迷宫形态多样，或空间或平面，或封闭或开敞，迷宫游戏可以培养青少年的空间推理能力、方向辨别能力、观察与专注力、数据分析与调查能力。

有人说迷宫好像陷阱，陷入其中就再也走不出来；有人说迷宫是一个疑团，让你去思考、猜测和破解；也有人说迷宫是一种娱乐，带给你期盼、想象和兴奋。迷宫究竟带给我们什么呢？古代迷宫的神秘变幻，现代迷宫的新颖有趣，让迷宫成为充满魅力的智力游戏，带给人们无尽的欢乐。让我们走进迷宫探究主题，重新挖掘古老的益智游戏，并赋予其新的教育意义。

5.2 迷宫相关的中小学课程标准内容及教育价值

5.2.1 迷宫相关的中小学课程标准内容要求

迷宫这一主题融入了跨学科的知识，在劳动、艺术、信息科技中都有所体现。对教材及课标进行分析能够了解其蕴含的学科核心素养和学科知识，并将其应用到迷宫的探究中，这是对课程资源进行整合和再利用的方式。

1. 《义务教育劳动课程标准》（2022 年版）

课标指出中小学生在教育者的引导下，通过独立活动或与他人合作，在设计、制作、使用或维修等一系列劳动体验和实际探究的技术活动过程中学习技术知识，掌握技术操作，增强技术意识，提高技术素养。

2. 《义务教育艺术课程标准》（2022 年版）

课标在设计制作应用领域，通过引导学生大胆想象与创造，按描绘、设计、制作等流程，呈现自己独特的迷宫，借以释放学生对奥秘领域的好奇之心、探索之愿，培养学生的设计与创新意识。

3. 《义务教育信息科技课程标准》（2022 年版）

迷宫项目对应课标中的编程设计领域，学生在教师指导下，结合 Scratch 编程软件编写一个简单的"迷宫探险"游戏脚本,让学生对计算机设计产生学习兴趣,体会设计游戏的乐趣,实现玩中学,提升学生用计算机解决问题的能力。

5.2.2 迷宫开发的教育价值

迷宫是一个二维或三维空间结构的精简,是城市大小道路的一个缩影。游玩迷宫可以培养学生的空间推理能力,还有助于提高其辨别方向的能力。游玩不同形状、形态的迷宫,还能提高学生的认知能力。游玩迷宫需要学生仔细观察迷宫的局部和整体,来判断通往出口的正确线路;一边判断一边前进,直到找到正确出口。这样不仅能培养学生的观察能力和思考能力,同时有助于提高学生的注意力。在游玩迷宫时,学生会主动寻找出口,当他们通过努力找到出口会获得成就感。这不仅在一定程度上增强了学生的自信心,还会激励他们不断前进、挑战自我、战胜自我。大型科学竞技真人秀节目《最强大脑》第二季0109期中出现了大型迷宫——蜂巢迷宫,据调查,能看懂蜂巢迷宫项目的人不到50%,可以走出蜂巢迷宫的人不到1%,想要走出蜂巢迷宫,必须要有强大的记忆力、运用自如的图片转化处理能力和绝佳的心理素质。因此,对迷宫进行研究是有意义的。

5.3 迷宫的溯源

研究迷宫的科学史,能够让公众更深入地了解迷宫、应用迷宫,传递科学思想,提高学生的学习兴趣,让公众更好地爱科学、学科学、用科学。通过查询文献资料可以发现:从神话传说中用来困住怪物的迷宫,岩石和硬币上刻画的迷宫图案,到《三国演义》中诸葛亮的"八阵图",再到举世闻名的各种类型的迷宫,迷宫的科学史如它的名字一般,神秘而有趣。

5.3.1 古代迷宫

1. 神话传说中的迷宫

早在古希腊就有了迷宫。传说米诺斯国王命令能工巧匠为他儿子牛头怪"弥诺陶洛斯"修建迷宫(弥诺陶洛斯迷宫)(图5.1),任何人进去了都出不来,并且国王要求每年从民间选送童男童女给怪物食用。后来雅典英雄忒修斯得到米诺斯女儿的暗中帮助,把线团的一头拴在入口处,带着线团进去,斩掉"牛头怪"才得以逃出迷宫。

图 5.1 神话传说中的迷宫

2. 公元前400年硬币上的迷宫

公元前400年克诺索斯硬币（图5.2）上的纹路是由代达罗斯建造的迷宫。殷沃兹先生曾猜想克诺索斯硬币上的图案可能是祭司们留下来的线索，它暗示着那里的迷宫的正确路线，取硬币上的圆形图案，他假定把每个圆弧形隔墙换成夹着一条甬道的等距离的隔墙，从而得到一个迷宫，而原来的图案就是这个迷宫的连通图，只要注意当到达一个节点时（即几条甬道的交会点）应进入的甬道是交会于节点的诸甬道中与来路隔着一条的甬道，就可以马上明白指示的路线了。

图5.2 克诺索斯硬币

克诺索斯迷宫图经常被刻在希腊与罗马的珍宝上，类似但更精致的图案则见于罗马的许多镶嵌细工上。

3. 新石器时期或青铜器时期的迷宫

部分新石器时期或青铜器时期留下来的岩石上刻着迷宫般的图案；一些陶器上也有迷宫般的图案或刮痕（图5.3）。公元前7世纪晚期，出自意大利特拉里亚塔的一只爱屈利亚酒壶上画着一个全副武装的士兵，他正骑马远离一座迷宫，图画外圈环绕着"TRVIA"（意为特洛伊）的字样。中世纪晚期，威尔士和康沃尔的牧羊人在草地上建造了一笔画迷宫，迷宫路径最终通到中央。牧羊人称这种迷宫为"Caer Droia"，意思是特洛伊城，或转弯之城，可能象征苦修之旅，与异教神话和特洛伊战争有关。

图5.3 新石器时期或青铜器时期的迷宫

古代迷宫常用来藏匿珍贵的物品或者用于军事，如四大名著之一的《三国演义》中就出现了这种功能的迷宫。第八十四回提到陆逊在猇亭打败刘备,继续进军,来到夔关不远,看到临山傍水处一片杀气冲天而起,陆逊经询问才知这是诸葛亮摆的八阵图(图5.4)。陆逊细看,四面八方皆有门户,笑曰:"此乃惑人之术耳,有何益焉!"直入石阵观看,竟然迷失方向,无路可出。幸赖黄承彦把他引带出来,于是他下令退兵(俞叶,2008)。

这段描写当然是小说家的构想,陆逊并未误入八阵图。而且古书记载,八阵图乃是行兵布阵之法,是用来教习士兵的,与迷宫无关。不过,在四川的八阵图遗迹,不论是北魏的《水经注》记载、北宋的苏轼记述,还是南宋陆游所见,都是按照八卦的形式用石头砌成的,有门有户。石头垒起几尺高,人若进去,确实容易迷失方向。因此,八阵图同时也是一种防御工事的迷宫思想,其目的是让敌人迷失方向,也是可以说得通的。

5.3.2 国外迷宫

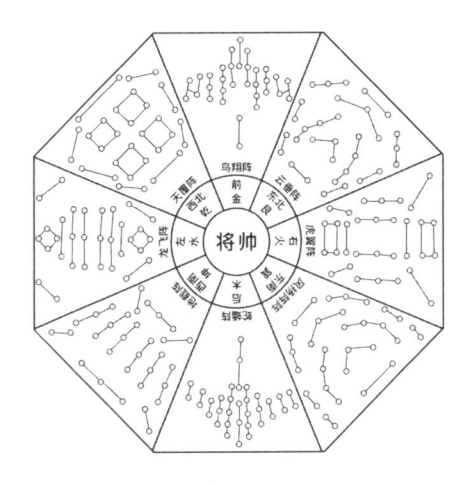

图 5.4 诸葛亮的八阵图

1. 澳大利亚最古老的树篱迷宫

澳大利亚阿什科姆迷宫(Ashcombe Maze,图 5.5)位于肖雷汉姆东面的莫宁顿半岛,用了 217 个品种的蔷薇与 1200 个以上灌木丛,形成了 3 米高、2 米宽的墙(古希腊时期)。

图 5.5 阿什科姆迷宫

2. 法国沙特尔大教堂举世闻名的螺旋形迷宫

螺旋形迷宫(Labyrinths,图5.6)于公元13世纪建成,坐落于沙特尔大教堂的中殿地面上。其外形呈螺旋形,将中殿分成3/4开间,呈圆形,内外共有12圈,最后抵达中心似玫瑰花形的终点。中心处以前嵌有一块铜板,上面的浮雕是希腊神话里的忒修斯战胜牛头怪弥诺陶诺斯的场景。这块铜板继承了克诺索斯古迷宫、埃及古迷宫的传统,它们常常都在中心描绘同样的故事。

3. 汉普顿宫迷宫

汉普顿宫迷宫（Hampton Court Maze，图 5.7）建于 1689 年，位于伦敦西部泰晤士河边，其占地面积约 1350 平方米，由乔治·伦敦（George London）和亨利·怀斯（Henry Wise）在 1689~1695 年为英国国王威廉三世设计，作为其花园的一部分。

图 5.6　螺旋形迷宫　　　　　　　　图 5.7　汉普顿宫迷宫

4. 最复杂的迷宫

意大利皮萨尔别墅花园迷宫创建于 18 世纪初，坐落在威尼斯郊外的皮萨尔别墅，被誉为是一个最复杂的迷宫世界（图 5.8）。据说，1807 年拿破仑一世曾经迷失在这里。

5. 英国最大的迷宫

朗利特树篱迷宫（Longleat Hedge Maze）在 1975 年首次向公众开放，由至少 16000 棵漂亮的紫杉树组成（图 5.9）。它位于威尔特郡，占地面积约 6000 平方米。此外，迷宫里还建造有 6 座木桥，木桥给迷宫增加了与众不同的新特性。该迷宫是一个三维的迷宫。

图 5.8　皮萨尔别墅花园迷宫　　　　图 5.9　朗利特树篱迷宫

6. 人类的印记迷宫

人类的印记迷宫（The Imprint of Man Maze）是为了纪念神话故事中的迷宫：这只巨大的脚板代表了巨人或者是弥诺陶洛斯的脚（牛头人的脚很大）。该迷宫建于 1975 年，每年能接待几千名游客（图 5.10）。

7. 世界上最大的植物迷宫

雷尼亚克迷宫（Reignac-sur-Indre Maze）建造于法国的安德尔河畔，里面种有向日葵或玉米，每年冬天，农夫们会重新设计并播种，到了春天就会长出一个全新的迷宫图案。1996年开园时，有超过85000人试图走出这片占地面积约40000平方米的迷宫（图5.11）。

图5.10 人类的印记迷宫

图5.11 雷尼亚克迷宫

8. 世界上最长的迷宫

世界上最长的迷宫是凤梨花园迷宫（Pineapple Garden Maze），位于夏威夷瓦胡岛的杜尔凤梨园，由14000种热带植物组成（图5.12）。

9. 世界上最大的永久性树篱迷宫

和平迷宫位于北爱尔兰，占地面积达11000平方米，路径长3147米，由约6000株紫杉树组成（图5.13）。

图5.12 凤梨花园迷宫

图5.13 和平迷宫

10. 蛇梯迷宫

这个创意扭曲版的标准迷宫由迈克尔·布利（Michael Blee）在英国东南部肯特郡小镇厄普丘奇的高尔农场建造，他花费了数月创造了这座占地约24281平方米、树篱高约2.7米的三角形迷宫（图5.14）。这是世界上最大的蛇梯迷宫。

11. 戴维斯米加迷宫

位于美国马萨诸塞州斯特林镇的戴维斯米加迷宫由农作物组成（图5.15），但是农作物由于季节性的原因，每年都会重新设计种植。无论它是国王的王冠、恐龙或是城市轮廓线，游客们永远不会知道下一步他们会走到哪里。自1998年起，该迷宫就吸引着众多游客。

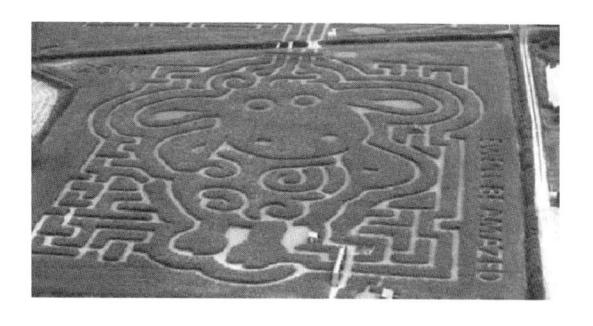

图 5.14　蛇梯迷宫　　　　　　　　图 5.15　戴维斯米加迷宫

12. 乔治森植物迷宫

乔治森植物迷宫（Georgeson Plant Maze）共有 5 片花瓣，图 5.16 显示了其中的 3 片花瓣。

13. 海滩迷宫

Lands End Labyrinth 是海滩上的迷宫，从图 5.17 中你可以看到金门大桥、海滩全景、天使岛，还有旧金山的轮廓线，它是全世界迷宫爱好者和精神探寻者心目当中著名的宁静而美丽的地方。

图 5.16　乔治森植物迷宫　　　　　图 5.17　Lands End Labyrinth

14. 约克迷宫

约克迷宫位于英国的北约克郡，是约克地区的主要景观之一，占地约 13 万平方米，相当于 15 个足球场大小（图 5.18）。它是由 150 万株玉米组成的，由于玉米生长期限的约束，迷宫每年只能开放 8 周。在设计迷宫的时候，设计师使用了卫星技术，因此，此迷宫的难度非常高（佚名，2014）。

图 5.18 约克迷宫

5.3.3 国内迷宫

1. 大纵湖芦荡迷宫

大纵湖盛产芦苇,深秋初冬当地百姓划船进入芦荡收割芦苇,久而久之便形成了河道。大纵湖芦荡迷宫位于大纵湖湿地公园内,整体外形极似八卦阵,其中水道错综复杂,十分奇迷,成为大纵湖特有的自然奇观。2004 年,该芦荡迷宫被上海大世界吉尼斯总部确认为"中国最大的水上芦荡迷宫"。

2. "勇者之旅"大迷宫

该迷宫位于辽宁省大连市金州区登沙河,占地约 23 万平方米,按最短的路线走完也需要 1 个小时(图 5.20)。

图 5.19　大纵湖芦荡迷宫　　　　图 5.20　"勇者之旅"大迷宫

3. 黄花阵

万花阵,原名黄花阵,是仿照欧洲的迷宫而建的花园,建于清朝乾隆年间,是圆明园内一座中西结合的迷宫(图 5.21)。它的主要特点是四尺高的雕花砖墙,中间是一座白色西洋凉亭。方阵南北长 89 米,东西宽 59 米,阵墙总长 1600 余米,墙高约 1.2 米。它由阵墙、中心圆亭、碧花楼和后花园组成,曾是封建王朝帝王的游乐场所。

图 5.21　黄花阵

5.4　迷宫的相关研究

在国内有关迷宫生成的研究非常少,或者是认为研究价值有限,或者是觉得迷宫的生成非常简单,无非就是使用算法便可以轻松实现。这些都是非常肤浅的认识,迷宫是一门集艺术、科学、教育、建筑等于一身的学问,有很多值得深入研究和发掘的东西。Wan 等（2010）做过一项利用图像自动生成迷宫（evolving mazes from images）的研究。他们提出了一个基于细胞神经网络的反应扩散模型,用于创建具有显著图像外观的迷宫,通过该模型创建的迷宫很大程度上保持了原有图像的特征信息。

Lee 等（2010）进行了一项基于 Steganographic（隐写）算法的完美（perfect）迷宫研究,以迷宫作为载体隐藏一些信息,用户探索迷宫路径可以揭示隐藏其中的信息。

Conceptis（康思）公司在 2004 年创作了一款名为"Maze-a-Pix"的迷宫小游戏,用户探索迷宫路径的过程会给路径填上颜色,当用户顺利解出迷宫路径时一幅隐藏其中的图像就会显现。这是一个非常有趣的过程,也称为"点亮迷宫",即顺利解决迷宫问题时就能得到一幅由一个个方形色块构成的图像。

Hands Pedesen 和 Karan Singh 通过二维的流形曲线合成迷宫,他们提出了基于 NPR（non-photorealistic rendering,非照片级真实感绘制）算法自动生成迷宫的模型和基于区域划分和模式匹配的框架。该框架能为设计者提供控制曲线的方法,以确保迷宫的搜索路径符合一定的复杂程度和视觉效果。但其需要较多的用户控制,操作起来相对麻烦。

Kaplan 和 Bosch（2005）进行旅行商问题（traveling salesman problem, TSP）研究时,发现得出的结果与迷宫非常类似,于是尝试利用 TSP 方法创建具有一定图像外观的迷宫,并取得了较好的效果。TSP 问题是一个 NP 问题,解决起来比较困难。

Xu 和 Kaplan（2007a）在做相关研究时发现漩涡是一段具有单一入口和死胡同的螺旋状通道,这一点与简单迷宫有着一致性,于是他们利用计算机自动绘制漩涡的方法生成了漩涡外观的迷宫,称之为"Vortex Maze"。

Xu 和 Kaplan（2007b）后来通过用户提供的原始图像作为导向来创建迷宫,他们为迷宫设计提出了一套基于图像的组合图形算法和系统。该系统对经典的迷宫生成算法进行了新的扩展，它能创建出与原图色调信息非常相近的迷宫，在迷宫的复杂性与美观性两方面取得了很好的平衡。他们也指出了不足之处，即创建的迷宫可能会出现环路和孤立区域。

Okamoto 和 Uehara（2009）通过处理一个输入的 m 行 n 列的黑白光栅图像生成了一幅美如图画的迷宫，当用户解决该迷宫问题后，隐藏于迷宫中的图画就会显露出来。由于他们处理的是光栅图像，迷宫网格非常规则，迷宫中隐藏的图案由大小相同的色块组成，所以对象只能是字符图案或者简单的图像。

Wong 和 Takahashi（2009）提出了一种基于流的由两幅不同的图像自动生成混合图像迷宫的方法。首先从其中一幅图像（主图像）提取突出的轮廓和边缘切线流信息，建立起一个大致的迷宫模型，然后根据主要的边缘切线流方向添加通道和墙体即可完成。他们的研究重点不仅在于提取图像信息后生成具有一定图像外观的迷宫，而是再嵌入另一幅图像（副图像），用同样的方法提取副图像的边缘信息，然后将两者混合形成一个混合图像迷宫。其中第二幅图像的边缘信息是隐藏在迷宫中的，当用户搜索迷宫路径，得到的解决方案就是这幅隐藏其中的图像。由于他们选择的输入图像比较复杂，得到的迷宫图案也相对复杂，视觉美观性不足，用户求解起来具有较大的挑战性。

5.5 迷宫的具体研究

希腊神话中，名匠代达罗斯为克里特岛国王米诺斯所设计的迷宫建造于克诺索斯。这座迷宫被用来囚禁米诺斯的儿子。从前米诺斯统治着克里特岛。有一年，他没有给海神波塞冬送去允诺的祭物公牛，海神十分生气，决意报复。他附体在公牛身上，勾引了米诺斯的妻子帕西法厄王后。不久，王后生下一个牛首人身的怪物弥诺陶洛斯。为了把怪物藏起来避免家丑外扬，米诺斯命令岛上最优秀的工匠代达罗斯造了一座迷宫：一所稀奇古怪的地下房子，走廊离亮处越来越远，根本找不到出口。发狂的弥诺陶洛斯在一堵堵墙壁之间游荡，左突右冲，以进贡的童男童女充饥。终于有一天，雅典王子忒修斯带着宝剑闯入迷宫。他一路借助米诺斯的女儿阿里阿德涅送给他的线团，杀死了牛头怪物弥诺陶洛斯，又沿着这根线找到出口，活着离开迷宫。

又有黏土板记载迷宫的故事：特洛伊市一座王宫的门后坐着一位侍臣。他的任务是在黏土板上登记臣民进贡的山羊数目及进贡者的姓名。进贡者离去后，他无事可做，便把黏土板翻过来，在上面勾画迷宫。就是这么一块黏土板在地下躺了大约 3200 年，竟奇迹般地完整保存到今天。

随着时代的进步，人们逐渐将迷宫应用于农业观光、主题公园、医院、校园、商业等的景观建设方面。由于迷宫结构锁封、防尘、防漏，因此不少设备中会运用迷宫结构，如螺旋输送机、选粉机等。此外，随着家长对教育的重视，市场上出现了各式各样的迷宫益智玩具，如魔方迷宫、迷宫环、掌上平衡迷宫等，用于开发孩子大脑，培养孩子各方面的能力。在教学方面，教师可指导学生利用 Scratch 编程软件，运用所学知识设计一款迷宫游戏，寓教于乐，乐有所得。

5.5.1 迷宫的分类研究

1. 迷宫研究者 Pullen 的分类

迷宫研究者 Pullen 按维度、拓扑结构、镶嵌结构、迷宫路径、纹理结构、聚焦点等对迷宫进行分类。这些分类并不是严格的，没有明确的界限，一个迷宫有可能同时属于多种类型。

1）按维度分类

按维度分类是指按同一个平面内迷宫的通道和墙体所占的层数进行的分类。可以分为平面迷宫（图 5.22）、立体迷宫（图 5.23）、高维度迷宫以及交织迷宫。①平面迷宫（2D 迷宫）：这类迷宫存在于单一平面内，通道和墙体都在同一平面上。通道之间可以交叉，但不会重叠，因为它们都在同一个平面。平面迷宫包括打印在纸上的迷宫、手绘迷宫及大多数计算机程序自动生成的迷宫。②立体迷宫（3D 迷宫）：这类迷宫存在于三维空间中，通道和墙体可以在不同的高度层上。通道既可以在同一平面内交叉，也可以在不同平面内重叠。立体迷宫比平面迷宫更复杂，因为它们增加了垂直维度。③高维度迷宫：这类迷宫存在于超过三维的空间中，通道和墙体可以在更高维度上存在。高维度迷宫的设计和构造比三维迷宫更复杂，因为它们涉及更多的空间维度。④交织迷宫：交织迷宫是一种特殊的高维度迷宫，其特点是通道既可以在同一平面内交叉，也可以在不同平面内重叠。这类迷宫在设计上允许通道在多个维度相互连接，增加了迷宫的复杂性和解谜的难度。

图 5.22　平面迷宫　　　　　图 5.23　立体迷宫

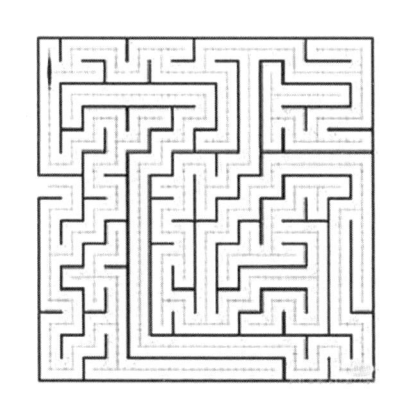

2）按拓扑结构分类

拓扑结构描述的是迷宫在空间中的几何形状，分为正常的和畸形的。正常的拓扑结构迷宫是一种在欧氏空间中的标准迷宫（图 5.24）。大多数迷宫都属于这一类。畸形的拓扑结构迷宫边沿处的连接十分有趣，一般连接着朝向不同的空间平面伸展的迷宫。

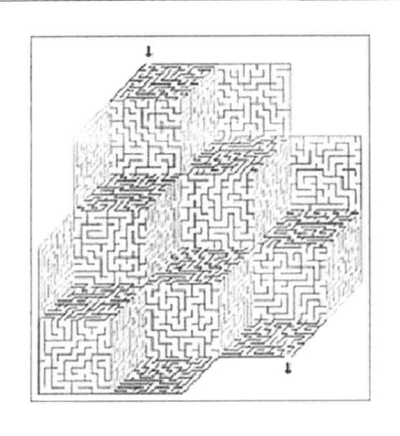

图 5.24　拓扑结构迷宫

3）按镶嵌结构分类

镶嵌结构主要是指构成迷宫的单元格形状，如三角形、矩形、圆形、六边形等。具体可以分为正交迷宫（图 5.25）、三角迷宫、西格玛迷宫（图 5.26）、西塔迷宫、埃普西隆迷宫、裂纹迷宫和分形迷宫（图 5.27）等。通常所说的迷宫就是正交迷宫，由标准的矩形网格构成，通道垂直相交，一般只有水平与竖直两个方向。三角迷宫是一种几何迷宫，它的路径由三角形构成。在这种迷宫中，每个交叉点连接三个不同的路径，每个路径都是三角形的一边。这种迷宫的设计可以是二维的，也可以是三维的，但最常见的是二维形式。三角迷宫既可以用于各种游戏和谜题中，也可以作为算法和路径规划研究的对象。西格玛迷宫由环环相扣的正六边形组成，因此形成的通道也比较特殊。西塔迷宫由同心圆和从中心向四周反射的一束均匀射线构成，起点和终点一般位于同心圆中心或者外边沿，越靠近内部通道越短，越靠外通道越长。埃普西隆迷宫由均匀相间的正八边形和正方形组成，因此单元格有八个或者四个方向可以形成通道。裂纹迷宫是一种无定形的迷宫，没有任何一致的镶嵌结构，而是具有随机角度的墙体和通道。分形迷宫由许多较小的迷宫组成，每一个单元都镶嵌了一个较小的迷宫，这一过程可以重复多次，无限递归的分形迷宫是真正的

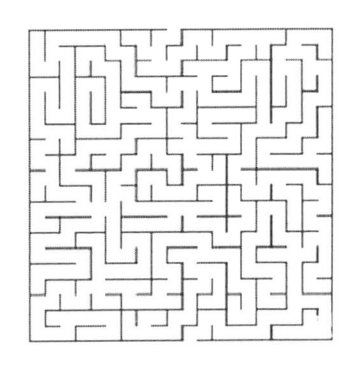

图 5.25　正交迷宫

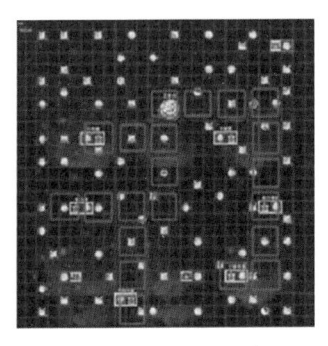

图 5.26　西格玛迷宫　　　　图 5.27　分形迷宫

分形迷宫,其中包含了自己的副本,它实际上是一个无限大的迷宫。

4) 按迷宫路径分类

迷宫路径是指任意规定一个起点和一个终点,从起点到终点所走过的通道。有些迷宫只有一条通道,没有封闭的环或回路,也没有孤立区域,这些迷宫称为完美迷宫,也可以称为单连通迷宫(图 5.28)。它们都只有一个确切的解决方案,在计算机科学中,可以将它们表示为一棵生成树。与单连通迷宫相反的是多连通迷宫(图 5.29),即编织迷宫,迷宫没有任何死角,存在大量开放式回环,因此遍历迷宫搜索路径时不需要回退处理。多连通迷宫比相同尺寸的单连通迷宫的生成与遍历要困难得多。如果一个迷宫只由一条长长的通道构成,没有任何岔路口,从起点到终点进行一次操作,没有回退便可以访问所有的单元格,称其为单行迷宫。单行迷宫挑战性很小,只要有足够的耐性,都可以从起点走到终点,而不需要做任何的试探和回退。

5) 按纹理结构分类

迷宫的纹理结构主要是指迷宫通道的样式与风格(图 5.30),包括四种:Bias 迷宫、Run 迷宫、Elite 迷宫和 Symmetric 迷宫。Bias 迷宫的特点是在一个方向上的直通道往往比其他方向上长,通常将这一特征称为"偏置"。比如,一个高的水平偏置迷宫通常有较长的左右通道、较短的上下通道。Run 迷宫往往以长的直通道而后转弯来展示自己的"运动"因子。如果运动因子较低,则直通道一般不会超过 3~4 个单元,显得更随机分布;如果运动因子较高,则有大段的直通道。Elite 迷宫是一种"精英"迷宫,其解决路径的长度反映了迷宫的尺寸,一般不会出现大量曲折的情况,因此迷宫的解决路径也相对比较短。Symmetric 迷宫是一种对称迷宫,其墙体和通道是对称分布的,如旋转的对称中心、水平对称轴或者竖直对称轴。该类型的迷宫可以是部分对称也可以是完全对称,图案重复的次数可以是任意次。

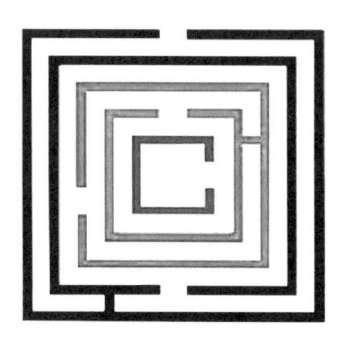

图 5.28 单连通迷宫　　图 5.29 多连通迷宫　　图 5.30 迷宫的纹理结构

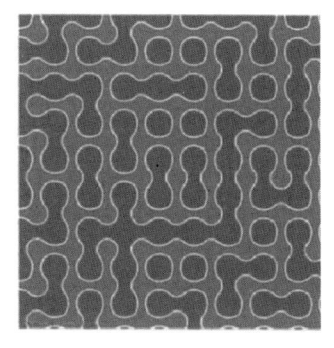

6) 按聚焦点分类

这是一种比较特殊的分类方式,主要是指构建迷宫时所采用的两种方式:墙体布设和"挖掘"通道。墙体布设是指从无到有设置墙体,最终形成迷宫;"挖掘"通道是指去除迷宫网格的一些边形成通道，最终生成整个迷宫。两者的差异仅仅表现在生成迷宫的算法不同，大多数迷宫生成的算法都属于"挖掘"通道型，这也是利用计算机创建迷宫最常用的方法。

7）其他类型

以上提到的都是常见的迷宫分类而并非全部，还有其他类型，如 Direction 迷宫、Segmented 迷宫、Infinite Length 迷宫、Virtual 迷宫等。迷宫的分类并没有非常确切的界定，通常只是按研究的习惯和一般特征进行分类。本研究创建的迷宫具有以上多种分类特征，是平面的。正常镶嵌结构的完美迷宫，从迷宫纹理上看，不存在明显的偏置，并且迷宫中还隐藏着一定的图形信息，因此它可以属于一种新的类型，即隐藏一定图形信息的完美迷宫。

2. 按照要素形式分类

迷宫形式相似或不同主要通过要素形式体现出来。迷宫的要素主要包括边界、开口、路径、界面、节点、目的地。其中任一要素发生变化，都会产生不同的迷宫分类。依据要素形式的不同，可将迷宫分成 7 大类。

1）单迷宫和复迷宫

单迷宫是指一条没有分岔的线路自相缠绕，将所有空间串联起来，并自噬其尾，始终循环到来处的迷宫（图 5.31）。通常它的入口即出口，或出入口位于一处。

复迷宫是有多种走法的迷宫（图 5.32）。由于有多种走法，复迷宫中必然有一些地方可以不回头地走回原点，这条可以走回原点的通道就在迷宫中表现出了一个闭合的回路，以这个回路为界，迷宫可以被分为若干部分。所以，复迷宫从本质上说是由若干个单迷宫组成的。

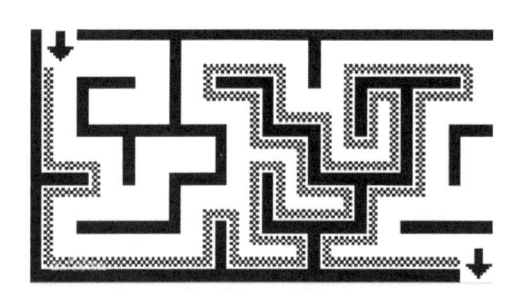

图 5.31 单迷宫 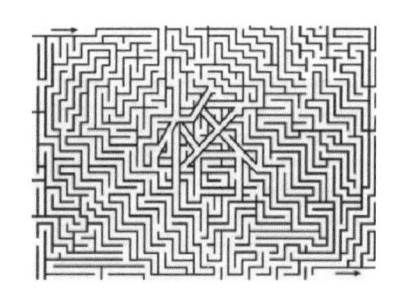　　　　　　　　图 5.32 复迷宫

2）平面迷宫和立体迷宫

平面迷宫常常被刻画在大地、纸张等平面上，人们可以纵览迷宫图案的全景。以绿篱、墙体等界面来限定路径的迷宫，只要路径交叉限定于二维平面，也属于平面迷宫（图 5.22）。

立体迷宫的路径交叉则是三维的。空间中设置了不同标高的平台和路径，它们上下交叠，错综复杂，使人徘徊其中（图5.23）。

3）尽端路迷宫和全通路迷宫

迷宫中只有一条或少数几条路径能够到达目的地，而其他路径都是尽端路的，称为尽端路迷宫（图5.33）。而所有的路径都相通的，称为全通路迷宫（图5.34）。

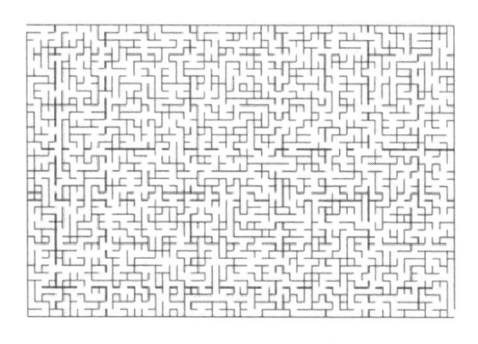

图5.33　尽端路迷宫

图5.34　全通路迷宫

4）不同界面形态的迷宫

根据界面组合所形成的不同形态，迷宫可以分为螺旋迷宫（图5.35）、像素迷宫、蜂巢迷宫（图5.36）、回纹迷宫（图5.37）、自由迷宫以及各种图案的迷宫。

图5.35　螺旋迷宫

图5.36　蜂巢迷宫

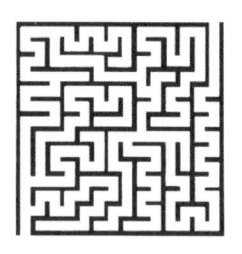

图5.37　回纹迷宫

5）开敞迷宫和封闭迷宫

当界面低于人眼高度时，人们可俯视迷宫，对其复杂性有所了解，迷宫相对开敞（图5.38）。界面高于人眼高度时，视线被遮挡，人们只能游走其中领悟迷宫的路径情况，迷宫相对封闭（图5.39）。若迷宫还有顶棚，则彻底成为室内空间，封闭性最强。

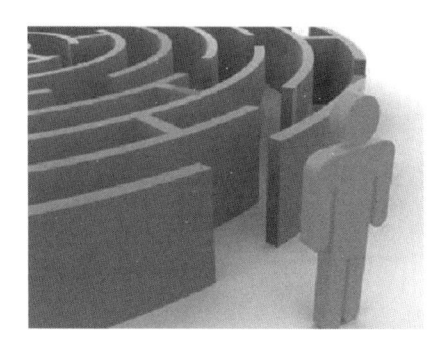

图5.38　开敞迷宫

图5.39　封闭迷宫

6）镜面迷宫和其他材料迷宫

在迷宫路径的两侧设置许多镜子，以镜面作为界面的迷宫称为镜面迷宫（图 5.40）。其最大的特色在于可以反射光线，在不同位置和角度的镜面中形成诸多的假成像。为做区别，由镜面以外其他材料搭建而成的迷宫称为其他材料迷宫（图 5.41）。

图 5.40　镜面迷宫

图 5.41　其他材料迷宫

7）有中心迷宫和无中心迷宫

按目的地位置的不同，迷宫可以分为有中心迷宫和无中心迷宫。

如图 5.42（a）所示，有中心迷宫在其内部都设有一个特殊空间，它并不一定是迷宫的几何中心，却以到达这个中心为目的。图 5.42（b）所示的迷宫虽然具有较为明显的几何中心，但其内部没有作为中心的特殊空间。它以穿越迷宫为目的，出口处的五角星就是它的目的地。图 5.42（c）所示为典型的无中心迷宫（张谦，2022）。

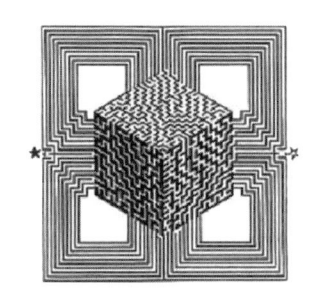

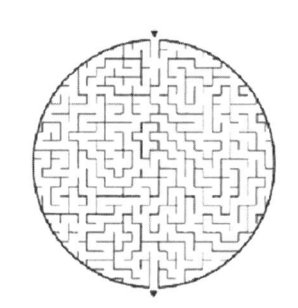

（a）有中心迷宫①　　　（b）有中心迷宫②　　　（c）无中心迷宫

图 5.42　有中心迷宫和无中心迷宫

5.5.2　研究工具

采用 3D One 软件制作立体迷宫。3D One 是一款针对青少年开发的三维创意设计软件，因操作简单被广大师生所接受，易于学生的学习和使用，本书利用 3D One 软件制作迷宫。

5.6 迷宫的创新开发与实践探索

5.6.1 迷宫的解构与重构

1. 迷宫的解构

针对迷宫的解构，通过查阅国内外文献资料，本书整理了 6 种不同的方法，分别是 Cell Automan 算法、马兰戈尼效应法、AI"无头苍蝇"法、注水之重力引擎法、闪电迷宫法和拓扑学法。

1) Cell Automan 算法

在有些情况下，细胞能够受到一些化学物质的吸引，从物质浓度低的地方转运到物质浓度高的地方（蔡璐，2020），可借助此特性寻找迷宫的最优路径（图 5.43）。

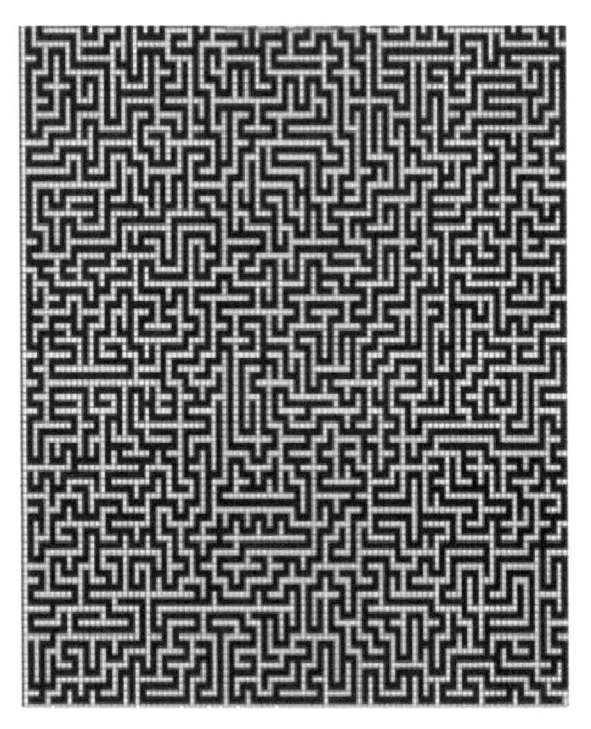

图 5.43 Cell Automan 算法

2) 马兰戈尼效应（Marangoni effect）法

用生活中的现象解释。例如，在酒杯边缘，当酒因为毛细作用"爬"到高处时，酒精蒸发，酒精浓度变低。酒精的表面张力比水小，因此这个区域的表面张力就增加了。越靠近酒杯边缘，表面张力越大，而液体会向表面张力更大的地方流动，所以酒杯中心的酒就被吸到边缘。杯壁上的酒多了以后，酒又因为重力落下，形成挂壁。以迷宫为例，放在出口的酸和迷宫里的碱发生反应，产生了酸碱度的梯度，也就是说越靠近出口的地方酸性越强。酸也会和脂肪酸 2-HDA 发生送子（质子）反应，无籽脂肪酸可以降低表面张力，但是有籽的不行。所以越靠近出口的地方，表面张力越大，马兰戈尼效应就产生了。

3）AI"无头苍蝇"法

在电脑上模拟数千个粒子扩散的模型，让这些粒子在迷宫中无限循环地乱窜，直到其中一个粒子找到走出迷宫的路线为止（图5.44）。

4）注水之重力引擎法

在迷宫中模拟灌入若干的水，利用水的重力作用，直到这些水把整个迷宫都充满，此时在那些被封闭的路上水就无法通行，于是正确的路线就顺理成章地出现了，即水流动的路径（图5.45）。

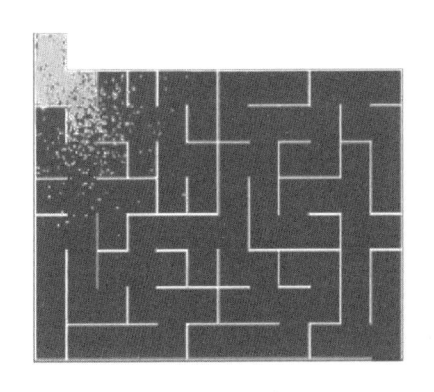

图 5.44　AI"无头苍蝇"法　　　　图 5.45　注水之重力引擎法

5）闪电迷宫法

用物理引擎模拟无数道闪电穿梭在迷宫内部，利用物体的导电特性，当闪电触及不导电的墙体后，就会自动消失，直到有一道闪电成功从入口顺利通往出口（图5.46）。

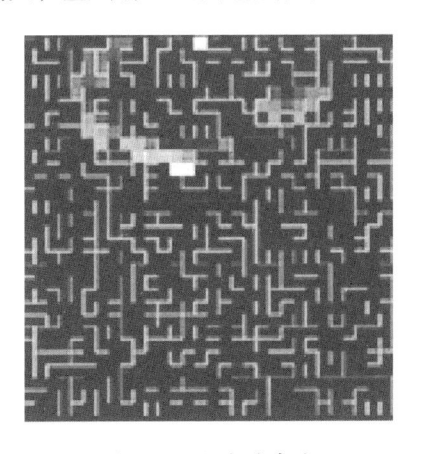

图 5.46　闪电迷宫法

6）拓扑学法

拓扑学（topology）是研究几何图形或空间在连续改变形状后还能保持不变的一些性质的学科。它只考虑物体间的位置关系而不考虑它们的形状和大小。在拓扑学里，重要的拓扑性质包括连通性与紧致性。

2. 迷宫的重构

针对迷宫的重构,我们根据不同年龄的学生设计了分段课程。

1)幼儿课程(3~6 岁)

想法一:将迷宫设计与黏土相融合,让幼儿运用黏土进行搓、捏、压、拼等,培养幼儿的观察能力、手部协调能力、空间形象思维与创造力,帮助幼儿在绘制迷宫的过程中,认识直线、曲线,促进幼儿心智健康发展。

想法二:制作一个纸板迷宫(图 5.47)。通过纸板拼接,变废为宝,培养幼儿的想象力。

2)小学课程(7~12 岁)

创新设计一:借助 Scratch 编程软件制作 2D 或 3D 迷宫闯关(图 5.48)。Scratch 是一款可以制作游戏动画的编程工具,针对 8 岁以上学生的认知水平及其对图形动画界面的喜好,可用类似于积木形状的模块实现构成程序的命令和参数,操作简单,学生只需要使用鼠标拖动相应的模块到程序编辑栏后再进行部分参数的设定,就可以完成程序,实现一段动画、一个小游戏等的设计。它可以培养学生的逻辑思维能力,提高学生学习的主动性,激发学生的创造力。

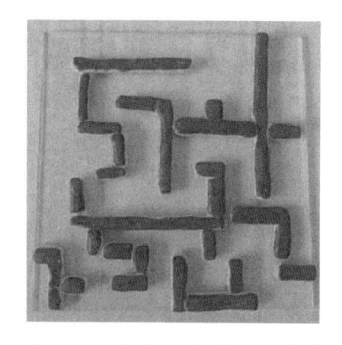

图 5.47 变废为宝的纸板迷宫

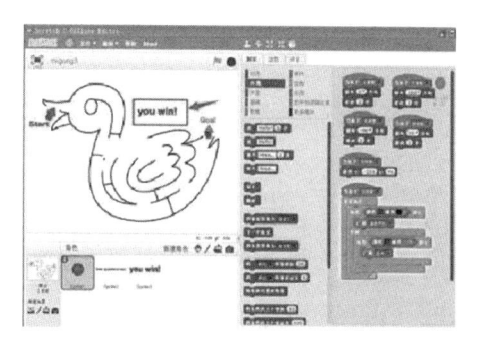

图 5.48 借助 Scratch 设计迷宫

平面迷宫的编程较简单,迷宫图片可以手动绘制或者插入,然后选定一个或多个对象,确定对象的每一步移动方向,再根据移动位移计算相对应步数,拼接模块,输入参数,即可完成(图 5.49)。立体迷宫编程则相对复杂,需要先选定多个对象,再重复上述编程工作。

创新设计二:借助 Photoshop(PS)解迷宫。使用 PS 魔棒工具能解复杂的迷宫,操作较简单,效率较高,适用于各种彩色的迷宫(图 5.50)。不足之处在于它不能呈现走迷宫的路径,且仅限于解平面迷宫。

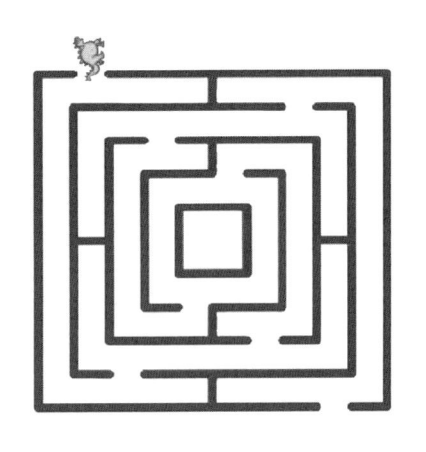

图 5.49 用 Scratch 制作 2D 迷宫 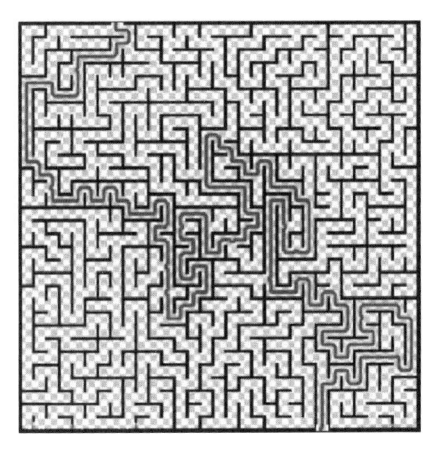　　　　图 5.50 用 Photoshop 解平面迷宫

3) 中学课程

采用 3D One 软件制作立体迷宫。3D One 是一款采用"互联网+"理念的产品，学生、教师可以随时上传作品、教程等，以供"社区"其他成员查看。同时，还有点赞、收藏、评价等功能，使学生在"社区"里自由交流、互动。三维图制作完成之后，可以直接在软件中连接 3D 打印机选择打印，方便又快捷（图 5.51）。

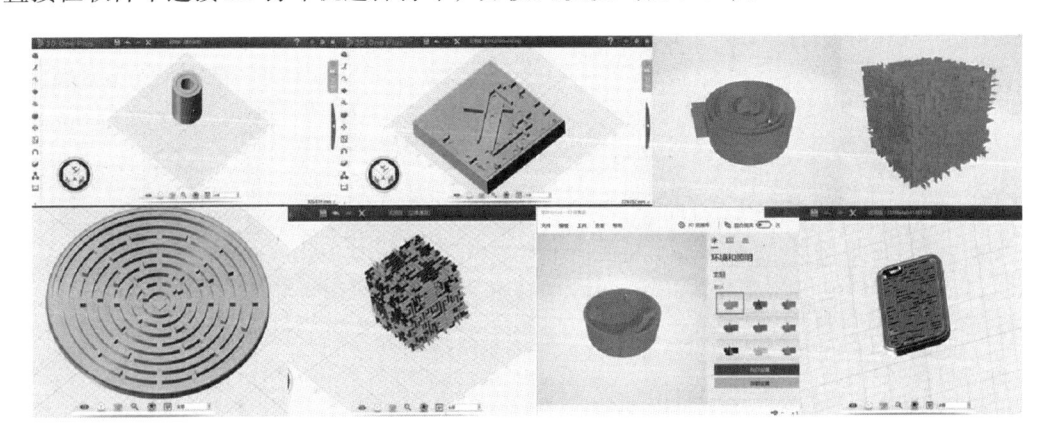

图 5.51 用 3D One 软件制作立体迷宫

5.6.2 迷宫开发的难点

虽然高端工业印刷可以实现聚合物材料、金属材料或者陶瓷材料的 3D 打印，但 3D 打印由于材料种类的限制，无法支持我们日常生活中所接触的各种各样的材料。3D 打印要成为主流技术（作为一种消耗大的技术），它对机器的性能要求较高，其复杂性也可想而知。目前的 3D 打印技术在重建物体的几何形状和机能上已经获得了一定的突破，几乎任何静态的形状都可以被打印出来，但是那些内部发生运动的迷宫及其清晰度就难以实现了。

5.6.3 创新设计之魔方迷宫

魔方迷宫，顾名思义就是一款外形像魔方一样的迷宫，其实质是一种将魔方和迷宫结合在一起的 3D 益智类玩具（图 5.52）。创新的想法是利用 3D One 软件建造一个平面迷宫，然后将平面迷宫组合起来。但是这种做法并不能使迷宫像魔方一样转动，因为魔方是由 26 个小块和一个中心轴组成的，而魔方迷宫最终达成的效果是让一个滚珠在这个正方体每个面的迷宫内或相邻面滚动。魔方迷宫的外观形状是正方形，里面设计有许多小迷宫，并配有不锈钢滚珠。魔方迷宫可以开发儿童的智力，具有无限的趣味性与探索性。

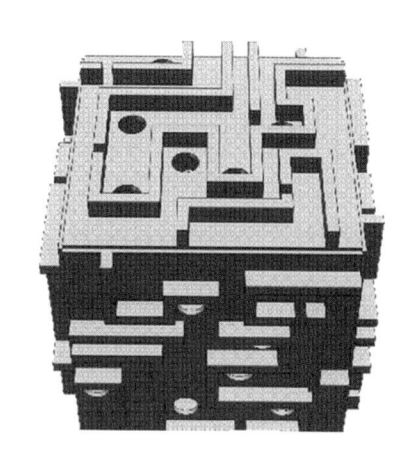

图 5.52　魔方迷宫

5.6.4 创新设计之马兰戈尼效应迷宫

马兰戈尼效应是指当一种液体的液膜受外界扰动（如温度、浓度变化）而使液膜局部变薄时，它会在表面张力梯度的作用下形成马兰戈尼流，使液体沿最佳路线流回薄液面，进行"修复"。高表面张力的液体相较于低表面张力的液体对周围液体的拉力更大，因此表面张力梯度的存在会导致液体从低表面张力的区域流走。利用马兰戈尼效应可以使带颜料的液体在迷宫中穿梭。如可以在迷宫的出口放置吸收了盐酸的海绵，在迷宫的入口放置酸碱指示剂——苯酚红，则迷宫泡在碱和酸的混合液里。放在出口的酸和迷宫入口的碱发生反应，就产生了酸碱度的梯度，也就是说越靠近出口的地方酸性越强。在迷宫表面，马兰戈尼效应可以吸引苯酚红朝着更"酸"的地方"走"。在人眼看来，便是"机智"的苯酚红找到了走出迷宫的最短路径（图 5.53）。

图 5.53　马兰戈尼效应迷宫

5.6.5 创新设计之开源硬件迷宫

借助迷宫游戏进入电学世界，认识电流流动的规律（图 5.54）。用卡牌的方式提供 40 种烧脑迷宫，40 张卡牌对应 40 关烧脑迷宫，按照教学关、电学关、电学进阶、电学高手分成不同的挑战级别。在这 40 关电学迷宫中，既有简单的回路，也有复杂的串、并联电路。在组建迷宫的过程中，挑战不断，惊喜连连，迷宫搭建成功后，结合灯模块发光、音乐模块播放音乐，声、光、电有机结合，乐趣十足！迷宫采用电路的形式，通过无导线拼插的连接方式，把抽象的"电路"玩具进行创新的设计，帮助学生潜移默化地学习电路，领略电流的特点。"电学迷宫"电路采用独立模块，模块采用统一接口，可以自由拼接，镭雕电学符号，拼好就是电路图。每接入一个模块，电路路径就会点亮，实时指示电路连接进度，极大降低了电学入门的难度。打破常规，用拼插积木的方式任意组合电子元件，摒弃使用面包板、烙铁焊接的连接方式，避免导线连接复杂混乱和烫伤、触电的问题。以水的流动类比电的流动，像接水管一样连接电路，让抽象物理变有趣，使学生通过"电学迷宫"理解抽象的电学概念。

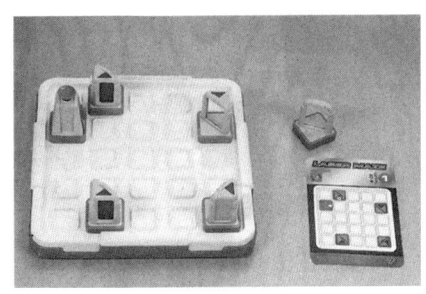

图 5.54　开源硬件迷宫

5.7　迷宫项目学习与探究反思

在研究过程中，我们发现目前国内外已经有不少迷宫爱好者。一方面，教育领域开始思考将迷宫研究的重点放到如何创建更适合儿童的迷宫，以及如何利用迷宫培养儿童各方面的能力上。另一方面，随着大屏幕移动终端的普及以及基于此的电子游戏的广泛流行，青少年对基于大屏幕移动设备的交互式迷宫的需求远远超过打印类迷宫。有需求就会有发展，相信在更多的相关研究者的推动下，将来定能涌现出更多更受儿童、家长甚至在校教师欢迎的儿童益智迷宫。回顾整个研究主题，历经了查阅资料的波折和中期的迷茫，才慢慢地找到了研究思路，克服多重困难与挑战后完成基本目标。后续通过实践体验与创新发现，对怎样有效地开发和利用现有的迷宫资源有了深刻的认识，意识到创新是科技教育的活力与源泉。虽然走得很慢，但却从未退缩，今后我们将在科技教育资源开发的道路上持续不断地前行。

第6章　平面连杆机构的结构探秘

6.1 平面连杆机构的简介

连杆机构是由若干个杆状或块状构件通过转动关节（也称铰链）或移动关节（也称滑块）连接而成。所有构件在同一平面或相互平行的平面内运动的机构称为平面连杆机构，否则称为空间连杆机构。

平面连杆机构在我国春秋时期便已出现，无论是在玩具领域还是在日常生活中均有平面连杆机构的应用。目前国内玩具厂商生产的玩具产品种类繁多，但大多还没有形成自主品牌，所以目前我国只能算是玩具生产大国，而不是玩具创造大国。国外有五大玩具巨头公司，它们的玩具在我国玩具市场中占据了一定的份额，随着几家玩具公司为机械玩具设计相应的动画 IP 并推出，机械玩具作为火爆的消费品获得了巨大的市场。但目前以平面连杆机构为切入点开发的课程资源还寥寥无几，而平面连杆机构蕴含的精巧结构与匠心设计，以及技术智慧对培养青少年的创新精神和实践能力显得非常必要。

6.2 平面连杆机构相关的中小学课程标准内容及教育价值

6.2.1 平面连杆机构相关的课程标准内容要求

平面连杆机构在《普通高中通用技术课程标准》多个版本均有内容涉及（图 6.1）。

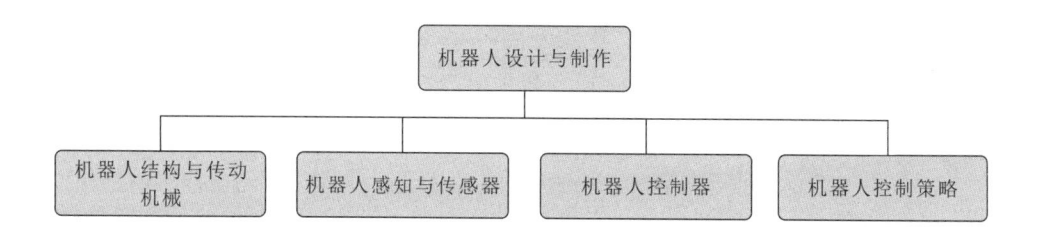

图 6.1　《普通高中通用技术课程标准》相关内容

《普通高中通用技术课程标准》在内容要求中，要求学生首先能够阐述机器人的生产过程、应用现状与发展历史，理解机器人三定律的内容和含义，并结合实例分析机器人与人类及环境的关系。其次，学生能够理解机器人的基本构成、典型结构和应用背景，说明自由度的内涵，区分机器人的感知、控制、驱动等环节，学会拆卸、组装机器人的基本方法。最后，学生需要正确分析常见连杆传动装置的结构及其应用，并根据需求设计和制作简单的连杆装置。计算简单的齿轮传动比，按照装配图样安装和调试简单的齿轮装置，学会机器人机械结构的初步设计方法。

1. 苏教版选修 2 / 粤教粤科版选修 2

在《机器人设计与制作》第二章机器人的传动机械中提及"平面连杆机构是由若干杆构件通过铰链连接，并且所有构件都在同一平面内运动的机构"。图 6.2 所示的结构就是平面连杆机构。

图 6.3 所示的铰链四连杆机构是平面连杆机构的基本形式。一般杆 AD 是固定的，称为机架。AB、CD 两构件与机架相连，AB、CD 称为连架杆。杆 BC 不直接与机架相连，称为连杆。在铰链四连杆机构中，A、B、C、D 4 个铰链点都能转动，形成封闭系统。

图 6.2 平面连杆机构示意

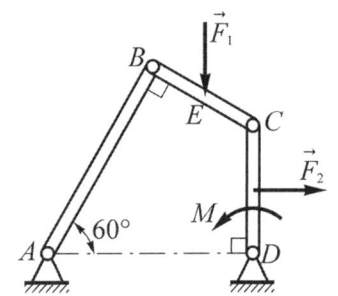

图 6.3 铰链四连杆机构

当 AB 连架杆作为主动件转动时，通过 BC 连杆带动从动件 CD 连架杆转动，反之当 CD 连架杆为主动件时，AB 连架杆为从动件。在实际的应用中，还会经常采用在此基础上演化而成的其他四连杆机构。

2. 豫科版选修 2

在《机器人设计与制作》第一章机器人结构与传动机械中提及"最简单的连杆机构为平面四连杆机构，即用铰链将四个杆件连接而成。比较典型的平面四连杆机构有曲柄摇杆机构、曲柄滑块机构、双曲柄机构"。教材中详细介绍了曲柄摇杆机构、曲柄滑块机构、双曲柄机构的概念和应用。

雨伞的骨架一般由若干条支路组成，每一支路都是一个简单的平面连杆机构，其原理如图 6.4 所示。图 6.5 所示的机械手臂则是一个空间连杆机构。

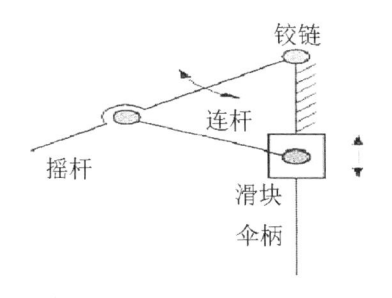

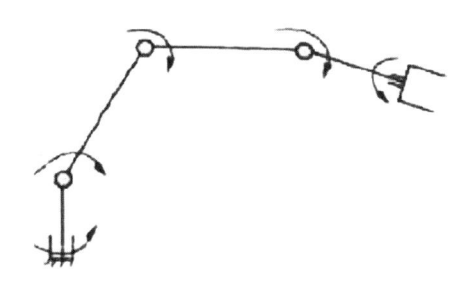

图6.4 雨伞的收放机构　　　　　图6.5 机械手臂机构简图

3. 人教版选修

在《机器人设计与制作》第一章机器人结构与传动机械提及"机器人能完成各种各样复杂的动作离不开精巧的机械设计,在机械设计中常用到各种传动机构,例如齿轮传动、连杆传动等"。图6.6所示为某机械表的机芯,其中复杂且精密的机械传动机构使得钟表能精确地计时。

4. 地质社版选修2

在《机器人设计与制作》第二章机器人的机械系统中对什么是平面连杆传动机构、平面连杆传动机构在机器人上有哪些应用等问题进行了详细说明,并对平面四杆机构成立的条件进行了说明。①杆长之和条件,平面四杆机构最短杆和最长杆的长度之和小于或者等于其余两杆的长度之和($AB+BC \leqslant AD+DC$)。②在平面四杆机构中,如果某个转动的点整周转动,则它所连接的两个构件中,必有一个为最短杆,并且四个构件的长度关系满足杆长之和条件。③在满足条件②的平面四杆机构中,最短杆两端均可以整周转动。此时,如果取最短杆为机架,则得到双曲柄机构;如果取最短杆的任何一个相连构件为机架,则得到曲柄摇杆机构;如果取最短杆对面构件为机架,则得到双摇杆机构。④如果平面四杆机构不满足杆长之和条件,则无论选取哪个构件为机架,所得到的机构均为双摇杆机构。

图6.6 某机械表机芯

分析平面连杆传动机构的运动,要求学生掌握分析平面连杆传动机构的基本方法——绘制机构简图。机构简图是用简单的线条和符号来代表构件和运动副,并按一定比例表示各运动副的相对位置,用以说明机构各构件之间相对运动关系的简单图形。

6.2.2 平面连杆机构开发的教育价值

我国关于平面连杆机构的机械主题比较丰富,如果能够将平面连杆机构的结构、设计及原理等融入青少年的日常生活与玩具探索中,不仅可以提高学生的动手能力,还可以培养学生的科学思维和设计能力,在学生的心中埋下科学和文化传承的种子。

《普通高中通用技术课程标准》要求学生在机器人设计与制作一章中，正确分析常见连杆传动装置的结构及其应用，并根据需求设计和制作简单的连杆机构。通用技术学科核心素养包括技术意识、工程思维、创新设计、图样表达和物化能力五个方面。

在技术意识方面，增加对平面连杆机构的了解，能够让学生通过连杆机构对人类和社会的历史作出理性分析，理解技术与人类文明的有机联系，形成对技术文化的理解与主动适应。在工程思维方面，学生能够通过平面连杆机构来认识系统与工程的多样性和复杂性，对这一技术领域的问题进行要素分析、整体规划，并学会使用简单的建模技术。在创新设计方面，学生通过拼装、解构平面连杆机构，能够提出符合设计原则且具有一定创造性的构思方案。在图样表达方面，学生可以识读和分析简单的平面连杆机构图样，能通过图样表达连杆机构设计构想，用技术语言实现有形与无形、抽象与具体的思维转换。在物化能力方面，通过学习平面连杆机构知识，学生能够独立完成模型或产品的测试，体验工匠精神对技术制造的独特作用，养成较强的动手实践和创造能力，在物化过程中形成严谨细致、精益求精、追求卓越的工作态度。

6.3 平面连杆机构的溯源

平面连杆机构在中国古代中常应用于生活用品和机械玩具。

早在春秋末年，我国古代著名木工鲁班常在野外作业，若遇下雨，常被淋湿。古籍上记载："云氏劈竹为条，蒙以兽皮，收拢如棍，张开如盖。"意思是鲁班妻子云氏想做一种能遮雨的东西，她就把竹子劈成细条，在细条上蒙上兽皮，外观像"亭子"，收拢如棍，张开如盖。这个故事说明伞的发明者是鲁班之妻云氏，也说明了我国伞的历史距今已有两千多年。在收拢和撑开伞面时，伞柄、长伞骨和短伞骨作为一个整体的伞架，是由一个移动副和多个转动副组成的平面连杆机构。20世纪70年代，由于钢架布伞的普及，油纸伞（图6.7）逐渐被钢架伞、折叠伞取代，油纸伞也逐渐退出了市场。连杆机构的运动形式多样，可实现转动、摆动、移动和平面或空间的复杂运动，应用在伞架中，即可实现伞架的收束和撑开。

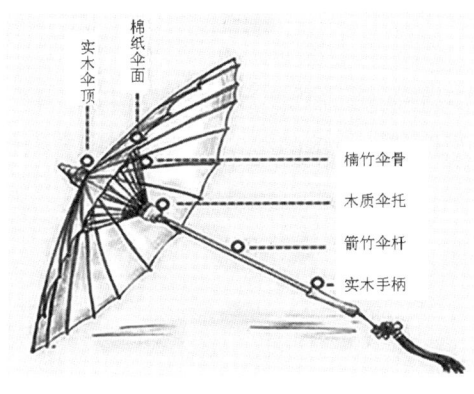

图 6.7 油纸伞

《墨子·鲁问》中提到:"公输子削竹木以为鹊,成而飞之,三日不下。"鹊是简单机械玩具风筝的起源,它本身与军事战争有关。鹊的翅膀和身体支架构成了平面连杆机构,同时鹊内部包含齿轮机构(图6.8),这些部分使得鹊能够"成而飞之,三日不下"。

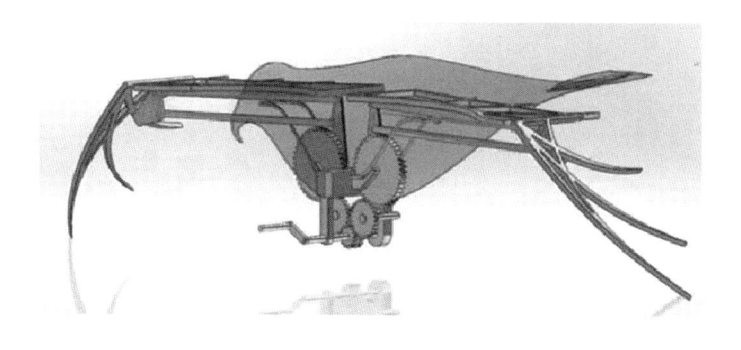

图 6.8　鹊的内部机构

机械玩具是清宫玩具中的重要组成部分,它们不同于传统的民间玩具,精巧的机械结构给原本静止的物件注入了生命。清宫机械玩具主要有机械人偶、鸟音笼、八音盒以及一些机械驱动的日常玩物等。

机械人偶(图6.9)是从西洋传入我国的一种玩具,其利用发条蓄能和齿轮、链条等传动机制,伴随音乐完成一系列动作。

图 6.9　机械人偶

鸟音笼是故宫所藏清代机械玩具的一个主要品类,藏品数量众多,形式各种各样。溥仪的堂弟溥佳在《清宫回忆》里提到,"我们最喜欢的还是那些带机器的玩意儿,如大八音盒和假鸟等……把发条上好以后,悬挂于殿廊之上,登时便会众鸟齐鸣,悠扬婉转,展翅摇翎,真令人有栩栩如生之感"(刘思琪,2019)。在鸟音笼中,即存在控制它运动的平面连杆机构(图6.10)。

图 6.10　鸟音笼中的平面连杆机构

平面连杆机构是一种看似简单的机构,除了在玩具中的应用,人们还通过改变构件的形状和相对尺寸,或改变运动副的尺寸,或选用不同的构件为机架等方法,神奇地创造出一代又一代流体机械产品。

较早出现的输送液体介质的往复式柱塞泵（图 6.11）和摆动式柱塞泵（图 6.12）都是通过改变从动杆机构的形状和相对尺寸而制成的,其关键结构分别是曲柄滑块机构和曲柄摇块机构。这两种机构也是由平面连杆结构演化而来的。

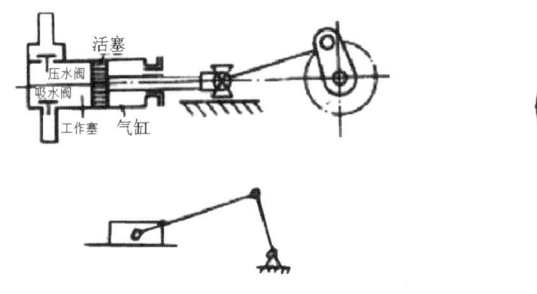

图 6.11　往复式柱塞泵　　　　　图 6.12　摆动式柱塞泵

稍晚出现的是以气体介质为输送对象的单缸立式往复活塞式压缩机（图 6.13）,就是将曲柄滑块机构竖立,滑块换成活塞沿气缸壁往复移动。但活塞的往复惯性力无法平衡且会造成振动,动力平衡性差,从而限制了曲轴转速的提高。因此演变出双曲柄夹角为 180°的双缸立式往复活塞式压缩机（图 6.14）,如家电产品中广泛使用的全封闭式往复活塞式压缩机。输送气体介质的压缩机一般也可用于输送液体介质,随着液体泵新种类的出现和增多,往复液体泵逐渐被其他泵所代替。

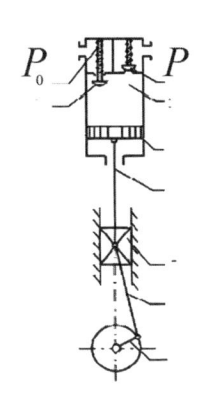

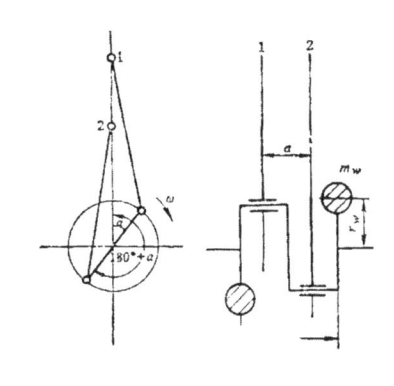

图 6.13　单缸立式往复活塞式压缩机　　　图 6.14　双缸立式往复活塞式压缩机

人们发现通过改变单曲拐多气缸轴线间的夹角，可以使各缸活塞的一阶往复惯性力的合力 $2F$ 成为一个与曲柄同向、同旋转周期的力，因此完全可以用平衡旋转惯性力的方法解决，从而衍生出"V"形双缸（相邻缸轴线夹角为 90°）、"W"形三缸（相邻缸轴线夹角为 60°）和扇形四缸（相邻缸轴线夹角为 45°）等压缩机种类。这些压缩机和双曲柄"V"形、"W"形和扇形等往复活塞式压缩机风行 20 世纪，至今仍广泛使用。

为满足大容量气体介质输送的需要，又发展出双曲拐的"V"形四缸、"W"形六缸和扇形八缸等大型和重型压缩机，大型对称平衡式（又称对动式）压缩机也随之产生。这些压缩机的曲拐旋转惯性力合力和活塞一阶往复惯性力合力均为零而自动平衡，但形成了各自的旋转惯性力力矩、一阶往复惯性力力矩和一般不予平衡的二阶惯性力矩，而且结构复杂程度提高，加工难度增大。尽管如此，往复式压缩机的设计和加工技术已有百年历史，相当成熟，仍广泛应用于各种气体介质的输送。

曲轴连杆活塞式压缩机由于连杆的存在，且它的长度为曲柄半径的 3.5~6 倍，使得压缩机尺寸和体积增大，加工难度也增大。后来出现了现在广泛用于汽车空调上的斜盘式压缩机和电冰箱用微型十字滑块压缩机，尤其是斜盘式压缩机以椭圆斜盘取代连杆，且借鉴斜盘及活塞双作用式的优势，就双向活塞而言，斜盘旋转一周，完成两个工作循环，故在同样的输气量下，其体积可减少 30%~40%。十字滑块压缩机实际是一个扩展的正弦机构的巧妙构思和应用。

往复活塞式压缩机的缺点是动力平衡性差、结构复杂、易损件多。能否将活塞的往复运动转变成旋转运动呢？从摆动水泵到摆动转子式压缩机（图 6.15），只是将滑块形状改变为圆柱状而起摆杆作用；而由偏心泵到滚动转子式压缩机（图 6.16），摇摆圆柱构件则变成了回转运动的构件。但万变不离其宗，它仍然是一个平面连杆机构的演化，活塞由往复移动变成了回转运动，不仅机构动力平衡性优良，可极大提高转速，并且结构极其简单，体积仅是同排气量活塞式机型的 50%，输气效率却提高了，因此滚动转子式压缩机现在已经成为家用空调中应用最广泛的一种压缩机。由平面连杆机构原理创新的两种形式有双回转式压缩机（图 6.17）和转缸滚动式压缩机（郑兆志等，2005）。

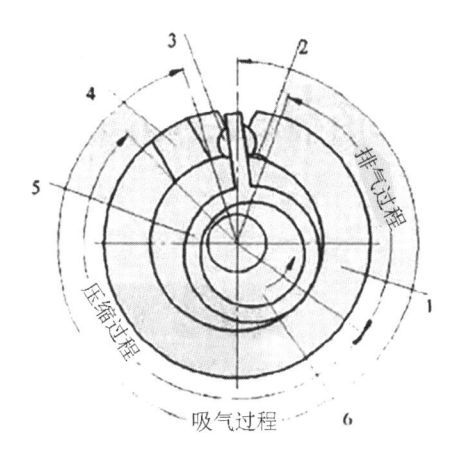

图 6.15 摆动转子式压缩机
1-气缸；2-排气口；3-导轨；4-吸气口；5-摆动转子；6-偏心轮轴

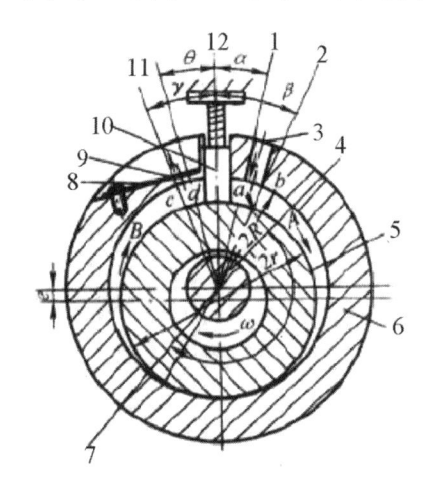

图 6.16 滚动转子式压缩机
1-吸气开始；2-压缩开始；3-吸气口；4-压缩机偏心轴；5-滚动转子；6-气缸；
7-排气开始；8-排气阀片；9-排气口；10-滑片；11-排气结束；12-吸气结束

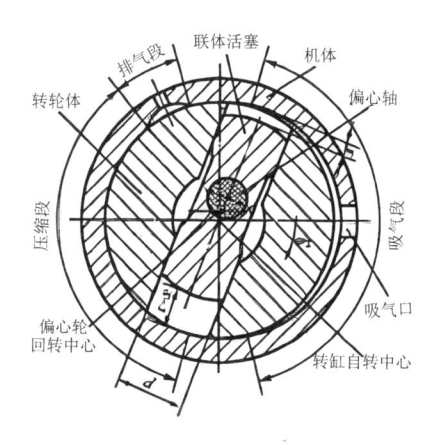

图 6.17 双回转式压缩机

连杆机构早在13世纪前期就已经得到广泛的应用，四杆机构是最简单也是最早出现的一种连杆机构。早在18世纪，著名发明家瓦特就对连杆机构进行了研究。1784年，瓦特将四杆机构应用到他发明的蒸汽机里，为活塞提供近似直线的运动。18世纪后期，机械工程学科在第一次工业革命后迅速发展起来，机构学也成了一门独立的新学科。然而，瓦特将连杆机构应用到蒸汽机多年之后，连杆机构并没有得到快速发展，一方面是由于人们没有及时认识到连杆机构的作用，另一个方面是由于缺乏其运动特性方面的理论基础。与连杆机构相关的一些文献在19世纪80年代后才相继出现。19世纪之后，对连杆机构研究贡献最大的是德国机构学学派，其研究成果处于世界领先地位。第二次世界大战后，由于计算机技术的快速发展，连杆机构在生产中的应用有了新突破，开辟了许多新分支（张华培等，2014）。

6.4 平面连杆机构的相关研究

仲玉凯（2007）介绍和设计了三类传动机构，指出机械设计中讲求的运动轨迹，在玩具业里要求没有那样严格，而这种不严格要求就导致增加了很多不同的设计方式。但总的来说，设计方式还是以基本的四连杆机构、曲柄连杆机构和双曲机构为主。

陈辽军等（2004）着重介绍了在SolidWorks的草图状态下，直接对图线的几何关系和尺寸加以定义，再利用其支持鼠标动态拖动的功能，实现机构原理性演示。该方法具有简单易学、快速构型、动态模拟、通用性好而无须编程的优点。

邝治全（2019）发现将FDM 3D打印技术应用于机械设计基础课程的教具制作，能让学生更好地理解知识点，提高学生课堂参与度，增加教学趣味性，提高学生学习效率，同时进一步降低教具的制作成本和使用成本，取得较理想的教学效果。

刘海峰等（2019）提出，平面连杆机构中最为常见的是铰链四杆机构，具有死点即是铰链四杆机构的一个特性。在实际工程中死点的存在有利有弊，不能一概而论，需要根据设计的具体需求灵活运用，做到有的放矢。

徐洪等（2016）通过研制在黑板上搭建平面连杆机构的实验装置，实现了在无须外接任何电源线路的情况下，机构能在微动力机构的带动下在黑板上灵活运转。

国春艳（2019）对平面连杆机构的运动特性进行了动态仿真，可在检验设计方案合理性的同时，检验平面连杆机构各部件的运动干涉或机构参数的设计是否合理，为平面连杆机构的设计提供了一个合理参考。

6.5 平面连杆机构的具体研究

6.5.1 平面连杆机构分类应用研究

在对平面连杆机构的分类探索过程中，我们查阅了相关书籍和文献。针对平面连杆机构的主要类型平面四杆机构，梳理了3种分类方式：①《机械原理》中将具有一个移动副的平面四杆机构分为四种形式，即曲柄滑块机构、转动导杆机构、曲柄摇块机构、移动导杆机构；②姚景风等（1995）认为这四种形式不足以将所有具有一个移动副的平面四杆机构全部囊括，所以将具有一个移动副的平面四杆机构分为六种形式：移动摇块机构、移动摇杆机构、转动滑块机构、转动摇杆机构、无块移动摇杆机构、无块转动摇杆机构；③有些文献中将其分为曲柄滑块机构、导杆机构、摇块机构、定块机构。

在查阅文献和反复比较后确定平面连杆机构的分类研究思路，将平面连杆机构分为平面四杆机构和平面多杆机构。根据移动副的数量对平面四杆机构进行分类：移动副为0的机构叫铰链四杆机构，可分为曲柄摇杆机构、双曲柄机构和双摇杆机构；移动副为1的机构可分为曲柄滑块机构、定块机构（移动导杆机构）、曲柄导杆机构和曲柄摇块机构（摆动滑块机构），曲柄导杆机构又可分为转动导杆机构和摆动导杆机构；移动副为2的机构可分为正弦机构、双转块机构、双滑块机构。平面多杆机构可分为平面五杆机构、平面六杆机构、平面七杆机构（图6.18）。

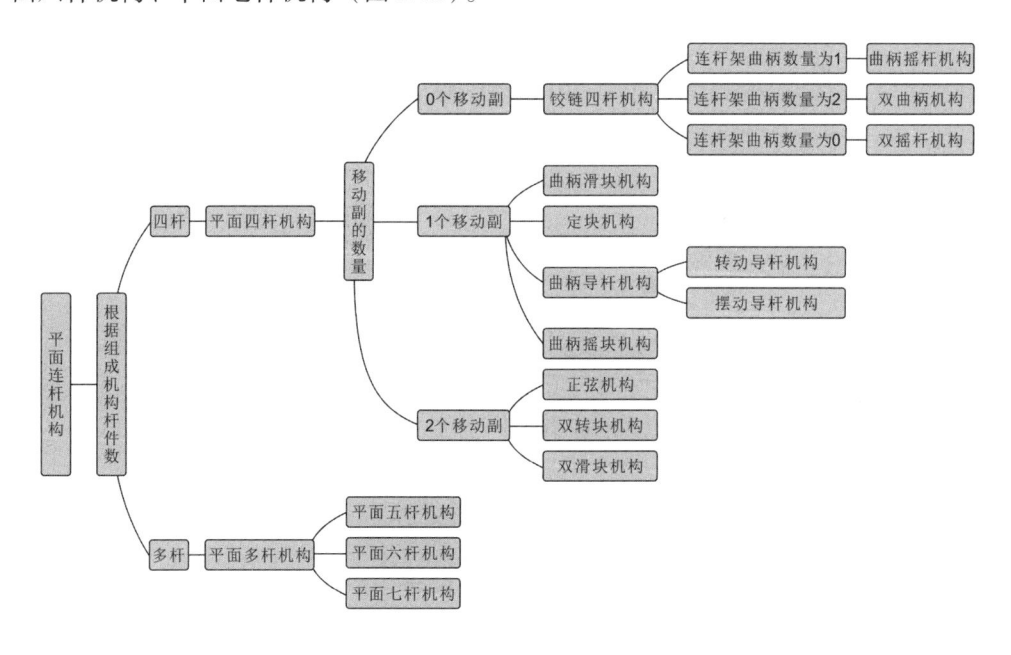

图6.18 平面连杆机构分类

铰链四杆机构主要由4个杆件组成，是以回转副连接的典型平面连杆机构，具体由机架、连架杆、连杆、整转副（转动副）、摆动副、曲柄、摇杆组成。其中曲柄摇杆机构的两连架杆分别为曲柄和摇杆，通常曲柄为主动件且等速转动，而摇杆为从动件作变速往复摆动，连杆作平面复合运动。曲柄摇杆机构中也有用摇杆作为主动构件的，摇杆的往复摆动转换成曲柄的转动。两连架杆均为曲柄的为双曲柄机构；两连架杆均为摇杆的为双摇杆机构。曲柄滑块机构是指用曲柄和滑块来实现转动和移动相互转换的平面连杆机构。曲柄滑块机构中与机架构成移动副的构件为滑块，通过转动副连接曲柄和滑块的构件为连杆。曲柄导杆机构是连架杆中至少有一个构件为导杆的平面四杆机构，通过取曲柄滑块机构的不同构件为机架而获得，若导杆作整周运动，则为转动导杆机构；若导杆作往复摆动，则为摆动导杆机构。曲柄滑块机构中若选择不同的固定件，就会演化成多种导杆机构，若固定件为连杆，则会形成曲柄摇块机构，也称为摇块机构或摆动滑块机构，原来的机架与滑块组成移动副成为导杆；定块机构由取曲柄滑块机构中的滑块为机架而得到。当曲柄转动时，导杆可在固定滑块中往复移动，故该机构称为定块机构（或移动导杆机构）。正弦机构是当曲柄等速转动时，从动杆作往复移动，而其速度按正弦规律变化的连杆机构。双转块机构是主动转块与从动转块同速转动，但它们的转动轴线保持平行的连杆机构，可用于轴线不重合且要求平行传动的场合。双滑块机构是具有两个滑块的平面四杆机构。

平面连杆机构在生活中的应用非常广泛，在工程中应用也比较普遍。例如，活塞发动机、纺织机械、印刷机械、联合收割机下割刀等。连杆机构不仅机构简单、易于制造、工作可靠，而且能实现多种运动规律和轨迹（张华培等，2014）。

曲柄摇杆机构的主要应用包括雷达天线俯仰机构（图6.19）和缝纫机踏板机构等；双曲柄机构的主要应用包括平行四边形机构（火车双轮曲柄机构，图6.20）和反向平行四边形机构（车门开闭机构，图6.21）等；双摇杆机构的主要应用包括汽车转向机构（图6.22）和电扇摇头机构等；曲柄滑块机构的主要应用包括发动机活塞和剪刀杆机构（图6.23）等；转动导杆机构的主要应用包括小型刨床等；摆动导杆机构的主要应用包括牛头刨床（图6.24）等；曲柄摇块机构的主要应用包括自卸卡车（图6.25）等；定块机构的主要应用包括压水井（图6.26）等；正弦机构的主要应用包括缝纫机进针（图6.27）等；双转块机构的主要应用包括十字滑块联轴器（图6.28）等；双滑块机构的主要应用包括椭圆绘制仪（图6.29）等。

图6.19 雷达天线俯仰机构　　图6.20 火车双轮曲柄机构

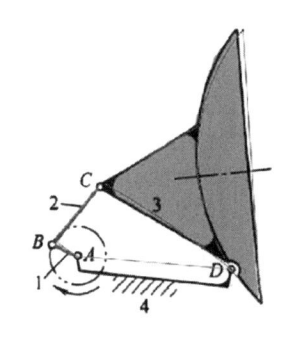

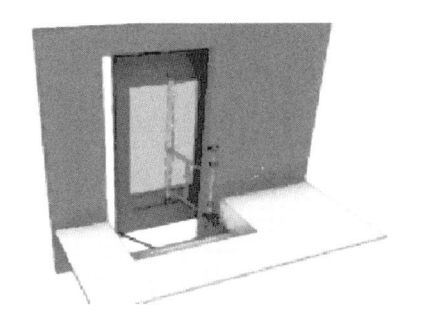

图 6.21　车门开闭机构　　　　　　　图 6.22　汽车转向机构

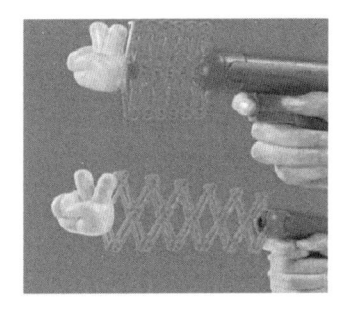

图 6.23　剪刀杆机构　　　　　　　　图 6.24　牛头刨床

图 6.25　自卸卡车

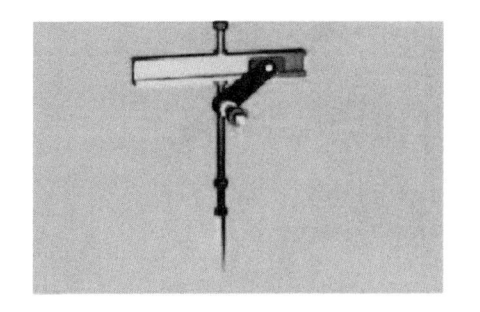

图 6.26　压水井　　　　　　　　　　图 6.27　缝纫机进针

图 6.28　十字滑块联轴器　　　　　图 6.29　椭圆绘制仪

计算机技术的飞速发展和科学技术的进步，极大地促进了机械工程学的快速发展。它与各学科之间开始发生融合、渗透和交叉，如计算机科学、机械学、传感器技术、微电子等，同时一些新机构学分支也开始诞生，如机器微型机构学等。展望未来，连杆机构的应用研究将朝着多杆机构方向、多学科之间相互融合和渗透的方向发展。

6.5.2 平面连杆机构的研究内容

基于 STEAM 教育理念开发平面连杆机构的课程资源，从机械玩具出发，在前人的研究基础上，首先，对平面连杆机构进行梳理、分析，并对平面连杆机构的结构进行分类研究。其次，运用 SolidWorks 软件设计并模拟出平面连杆机构各个分类的三维动态效果图，以此对平面连杆机构的分类做更深入的探究和开发。最后，运用乐高积木搭建每个平面连杆机构的实物模型，实现平面连杆机构结构运动的可视化效果。

6.6 平面连杆机构的创新开发与实践探索

创新设计之一：使用 SolidWorks 软件模拟出各类平面连杆机构的 3D 动态效果图，如图 6.30 所示。

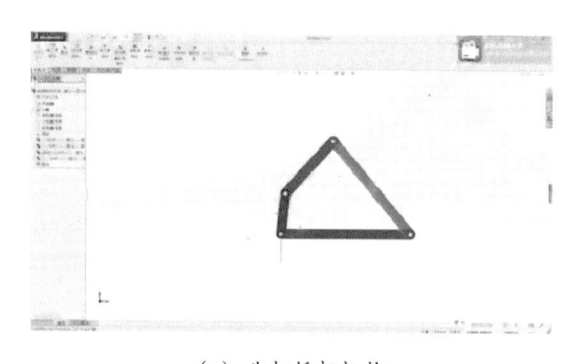

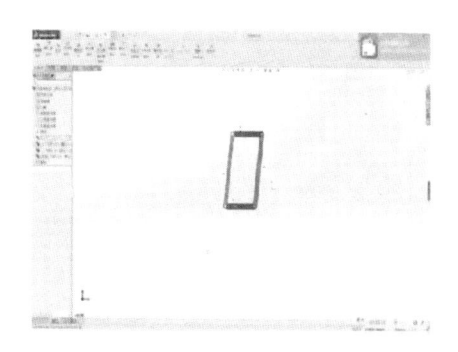

（a）曲柄摇杆机构　　　　　　　（b）双曲柄机构

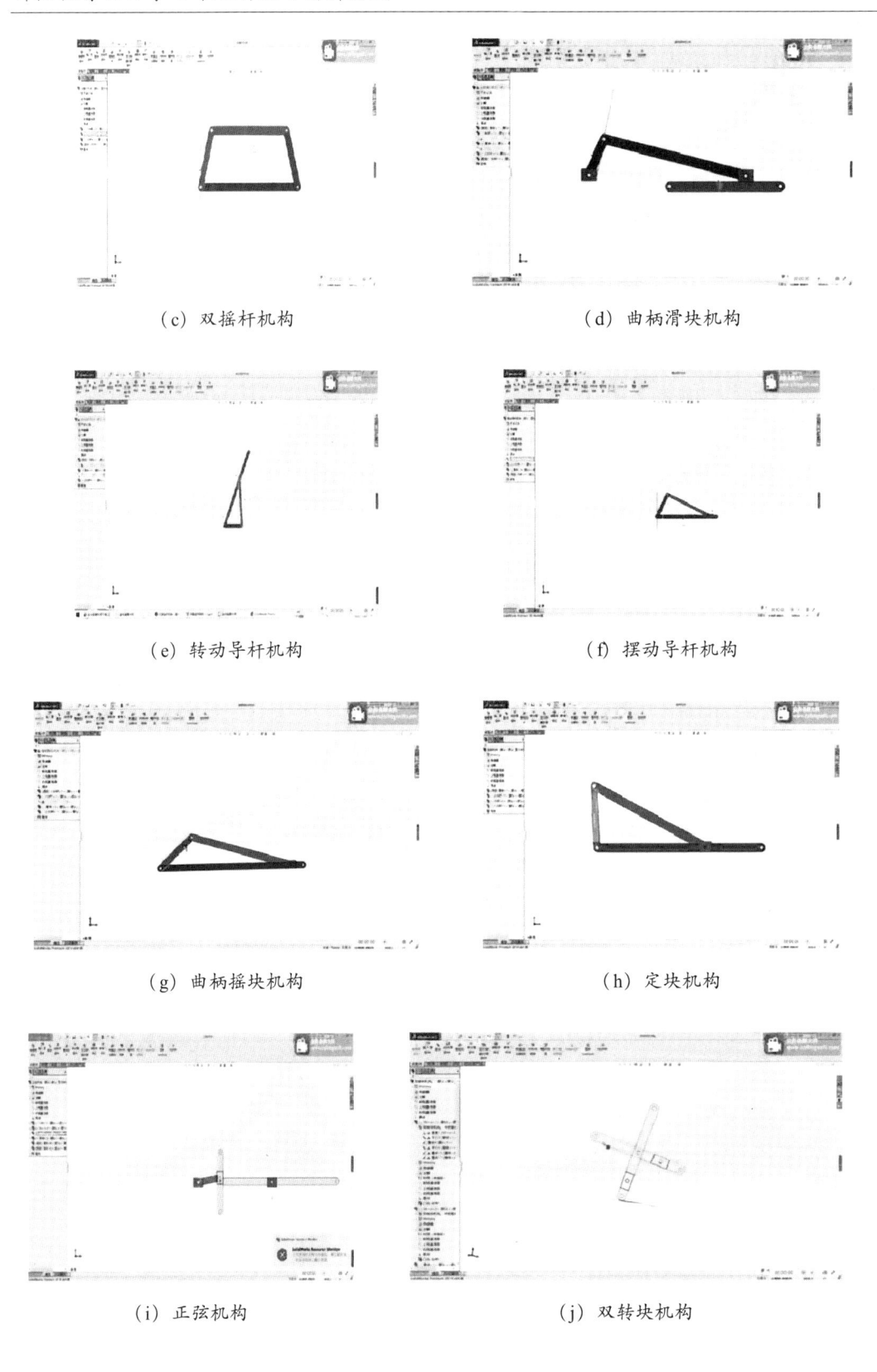

(c) 双摇杆机构　　　　　　　　　　(d) 曲柄滑块机构

(e) 转动导杆机构　　　　　　　　　(f) 摆动导杆机构

(g) 曲柄摇块机构　　　　　　　　　(h) 定块机构

(i) 正弦机构　　　　　　　　　　　(j) 双转块机构

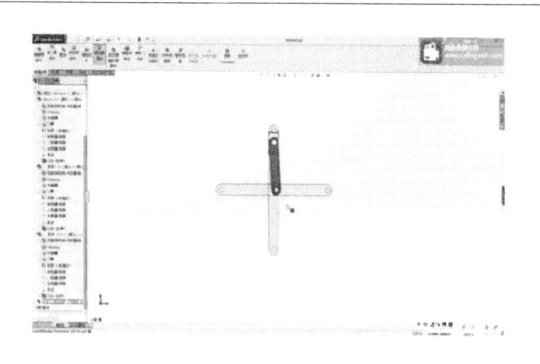

·第6章 平面连杆机构的结构探秘·

（k）双滑块机构

图 6.30 各类平面连杆机构的 3D 动态效果图

创新设计之二：用乐高积木模拟并还原各类平面连杆机构的运动过程。使用乐高青少年机器人二级、三级标准适用器材套装，对以上分类中所提及的平面连杆机构进行实物拼装与运动模拟（图 6.31）。

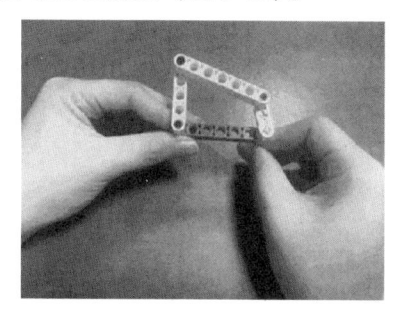

（a）曲柄摇杆机构 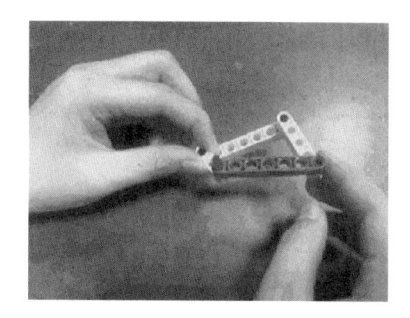　　　　　　　　　　（b）双曲柄机构

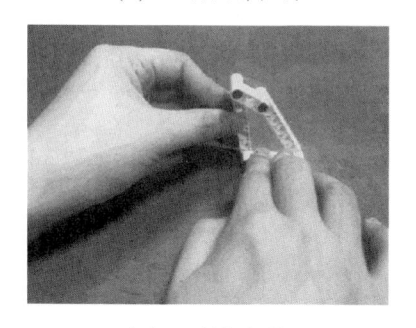

（c）双摇杆机构 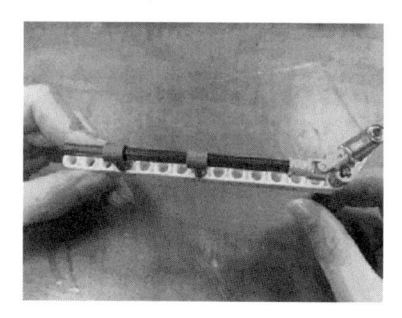　　　　　　　　　　（d）曲柄滑块机构

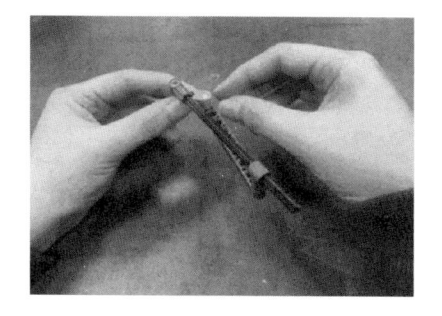

（e）转动导杆机构 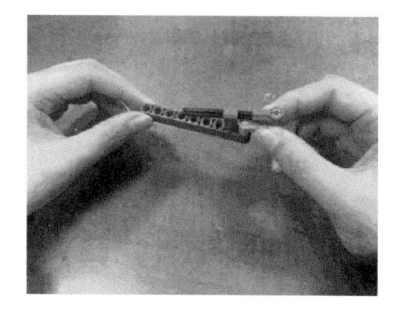　　　　　　　　　　（f）摆动导杆机构

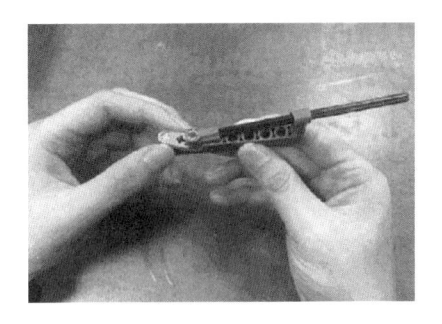

（g）曲柄摇块机构 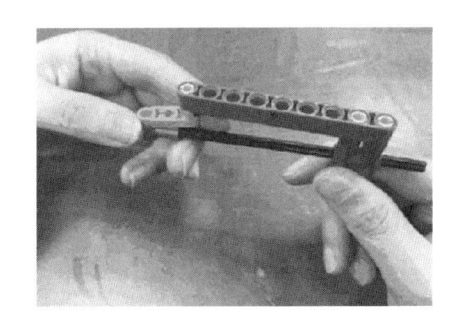　　　　　　　　　（h）定块机构

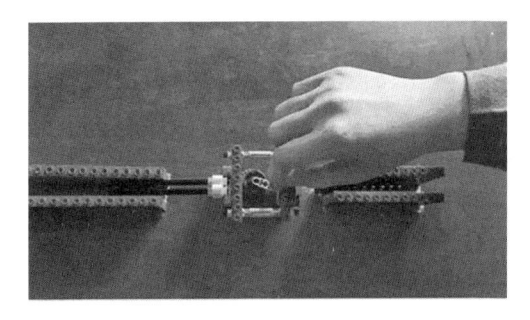

（i）正弦机构 　　　　　　　　　　　（j）双转块机构

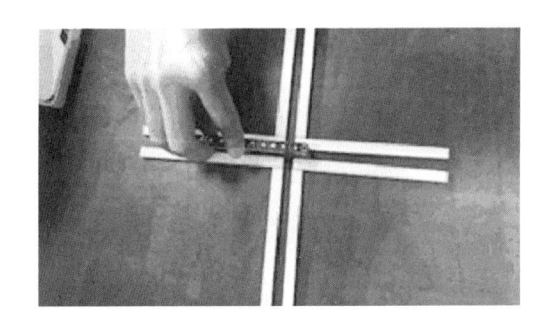

（k）双滑块机构

图 6.31　各类平面连杆机构运动模拟

创新设计之三：运用 SolidWorks 软件在平面连杆机构动态图的基础上添加运动轨迹，使平面连杆机构的运动效果和运动轨迹更直观（图 6.32）。

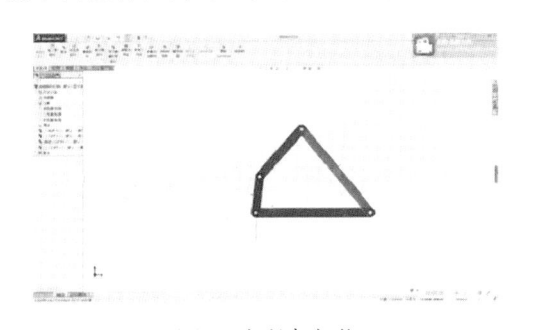

（a）曲柄摇杆机构 　　　　　　　　　（b）双曲柄机构

·第6章 平面连杆机构的结构探秘·

(c) 双摇杆机构 　　　　　　　　　　(d) 曲柄滑块机构

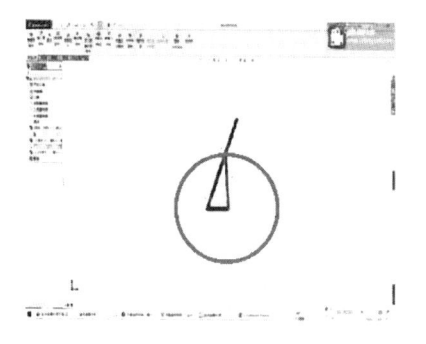

(e) 转动导杆机构 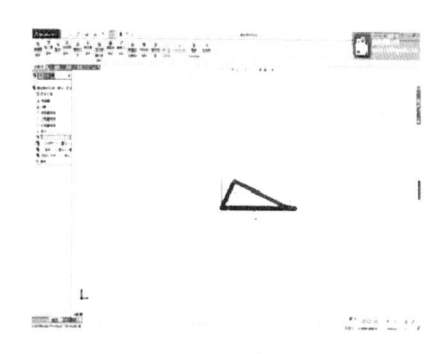　　　　　　　　　(f) 摆动导杆机构

(g) 曲柄摇块机构 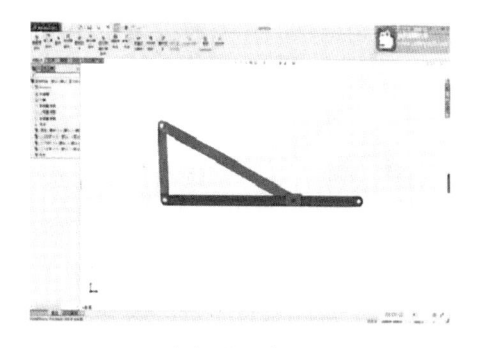　　　　　　　　　(h) 定块机构

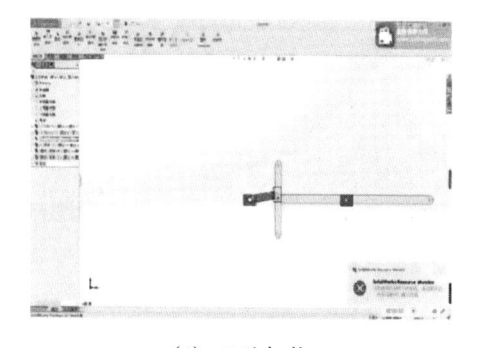

(i) 正弦机构 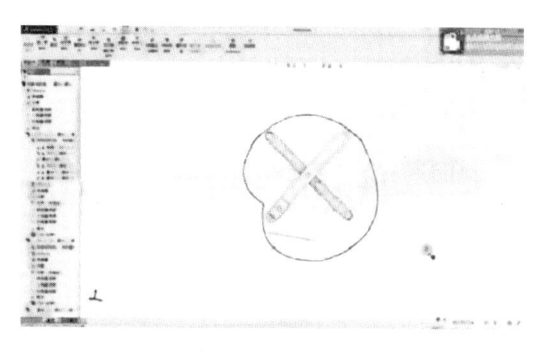　　　　　　　　　　　(j) 双转块机构

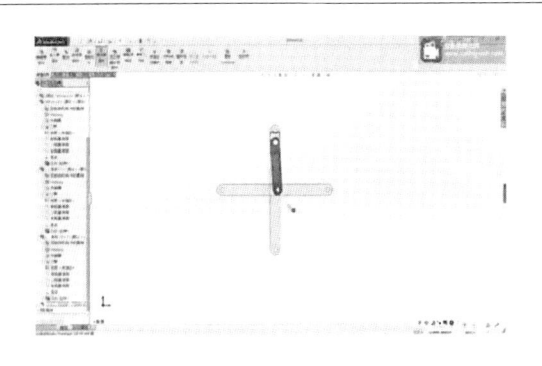

(k) 双滑块机构

图 6.32　各类平面连杆机构运动轨迹 3D 效果图

6.7　平面连杆机构项目学习与探究反思

在查阅文献资料时发现，众多文献资料对平面连杆机构的分类各不相同。我们对相关文献资料进行了详细梳理与认真研究，然后根据新的标准进行新的分类。更困难的是对各类平面连杆机构的介绍与应用，需要整理各个分类的简介，并把动态图和静态图以及实物图分别绘制出来。

这个过程同时也是创新和挖掘创意的过程，我们在收集平面连杆机构资料时发现许多分类只有静态图，需要通过简介和静态图去了解和实现每个平面连杆机构分类的动态图及效果图，于是想到使用 SolidWorks 和 3D 制图软件制作动态图，并花费了很长时间学习相关软件技术，从而进行平面连杆机构结构的创新设计。

关于平面连杆机构结构的创新形式，先后考虑过用木棍、亚克力板、3D 打印等形式进行结构的组装与展示，但综合考虑材料、美观、效果、成本等因素，最终决定使用乐高材料进行组装与拼接。因为如果把平面连杆机构的课程资源开发带入课堂，用木头、亚克力等材料可能难以实现。而有些初级中学或高级中学的创客实验室或探究实验室有乐高实验套件材料。利用乐高实验不仅可以培养学生的想象能力和动手能力，还可以让学生进行平面连杆机构结构的分类拼装。起初我们对乐高实验材料的拼装局限于平面上的组装，忽视了可以通过视觉差、固定方式等完成拼装；后来经过不断探索与实践，最终顺利完成了各类平面连杆机构结构的乐高实验模拟拼装。

在开发平面连杆机构课程资源的过程中，经历了寻找文献资料困难和平面连杆机构结构分类研究较少带来的迷茫，当然也有组装乐高零件的专注体验与找到分类应用的开心。在这个过程中我们收获了很多，也拓宽了知识面，提高了自我探索的能力，增强了攻坚克难的勇气与信心。

第 7 章　千斤顶的实验探究与创新实践

7.1 千斤顶的简介

千斤顶是指用刚性顶举件作为工作装置，通过顶部托座或底部托爪在小行程内顶开重物的轻小型起重设备。千斤顶主要用于厂矿、交通运输等部门作为车辆修理及其他起重、支撑等工作。其结构轻巧坚固、灵活可靠，一人即可操作，具有承重效果好、使用简单、经济便携等特点。近年来，我国的千斤顶产业得到快速且持续的发展，成为全球千斤顶生产增长最快和千斤顶消耗量最大的国家之一，因而引起业界的广泛关注。

7.2 千斤顶相关的中小学课程标准内容及教育价值

7.2.1 千斤顶相关的中小学课程标准内容要求

《义务教育物理课程标准》（2011 年版）在"机械运动与力"模块要求：通过实验，探究并了解液体压强与哪些因素有关，知道大气压强及其与人类生活的关系，了解流体的压强及其在生活中的应用。

7.2.2 千斤顶开发的教育价值

基于 STEAM 教育理念，通过结合工程、技术、数学等来引导学生探究千斤顶相关的简单机械，让学生了解液压传动、气压传动等在生产生活中的应用，激发学生探究科学与探究技术的兴趣。

7.3 千斤顶的溯源

千斤顶作为一种机械装置，其原型可以追溯到古代。千斤顶在逐步发展中工艺日趋成熟，其因具有抗腐蚀、耐高温、强度高、可回收等良好性能，被广泛应用于建筑、交通、能源、石化、环保、城市景观、医疗、餐饮等领域，逐渐被人们所接受，也越来越多地走进寻常百姓的日常生活。

我国千斤顶产业发展起步较晚，新中国成立以来到改革开放前，千斤顶主要用于工业和国防尖端行业。改革开放后，国民经济快速发展，人民生活水平显著提高，拉动了千斤顶的需求。20世纪90年代后，我国千斤顶产业进入快速发展期，千斤顶的需求增速远高于全球水平。

千斤顶种类多样，原理各有不同。从原理上来说，液压千斤顶的关键在于液压传动，其基本原理是帕斯卡定律，也就是说，液体各处的压强是一致的，所以通过液体的传递，可以得到不同端上不同的压力。

自18世纪末英国制成世界上第一台水压机起，液压传动技术已有200多年历史。直到20世纪30年代，液压千斤顶、轴承加热器等才较普遍地被用于起重机、机床及工程机械。在第二次世界大战期间，由于战争需要，出现了装备响应迅速、精度高的液压控制机构的各种军事武器。第二次世界大战结束后，液压技术迅速转向民用工业，用于各种自动机及自动生产线。

我国的液压技术最初应用于机床和锻压设备，后来又应用于拖拉机和工程机械。随着从国外引进一些液压元件、生产技术以及进行自行设计，我国的液压元件现已形成了系列，并在各种机械设备上得到了广泛应用。

除了液压千斤顶，还有气压千斤顶，气压千斤顶用到的则是气压传动技术，其中气动（pneumatic）是气压传动与控制的简称。气压传动技术是门古老的技术。在生产力高度发展的今天，这门技术获得了新的发展，其发展进程与人类文明历史有着密切的联系。从公元前2000年左右，古埃及人扬帆远航，逆尼罗河而行舟，直至18世纪中叶蒸汽机发明以前，江河湖泊的水运交通，几乎都直接依靠风力。现在气压传动技术一词的词根，就是来源于古代希腊词语"风吹"（pneuma）。

利用空气的能量进行各种工作的历史可以追溯到远古，但气压传动技术应用的雏形可以大约认为是1776年约翰·威尔金森（John Wilkinson）发明的用于制造蒸汽机的镗床。1880年，人们利用压缩空气可以快速制动的特点，制造了机车的气压制动传动装置，第一次显示了气压传动安全、可靠、简单和快速的优点。20世纪30年代初，人们成功地将气压传动技术应用于自动门的开闭以及各种机械的辅助动作上。进入20世纪60年代，尤其是在20世纪70年代初，随着各国科技的快速发展和经济的繁荣，迫切需要提高生产的机械化和自动化水平，以提高劳动生产率。因此工业生产部门纷纷寻求高效、低耗、安全、可靠又有较长使用寿命的自动化技术及相应的元件。

由于气动元件能满足上述几方面的要求，且元件本身可采用压铸、注塑等高效工艺大批生产，气动执行机构可适应空间各种复杂动作，气压传动控制技术在各行各业开始得到广泛的应用。随着相关技术的发展，逐步形成现代气压传动技术，其应用领域也越来越广阔。

7.4 千斤顶的相关研究

截至2023年6月，在中国知网中以"千斤顶"为主题搜索相关文献，共搜索出1.49

万篇论文，其中有1.31万篇学术期刊、575篇学位论文。在研究主题上，以千斤顶为主要主题的有969篇，以千斤顶为次要主题的有6165篇。在学科上，公路与水路运输方向的有6121篇，建筑科学与工程方向的有3158篇，矿业工程方向的有2117篇。可见千斤顶相关的研究主要集中在技术与工程方面，教育教学方面有关千斤顶的研究较少。

赵雪峰（2023）为解决液压支架双伸缩立柱及千斤顶的涨缸、拉伤、腐蚀等问题，研究制定了内孔镶套工艺，并经过样机试制、工业试验，工作性能可靠，使用寿命较改进前提高接近2倍，经济效益显著。

马云飞（2023）认为液压千斤顶在建筑工程施工中发挥着重要作用。液压千斤顶需定期检定，是基础设施建设的施工质量的基础。

柳艳琴等（2022）给出了千斤顶同步液压系统动力源和控制阀设计选型依据，并在某飞机上验证了同步液压系统使用效果。

余志伟（2023）在分析螺旋千斤顶结构与工作原理的基础上，详细介绍了利用SolidWorks软件对螺旋千斤顶进行三维建模与虚拟装配的步骤。该方式能让产品开发人员及时发现设计过程中存在的问题，不断修改完善，提高设计效率，降低开发成本，提升企业的竞争力。

王志凯和权学利（2023）针对传统千斤顶电镀烙工艺存在易开裂、锈蚀、高污染等问题进行改进，研发了激光熔覆技术用于千斤顶活塞杆的外表面处理，显著提高了基体材料表面的耐蚀、耐磨、耐热、抗氧化等性能。

徐经纬（2023）为解决顶管施工时传统的顶管止退装置会破坏土压平衡，引起土体坍塌的问题，研发了新型自锁式液压千斤顶止退装置，并在两个实际工程中成功应用。该研究丰富了顶管施工的止退技术，完善了顶管法施工的整套关键技术。

王炉等（2023）为解决原有液压千斤顶装配试压过程自动化程度较低、装配效率低等问题，研发了基于工业机器人的液压支架千斤顶自动装配线，解决了不同缸筒和活塞杆的自动上料、活塞的自动拧紧、紧定螺钉孔的自动识别定位、缸体活塞杆合装的自动抱紧对中等技术问题，最终建立了全自动油缸装配、试压生产线。

刘明磊等（2022）为解决液压支架伸缩梁接近开关由于伸缩梁往复运动而受损的问题，研发了带霍尔感应器的千斤顶，该千斤顶采用磁感原理，无须与运动部件直接进行机械接触，抗干扰能力强，经实地使用证明了运行安全可靠，保证了智能化矿山数据收集的完整性，大大提高了智能化开采工作面的生产效率。

7.5 千斤顶的具体研究

7.5.1 千斤顶的分类研究

1. 机械千斤顶

机械千斤顶的种类按结构特征可分为螺旋式和齿条式，螺旋式包括机械式螺旋千斤顶、锥齿轮螺旋千斤顶、绞杆螺旋千斤顶、电动卧式千斤顶、手摇剪式千斤顶，齿条式包括爬猴杆式千斤顶。

例如，锥齿轮螺旋千斤顶（图7.1）打破了传统的机械式螺旋千斤顶采用螺杆作螺旋运动而螺母固定的方式。在工作时，手柄或手轮转动，通过一对锥齿轮传动，使螺母作水平转动，带动螺杆上下移动。螺母在垂直方向上受底座的定位限制，因此手轮或者手柄始终在垂直面内旋转，且旋转中心位置不随螺杆上下而改变，从而保证了系统的稳定性（陈燕和欧阳加强，2002）。

爬猴杆式千斤顶由齿轮和齿条组成（图7.2），在齿轮上加装一根杠杆更能省力，利用杠杆原理一次提升少许齿条的高度，并利用棘轮卡住齿条防止齿条下滑。它具有方便携带、结构简单的优点，但是也存在承受压力有限的缺点。

直接传动式电动千斤顶也属于机械传动式千斤顶，整个装置主要包括具有传动螺杆的千斤顶、配备减速齿轮箱的电动马达、一套位于传动螺杆上的轴承、由操作者操作的电源开关等（图7.3）。其特征在于电动马达与千斤顶之间设有一个扭力释放装置，且它

图 7.1 锥齿轮螺旋千斤顶

图 7.2 爬猴杆式千斤顶

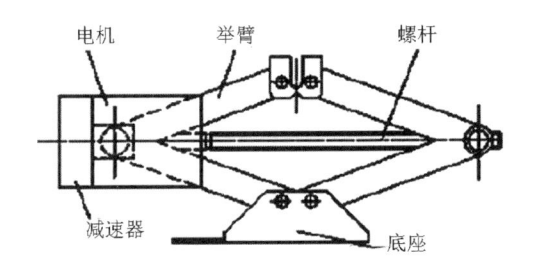

图 7.3 直接传动式电动千斤顶

们的动力输出轴位于同一中心线上。该千斤顶能够稳定、安全、迅速地将车辆或重物举起，支持单人使用与操作，作为必备的修车工具可以随车携带。

2. 液压千斤顶

液压千斤顶的种类主要有传统液压千斤顶、改进高效千斤顶、柱式千斤顶、救援类千斤顶、卧式千斤顶、电动控制+液压千斤顶和可变角度液压千斤顶等。

传统液压千斤顶的工作原理如下：当手摇泵（液压泵）的压杆向上抬起时，带动活塞上行，单向阀1关闭，泵缸的工作容积变大并形成真空。在大气压作用下，油箱中的液体经油管打开单向阀2流入泵缸中。当压杆向下运动带动活塞下行时，单向阀2关闭，泵缸中的油液推开单向阀1，油液进入柱塞缸并使柱塞上移，克服重力做功。当柱塞停止时，停止压杆运动，柱塞缸中的油压使单向阀1关闭，柱塞自锁不动。需要向下返回时，打开截止阀，在一向下的外力作用下，柱塞即可复位（图7.4）。

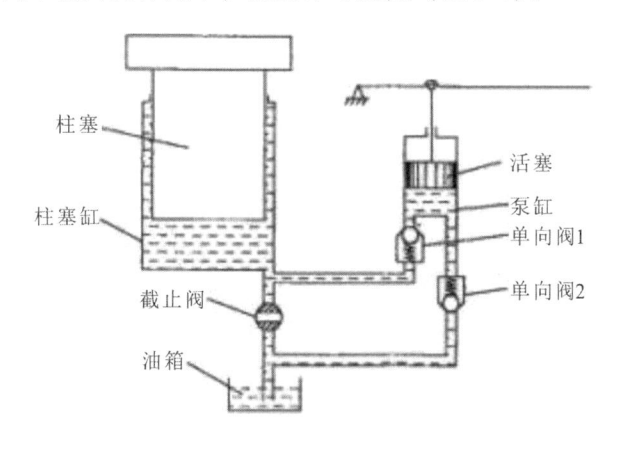

图7.4 传统液压千斤顶

改进高效千斤顶的工作原理如下：当手摇泵（液压泵）的压杆向上抬起时，活塞1上行，单向阀3关闭，泵缸2的工作容积扩大并形成真空。在大气压的作用下，油箱5中的液体经油管打开单向阀4并流入泵缸2中；当压杆向下运动带动活塞1下行时，单向阀4关闭，泵缸2中的液体推开单向阀3，油液进入柱塞10内的A腔，A腔的截面积与活塞1的截面积相近，因此柱塞10在空行程段快速上升；与此同时，柱塞的下部与B腔（缸9内）的工作容积扩大，形成真空。在大气压作用下，油箱5中的液体推开单向阀7流入缸9中。当柱塞10的顶部接触到载荷后，A腔内油液压力升高，液体推开单向阀8，油液分两路同时进入A腔和缸9中，单向阀7被压力油关闭。此时高效千斤顶与传统千斤顶在克服重力做功的效果上一样，变成传统千斤顶。当需柱塞10停止时，停止压杆运动，缸9中的油压使单向阀3和7关闭，柱塞10就自锁不动；需要柱塞10向下返回时，打开截止阀6，在一向下的外力作用下，缸9中的液体直接回油箱，而A腔中的油液推开单向阀8后回油箱，使柱塞10复位（图7.5）（马芷，2001）。

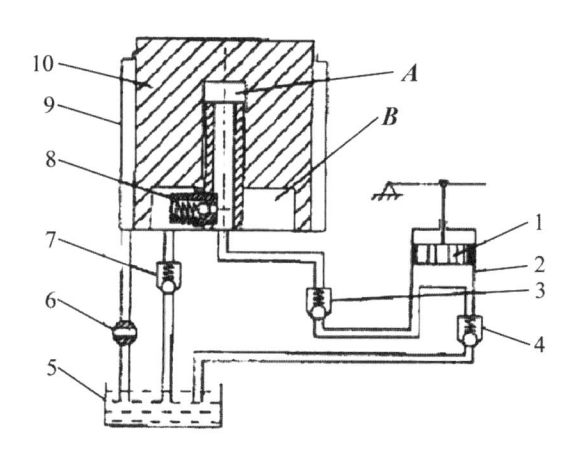

图 7.5 改进高效千斤顶

电动控制+液压千斤顶运用电动控制油阀的进出可达到远程控制的效果（图 7.6）。

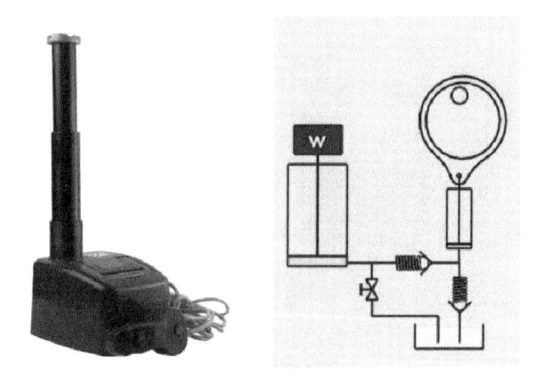

图 7.6 电动控制+液压千斤顶

3. 气压千斤顶

气压千斤顶按气体容器类型分为形体可变化和形体不可变化两类。形体可变化的包括气囊式千斤顶、气孔式千斤顶、楔式气压千斤顶、折叠式气压千斤顶，形体不可变化的包括气缸式千斤顶、气压油式千斤顶、便携分体式气压千斤顶。

气囊式千斤顶包括大部分气压千斤顶，包括伸缩多层气囊类、垂直气柱袋类、扁平气柱袋类。该类气压千斤顶利用车辆的尾气来对气包进行充气，适合条件比较艰险的救援或者是越野车的自救和脱困（图 7.7）。

图 7.7 气囊式千斤顶

气孔式千斤顶包括底座、顶盖、进气孔、排气孔和橡胶波纹管（图 7.8）。进气孔和排气孔分别开设在底座的侧壁上，利用橡胶弹性材料的形变来提供顶力。

图 7.8 气孔式千斤顶

楔式气压千斤顶可以很容易地楔入狭缝中，达到起重的目的，可解决狭缝较小的场景中需要快速有效地撬开、移动石块或其他重物的问题等（图 7.9）。

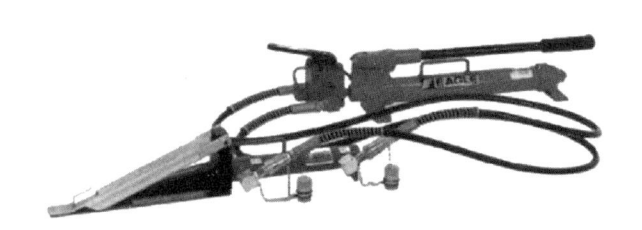

图 7.9 楔式气压千斤顶

折叠式气压千斤顶设置有气囊和柔性外壳，在不使用时，其气囊收缩，外壳及气囊收折于顶盖与底座之间（图 7.10）。其体积相当小，重量也比较轻，便于携带。

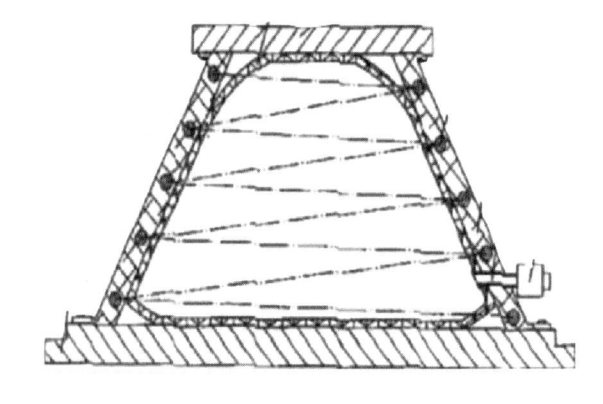

图 7.10 折叠式气压千斤顶

气缸式千斤顶（图 7.11）在连通管一侧设置与小活塞相配合的小缸体，在连通管另一侧设置与大活塞相配合的大缸体。该类气压千斤顶利用较小力就可以顶起较大物体，简单实用。

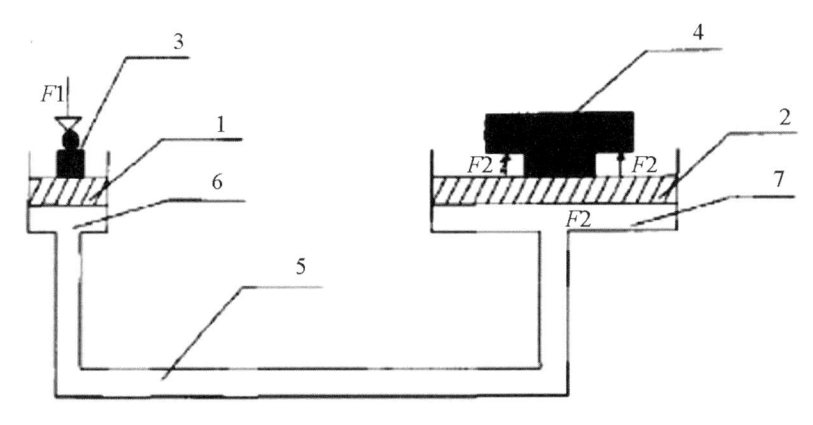

图 7.11 气缸式千斤顶
1—千斤顶的顶板或工作台；2—油缸；3—加压手柄或泵；
4—负载或被顶起的物体；5—油管；6—单向阀；7—回油孔或泄压阀

气压油式千斤顶包括液压千斤顶和气缸，液压千斤顶上有活塞杆。活塞缸和油道相接，活塞杆可在气缸的作用下在活塞缸中左右移动。该类气压千斤顶能减轻工作人员的劳动强度，操作时工作人员与千斤顶分离，可利用原有液压千斤顶改装制成。

便携分体式气压千斤顶由储气仓、气缸、活塞、活塞杆、防滑头、限位挡圈、单向进气口、软气管、高压打气筒、排气口组成，采用分体设计，占车内空间小，使用省力，方便携带。特殊情况下，在车胎气压不足时，拆开高压打气筒可用于给轮胎充气。

7.5.2 千斤顶的工作原理

1. 机械千斤顶的工作原理

机械千斤顶是利用杠杆、齿轮、螺纹等机械结构达到放大力的作用效果的举升工具。

2. 液压千斤顶的工作原理

液压千斤顶的理论基础来自帕斯卡定律：液体各处的压强是一致的。在水力系统中的一个活塞上施加一定压强，必在另一个活塞上产生相同的压强增量。

$$P = \frac{F}{S}$$

$$P_1 = P_2$$

$$\frac{F_1}{S_1} = \frac{F_2}{S_2}, \quad 即 \frac{S_2}{S_1} = \frac{F_2}{F_1}$$

式中，P 表示压强；F 表示压力；S 表示受力面积。

也就是说，如果 S_2 是 S_1 的 10 倍，那么 F_2 将是 F_1 的 10 倍。理论上，液缸的面积比就是它的放大倍数。

在初中学段，液体压强原理可表述为"液体内部向各个方向都有压强，压强随液体深度的增加而增大，同种液体在同一深度的各处、各个方向的压强大小相等；不同的液体在同一深度产生的压强大小与液体的密度有关，密度越大，液体的压强越大"。因此可以用液压千斤顶作为很好的演示液体压强的教具，也可以与生活实际相联系，用具体的千斤顶作为教学道具。

3. 气压千斤顶的工作原理

气压千斤顶的工作原理是以压缩空气作动力带动气泵工作，将压缩空气产生的内能转化为机械能，使千斤顶举升，从而达到起重的目的。

7.5.3 研究方法

（1）收集、整理、阅读、分析有关课题所需要的文献材料，了解相关研究现状，为全面、正确地研究该主题做理论支撑。

（2）通过对已有文献资料的整理、归纳，结合研究主题，分析相关案例，研究相关的结论，确定课题开发的方向。

（3）通过 ArtCAM、SolidWorks、3D 建模与 SketchUp 建模、MATLAB 等可视化工具开发出各种类型的千斤顶；利用 Arduino 开源硬件和蓝牙模块，实现千斤顶的远程控制。

7.6 千斤顶的创新开发与实践探索

7.6.1 机械千斤顶的简易设计

（1）1.0 版。

实验器材：亚克力板、PVC 水管、螺母、横杆；工具：激光雕刻机、切割机；缺点：立不稳；收紧千斤顶两边的速度太慢；转动连接处用的是空心的 PVC 水管，受力有限（图 7.12）。

（2）2.0 版。

实验器材：亚克力板、正反牙螺母、横杆；工具：激光雕刻机；优点：平稳、耐压性好，运用正反牙螺母可省力，方便测量提升重物的质量（图 7.13）。

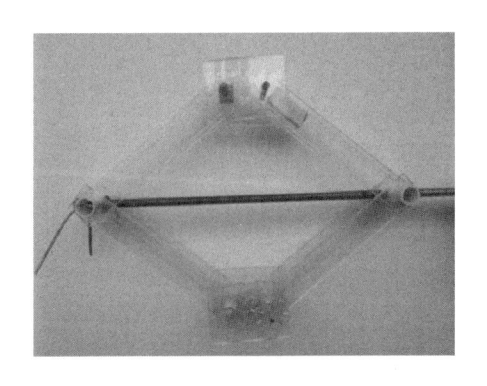

图 7.12　1.0 版机械千斤顶 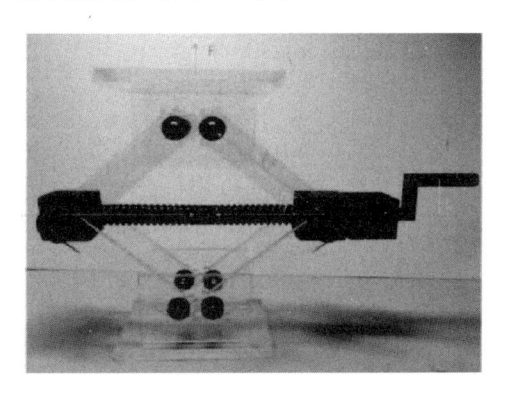　　　　图 7.13　2.0 版机械千斤顶

7.6.2　自制液压千斤顶的简易设计

测算方法：将两个注射器分别吸取适量的水（为增加可见性，可事先在水中滴加红色墨水），在大注射器的载物台上放三个砝码，在小注射器的载物台上放一个砝码。可以看到一个砝码可以将三个砝码压起（图 7.14），说明在小注射器一端施加一个很小的力就可以在大注射器那一端产生一个很大的力。此外，用电子秤可以得出两边的质量大小，进行量化计算。

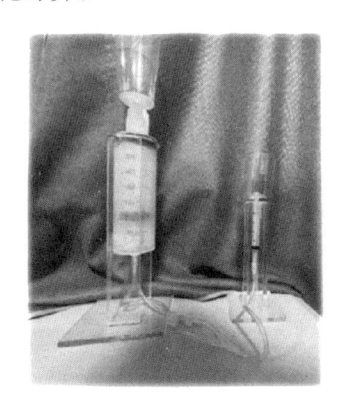

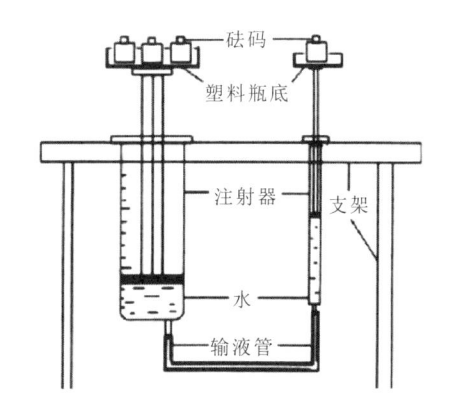

（a）实物图　　　　（b）示意图

图 7.14　自制液压千斤顶

数据处理方式：最小二乘法回归。

$$y = bx + a$$

$$b = \frac{n\sum_{i=1}^{n}x_i y_i - \left(\sum_{i=1}^{n}x_i\right)\left(\sum_{i=1}^{n}y_i\right)}{n\sum_{i=1}^{n}x_i^2 - \left(\sum_{i=1}^{n}x_i\right)^2}$$

$$a = \bar{y} - b\bar{x}$$

式中，y 为大注射器端产生的力；x 为小注射器端施加的力；a 为样本回归方程的常数项，即样本回归直线在 Y 轴上的截距，表示除自变量 x 以外的因素对因变量 y 的平均影响量；b 为样本回归系数，即样本回归直线的斜率，表示自变量 x 每增加一个单位时因变量 y 的平均增加量。

自制液压传动装置 1.0——简单传动液压装置（图 7.15）：1.0 装置的液缸面积比是 1∶1，无放大效果，因此液体在此处只是起到传动效果，也就是说，注射器两端的力是相等的。

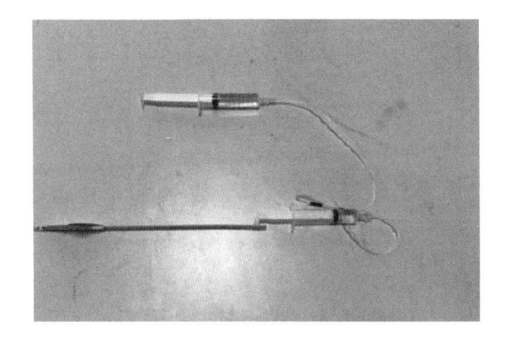

图 7.15　自制液压传动装置 1.0　　　　图 7.16　自制液压传动装置 2.0

自制液压传动装置 2.0——水源外置传统千斤顶：如图 7.16 所示，当小注射器的体积是 20mL，内直径是 18mm；大注射器的体积是 500mL，内直径是 65mm 时，可计算得到

$$S_1 = \pi \left(\frac{18}{2}\right)^2 = 81\pi$$

$$S_2 = \pi \left(\frac{65}{2}\right)^2 = 1056.25\pi$$

放大倍数：$\frac{S_2}{S_1} = 13.04$ 倍。

也就是说，当小注射器端的力传到大注射器端时，其被放大了 13.04 倍。力放大 13.04 倍的实际测算值见表 7.1。

表 7.1　力放大 13.04 倍的实际测算值

出力端值/kg	放大端值/kg	放大倍数
12.74	49.0	3.85
12.74	68.6	5.38
12.74	88.2	6.92
12.74	98.0	7.69
12.74	102.9	8.08

由于单向阀热熔胶无法承受更大的力,并且放大端受力大小有限,停止测试,此时并未超过上限倍数。从表 7.1 可以看出,放大倍数并没有达到理论上的倍数限制,也就是说,当下的测试由于材料和工艺的限制无法再进一步放大。

2.0 装置的优点是用注射器制作时放大倍数能够最大化;水的处理方便。不足是水源外置,每次操作都需要重新装水;启动时摩擦力过大;需要占用较大的位置。

自制液压传动装置 3.0:如图 7.17 所示,当小注射器的体积是 300mL,内直径是 54mm;当大注射器的体积是 500mL,内直径是 65mm 时,可计算得到

$$S_1 = \pi \left(\frac{54}{2}\right)^2 = 729\pi$$

$$S_2 = \pi \left(\frac{65}{2}\right)^2 = 1056.25\pi$$

放大倍数:$\frac{S_1}{S_2 - S_1} = 2.23$ 倍。

图 7.17 自制液压传动装置 3.0

即当小注射器端的力传到大注射器端时,其被放大了 2.23 倍。力放大 2.23 倍的实际测算值见表 7.2。

表 7.2 力放大 2.23 倍的实际测算值

出力端值/kg	放大端值/kg	放大倍数	误差
15.68	36.26	2.31	0.050
19.60	44.10	2.25	0.022
24.50	51.90	2.12	-0.045
29.40	60.80	2.07	-0.063
34.30	67.60	1.97	-0.077

数据拟合（图 7.18）结果如下：

$y = 2.0822x$（实线）

$y = 1.0749 + 1.6846x$（虚线，改进拟合，增加常数）

$R^2 = 0.9972 > 0.95$，表示在置信区间里面，它们之间的数据具有相关性。

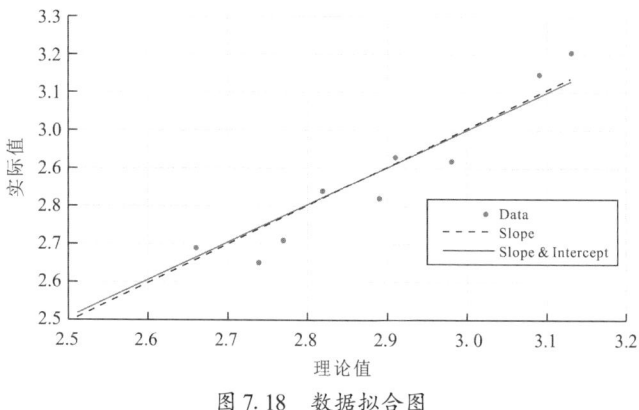

图 7.18　数据拟合图

3.0 装置的优点是利用柱式结构，达到了节约空间的目的，并且做到了水源外置。不足的是由于需要制作高度一致的注射器，但受材料限制，选择的材料内径差不是很大，导致了放大倍数的缩小。

7.6.3　自制气压千斤顶的开发

自制气压千斤顶的版本有 1.0 和 2.0，其中 1.0 版的是单孔管道（图 7.19），2.0 版的是双孔管道（图 7.20）。2.0 版的优点是将注射器气缸垂直固定在亚克力板底座上，方便读取活塞上升或下降的高度，可灵活换取不同孔数的管道；不足是测量放大倍数时，管道内部采用气体易造成误差，不方便更换不同容积的注射器，活塞上升或下降的高度变化不易同时测量。

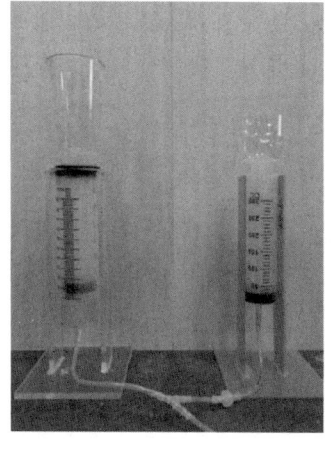

图 7.19　自制气压千斤顶 1.0 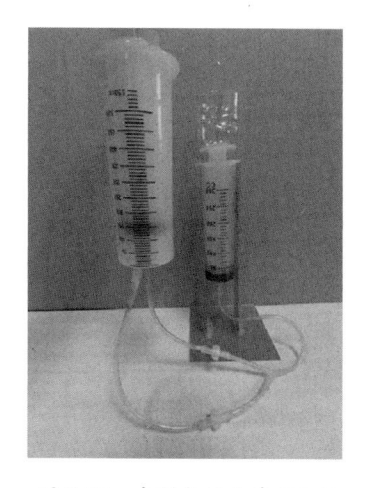　　　　图 7.20　自制气压千斤顶 2.0

放大倍数的理论计算：常温常压下的空气，近似使用理想气体状态方程（$pv = nRT$）。

$$\begin{matrix} p_1v_1 = nRT \\ p_2v_2 = nRT \end{matrix} \rightarrow p_1v_2 = p_2v_2 \rightarrow \frac{p_1}{p_2} = \frac{v_2}{v_1}$$

理论放大倍数：
$$\frac{F_2}{F_1} = \frac{h_1}{h_2}$$

自制气压千斤顶实验数据记录见表 7.3。

表 7.3 自制气压千斤顶实验数据记录表

序号	下降高度 /cm	上升高度 /cm	出力重量 /kg	放大重量 /kg	理论放大倍数	实际放大倍数	误差
1	6.3	2.3	0.72	1.91	2.74	2.65	-0.09
2	8.6	3.1	0.75	2.03	2.77	2.71	-0.06
3	9.3	3.2	0.85	2.49	2.91	2.93	0.02
4	11.9	4.0	0.88	2.57	2.98	2.92	-0.06
5	12.7	4.1	0.91	2.87	3.10	3.15	0.05
6	13.5	4.3	0.95	3.05	3.14	3.21	0.07
7	14.2	4.9	1.02	2.88	2.90	2.82	-0.08
8	15.8	5.6	1.10	3.12	2.82	2.84	0.02
9	17.3	6.5	0.93	2.50	2.66	2.69	0.03
10	18.6	7.4	0.89	2.31	2.51	2.60	0.09

误差分析：进行线性回归分析，回归方程为 $y = 1.0158x - 0.0430$，$R^2 = 0.89$。

7.6.4 千斤顶的创新设计

1. 组合千斤顶的创新设计

（1）将液压千斤顶和机械千斤顶组合，形成多级放大。

（2）利用 Arduino 开源硬件和蓝牙模块，实现远程控制。

2. 多级放大

如图 7.21 所示，机械千斤顶加液体千斤顶组合构成多级放大的整体，放大倍数等于机械千斤顶放大倍数乘以液体千斤顶放大倍数。与此同时，运用 Arduino 开源装置和蓝牙模块，安装了远程操控系统。通过减速电机的作用，推动把手进行传动，从而实现远程控制。多级放

图 7.21 多级放大装置

大装置材料清单见表 7.4。

表 7.4　多级放大装置材料清单

材料	数量
杜邦线	若干
Arduino UNO 板	1
Arduino 蓝牙模块	1
12V 锂电池	1
Arduino 电机驱动模块	1

3. 理论放大倍数

组合模型理论放大倍数 = 机械理论放大倍数 × 液压理论放大倍数。多级放大装置实际数据测算结果见表 7.5。

表 7.5　多级放大装置实际数据测算结果

$\theta/(°)$	机械千斤顶 理论放大倍数	液压千斤顶 理论放大倍数	组合模型 理论放大倍数
36.68	29.2	13.04	380.77
43.53	37.2	13.04	485.09
44.99	39.2	13.04	511.17
47.34	42.0	13.04	547.68
51.13	48.6	13.04	633.74
56.21	58.6	13.04	764.14
60.28	68.7	13.04	895.85
62.48	75.1	13.04	979.30
68.58	100.0	13.04	1304.00
73.31	130.9	13.04	1706.94
82.74	308.1	13.04	4017.62
85.42	490.0	13.04	6389.60
86.57	655.0	13.04	8541.20
87.84	1040.9	13.04	13573.34
88.18	1235.6	13.04	16112.22
89.21	2847.5	13.04	37131.40

4. 远程遥控千斤顶的程序图

我们在传统千斤顶的基础上进行了系列改进，增加了万物互联元素。运用蓝牙模块远程控制电机可以实现对千斤顶的远程操作（图 7.22、图 7.23），增加了千斤顶的多场景运用和互联网交互性；多级放大的方式可以使千斤顶满足更多应用场景。

图 7.22　蓝牙远程控制千斤顶　　　　图 7.23　远程控制千斤顶程序图

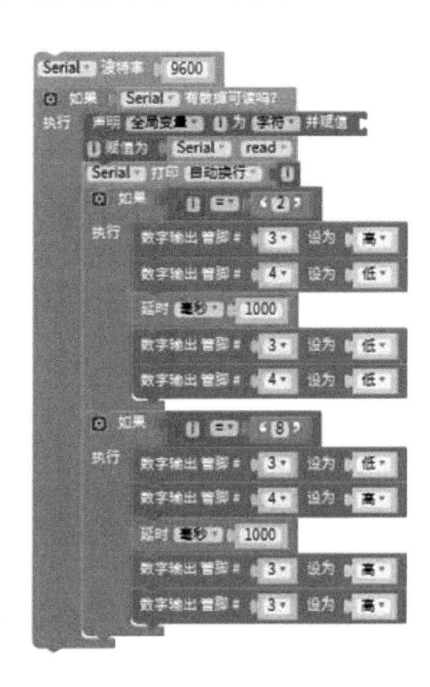

7.7 千斤顶的项目学习与探究反思

通过实践研究和创新探索，我们明白了千斤顶课程资源开发的意义与价值。首先要理清它的科学原理以及"前世今生"，也就是科学溯源；再了解其相关科学史的发展和前人的研究情况，尽可能地丰富与完善相关文献资料。在此基础上，根据实际情况，借助 Arduino 开源硬件和蓝牙等现代软件技术进行大胆的创新，开发具有现代技术特点、符合 STEAM 教育理念的千斤顶作品。由此可见，创新需要颠覆传统思维方式，需要从源头另辟蹊径。

第 8 章　滴漏的项目探析与创新实践

8.1 滴漏的简介

时间是由过去、现在、将来组成的连续不断的系统，人类文明诞生之初，人类便开始通过计量时间来描述万物的变化，并由此诞生了一系列计时工具。现代多以钟表为计时工具，在科技水平有限的古代，滴漏是典型的计时工具之一，在世界各地都有类似的结构，是古代劳动人民智慧的结晶。纵观滴漏的整个发展史，可以了解滴漏在不同时期是如何反映该时期生产力发展水平的，又是如何助推生产力发展的。

8.2 滴漏相关的中小学课程标准内容及教育价值

8.2.1 滴漏相关的中小学课程标准内容要求

《义务教育科学课程标准》（2022年版）各学段目标中与研究主题相关的内容主要体现在3~4年级、5~6年级、7~9年级，在学段目标之下又分为科学观念、科学思维、探究实践、态度责任四个部分。

3~4年级：分析事物的特征及结构，建立事实与观点之间的联系；能够在教师引导下，通过对具体现象与事物的观察和比较，运用感官选择恰当的工具、仪器，观察并描述对象的外部形态特征及现象，能够准确讲述并反思自己的探究过程和结果，做出自我评价与调整。知道使用工具可以更加便利、快捷和精确，学会使用常见的工具制作简单作品；初步说明一些技术产品涉及的科学概念或原理；尝试应用科学原理设计并制作简易装置。

5~6年级：通过分析、比较、概括、抽象等方法，抓住简单事物的本质特征，展示对事物的系统结构、关系过程及循环的理解，能使用或构建模型解释有关的科学现象和过程；能利用相关仪器设备进行观察和记录；知道工程以科学技术为基础，技术对提高生产效率和工作效率有很大的影响；利用工具制作简单的实物模型。

7~9年级：知道现代技术与工程具有系统性和复杂性；知道科学对技术与工程具有指导意义；能够分析解释模型所涉及的要素及结构，解释并模拟相关的科学现象和过程，掌握分析与综合、比较与分类、抽象与概括、归纳与演绎、联动与想象等基本的思维方法，并能应用于科学探究、技术与工程实践、解决实际问题；让学生乐于思考现象发生的原因和规律，对科学学科的学习和实践具有初步的理论兴趣，认识现代技术与工程的系统性和复杂性。

《义务教育科学课程标准》（2022年版）中与研究主题相关的课程内容要求主要体现在"技术、工程与社会"和"工程设计与物化"两大要点中。"技术、工程与社会"的主要理念是技术与工程创造了人造物，技术的核心是发明，工程的核心是建造，人们认为工程与技术改变了人们的生产和生活，并且科学、技术、工程相互影响与促进。"工程设计与物化"中的重点是工程的定义和界定，明确指出工程的关键是设计，工程是设计方案物化的结果。在人们测量时间并不断创造、设计、改造时间测量工具的过程中，技术与工程不断发展，人类文明也随之进步。

8.2.2 滴漏开发的教育价值

滴漏作为有着千年历史，并且不断发展的计时工具，毫无疑问是古代劳动人民智慧的结晶，反映了生产力发展与科技水平进步之间密不可分的联系，其中蕴含的设计理念对现代人了解传统科学技术具有深远意义。

各类滴漏计时工具的结构设计与工作原理中蕴含了丰富的物理知识，了解滴漏计时工具，研究滴漏计时工具，对培养学生的学习兴趣、提高学生的自主探究能力具有重要现实意义。

8.3 滴漏的溯源

在远古社会，人们通过观测日升月落等具有一定规律、重复性的自然现象进行时间计量。随着人们对时间计量精度需求的提高，出现了日晷、漏刻等计时工具。

《隋书·天文志》记载："昔黄帝创观漏水，制器取则，以分昼夜。"（魏征，1973）古人认为滴漏的发明可以追溯到黄帝时代。而史书上关于漏刻最早的记载在《周礼·夏官司马·挈壶氏》中，"挈壶氏，掌挈壶以令军井"，挈壶氏这一官职一直应用到唐代，是指掌管漏刻的官员。其中还记有"凡军事，悬壶以序聚柝"，意思是说每当有军事行动，都要先用漏刻来确定时间，再敲梆子对部队发号施令。由此可知，在周代，漏刻在军事行动中具有重要的作用。

《史记·司马穰苴列传》记载："穰苴既辞，与庄贾约曰：'旦日日中会於军门。'穰苴先驰至军，立表下漏待贾。"（司马迁，1982）从中可见春秋时期，滴漏便已作为计时工具，且有漏刻和圭表联用的实录。

大约在汉武帝之前，使用单壶泄水型沉箭漏。汉武帝时期，形成了汉代科技发展的第一个高潮，正是在那时发明了浮箭漏。而在东汉初期，发明了二级补偿式浮箭漏。

在唐初，太常博士吕才制作了四级补偿型浮箭漏，也称吕才漏刻，之后所发明的燕肃莲花漏、沈括熙宁浮漏都是多级补偿浮箭漏的形式之一，这一滴漏类型一直应用到钟表普及。

除了最常见并且一直在随生产力水平进步不断发展的多级补偿浮箭漏外，在滴漏计时工具的发展史中，还出现过工作原理与浮箭漏截然不同的特殊形式的滴漏，即秤漏。庆历七年，明州制成漏刻。同年，王安石担任鄞县（今浙江宁波）知县，随后为此地作《新漏刻铭》。这时，其他州郡亦配备漏刻计时。当时的漏刻就是秤漏，配圭表以校准，置于谯楼之上，并设有专人轮值测时、报时，通过钟铮、鼓、角等设备将时间播送至全城（图8.1）。

图 8.1　古代滴漏

8.4 滴漏的相关研究

将滴漏作为科技教育资源进行研究的案例很少。在中国知网数据库以"古代计时工具"为关键词进行搜索，其中发表在教育研究领域且与滴漏相关的文献只有寥寥几篇，如童义清发表在《数学小灵通（1-2年级版）》的《古代的计时工具（二）——漏壶和沙漏》和胡德运发表在《数学小灵通（3-4年级版）》的《古代的计时工具》，这两篇文献是面向小学群体的科普，其中未对滴漏计时工具进行深入研究。

葛明媚（2013）和孙翔雨（2013）都对古代各类滴漏计时工具的结构进行了一定的分析与研究，但他们的研究局限在受水型漏壶、泄水型漏壶与秤漏三种类型，未从滴漏材质、应用场景、其他国家的古代滴漏等方面进行研究，且文献研究所附皆为平面设计图，既不利于古代滴漏结构的三维剖析，也不利于其科学传播，故古代滴漏计时工具的三维建模与3D建模图示存在很大的空白。

本章从理论和实践相结合的角度研究古代滴漏计时工具，并对其在教育研究领域的应用进行创新开发。一方面，传承古代滴漏计时工具的设计智慧，填补滴漏建模工具（3D模型）的空白，并开发相应教育资源；另一方面，让学生在传承古代科技智慧与科技文化的同时将其中的科学原理与现代软件技术相结合。

8.5 滴漏的具体研究

8.5.1 滴漏的分类研究

滴漏的分类如图 8.2 所示。

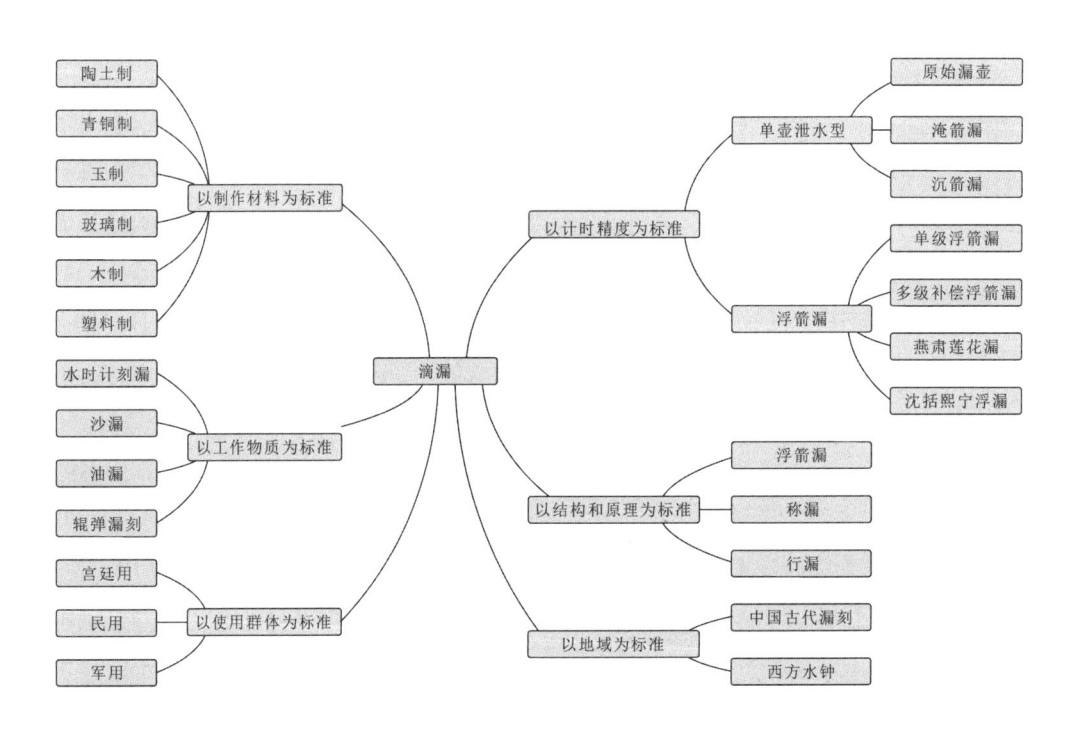

图 8.2 滴漏的分类

1. 以制作材料为标准

滴漏的制作材料多种多样，古代以青铜和木质等为主，现代随着制作材料的丰富，又引入了玻璃与塑料两种制作材料（图 8.3）。

（a）青铜制漏壶　　　　　　　　（b）木制漏壶

(c)玻璃制滴漏 　　　　　　　　　(d)塑料制沙漏

图 8.3　按制作材料分类的部分滴漏

2. 以工作物质为标准

滴漏的工作物质以水为主,少部分为沙,现代也有以油等为工作物质的创新设计(图 8.4)。

(a)沙漏 　　　　　　　　　(b)油漏

图 8.4　按工作物质分类的部分滴漏

3. 以使用群体为标准

按使用群体不同,中国古代滴漏大致分为三类,即宫廷用刻漏、民用刻漏与军用刻漏。宫廷用刻漏的精度较高,且制作精美恢宏,体现了一个时期滴漏计时精度与设计美学的最高水平。民用刻漏的应用场景更为广泛,虽然计时精度较低但也能满足人们日常生活需求,田漏就是其中的典型代表(图 8.5)。军用刻漏用于满足行军打仗的需求,不同于前两者滴漏位置相对固定,军用刻漏有着便于携带的特点,遗憾的是没有实物模型与详细图纸流传至今,只有少部分文献有只言片语的记载。

图 8.5　田漏

4. 以计时精度为标准

滴漏计时精度的发展大体上呈现了从单壶泄水型漏壶演变至浮箭漏的趋势(图 8.6)。单壶泄水型漏壶中,原始漏壶、淹箭漏、沉箭漏的计时精度依次提高。浮箭漏中,单级浮箭漏、多级补偿浮箭漏、燕肃莲花漏、沈括熙宁浮漏的计时精度依次提高。

（a）原始漏壶 　　　　（b）淹箭漏 　　　　（c）单级浮箭漏

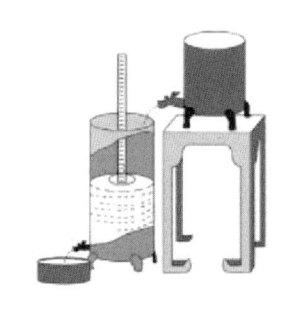

（d）多级补偿浮箭漏 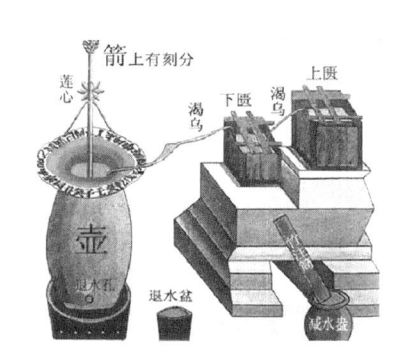　　　　（e）燕肃莲花漏

图8.6　按计时精度分类的部分滴漏

5. 以结构和原理为标准

我国古代滴漏的类型多种多样，按结构和原理可分为三类：浮箭漏、秤漏（图8.7）、行漏。浮箭漏以浮力为原理，利于水流速度来测量时间。秤漏以渴乌（虹吸管）通过虹吸原理吸水，利用水的重力对时间进行换算。行漏比较特殊，虽有史料记载，但没有结构或原理图，由于能搜集到的古籍文献资料太少，尚待进一步探究。

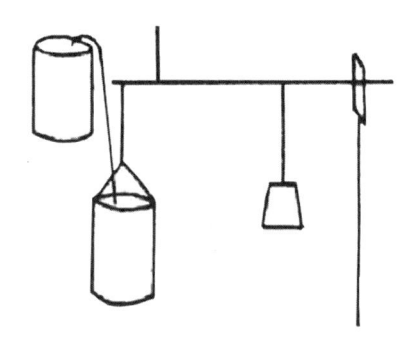

图8.7　秤漏

6. 以地域为标准

按地域可将滴漏分为中国古代漏刻和西方水钟两大类。此前介绍的分类大部分都是

· 146 ·

我国古代漏刻,此处就不再重复。而西方水钟有着各种各样的造型,其中一部分水钟的设计除了测量时间,还要追求美感和浪漫,如法国设计师设计的巨大的玻璃球形水钟。有的水钟的设计则追求极致的精度和时间跨度,如克特西比乌斯水钟。这些水钟的原理都大同小异,大都利用浮力等原理,结合机械结构,不仅可测量一天的时间,还能有规律地显示昼夜变换和季节,并且记录日期。

8.5.2 滴漏的原理探究

中国最早的漏壶是在壶中插入一标杆,称为箭。箭下用一只舟承托,浮在水面上。水流出壶时,箭下沉,指示时刻,称"泄水型漏壶"或"沉箭漏";另一种为水流入壶中,箭上升,指示时刻,称"受水型漏壶"或"浮箭漏"(王卉,2003)。早期漏刻大多使用单只漏壶,滴水速度受到壶中液位高度的影响,液位高,滴水速度较快,液位低,滴水速度较慢。为解决这一问题,古人进一步创制出多级漏刻装置。所谓多级漏刻,即使用多只漏壶,上下依次串联成一组,每只漏壶都依次向其下一只漏壶中滴水。这样一来,对最下端的受水壶来说,其上方的一只泄水壶因为有同样速率的来水补充,壶内液位基本保持恒定,其自身的滴水速度也就能保持均匀(周乾,2019)。

1. 单壶泄水型漏壶

单壶泄水型漏壶通过将装备中剩余的水转换为时间单位进行计量,主要有原始漏壶、淹箭漏和沉箭漏三种形式。

1)原始漏壶

原始漏壶的内部有刻度,当内置的水从下方出水口流出时,水位下降,便可以通过读取水面所在的刻度进行计时(图8.8)。原始漏壶有两大缺点,一是古代漏壶多为金属结构,难以观察水位和刻度;二是随着水位下降,水压变化,水的流速也会发生变化,增加了计时的误差。

2)淹箭漏

淹箭漏的底部固定有一根画有刻度的木条,后来多用箭替代,这也是淹箭漏名字的由来,通过读取箭上的刻度进行计时(图8.9)。相较于原始漏壶,淹箭漏便于读取刻度。缺点主要有两个,一是水对漂浮的物体有附着力,难以读出水面到了箭身的哪一个位置;二是随着水位下降,水压变化,水的流速也会发生变化,增加了计时的误差。

3)沉箭漏

沉箭漏内部有刻有刻度的、放在木质小托上的箭,木制小托带着箭浮在水面,成为箭舟。当箭舟随着水位下沉,就可以通过露在盖外的箭身读取刻度(图8.10)。将刻度读取从装置内部移到装置外部的举措,进一步方便了读数。虽然沉箭漏针对淹箭漏的缺点进行了改进,但仍未能减小水压变化、流速变化带来的计时误差。

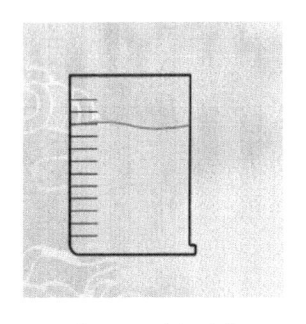

图 8.8　原始漏壶 　　　　图 8.9　淹箭漏 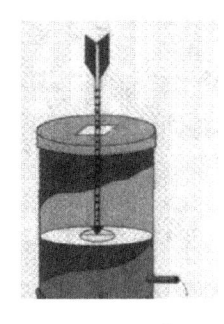　　　　图 8.10　沉箭漏

2. 浮箭漏

相比于沉箭漏，浮箭漏可以达到较高的计时准确性（董涛，2021）。受水型漏壶通过将装置流出的水转换为时间单位进行计量，主要有单级浮箭漏、多级补偿浮箭漏、燕肃莲花漏和沈括熙宁浮漏等形式。这一类型的漏壶制作工艺复杂，制作成本较高，古时无法广泛运用于民间。

1）单级浮箭漏

单级浮箭漏（图 8.11）利用两把漏壶减小水位的变化，相对泄水型漏壶在计时精度方面得到了极大的突破。位于上方的漏壶需要随时加水，以保证水位大致稳定，减小出水流速和流量不稳定对计时精度带来的影响。单级浮箭漏有两大缺点，一是要频繁加水，工作量大；二是水位仍有变化，壶内水位下降，重力势能减小，水压减小，流量随流速减小而变少，由此产生较大误差。通过改变标尺刻度之间的间隔，可以起到减小误差的效果。

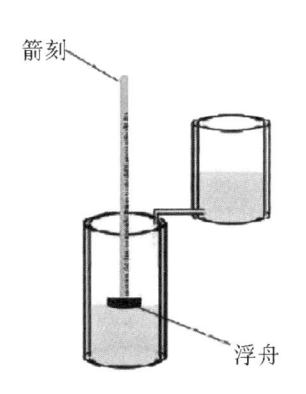

图 8.11　单级浮箭漏

2）多级补偿浮箭漏

多级补偿浮箭漏在单级浮箭漏的基本结构上继续引入漏壶，多只漏壶上下依次成串联的形式，通过相互间的补偿来稳定液面（图 8.12）。多个漏壶的补偿可使得流入浮箭里的水量保持平稳。装有浮箭的受水壶用来测量时间，浮箭上标有刻度。水流入，浮箭

由于浮力作用上升，可以通过直接观察刻度来计时，这是沉箭漏特征结构在后续漏壶发明改进上的继续应用。唐代发明的吕才漏刻是多级补偿浮箭漏的代表，由四个壶组成。需要注意的是，不针对漏壶的工作原理进行改进，单纯增加漏壶的数量不能起到显著提高计时精度的效果。

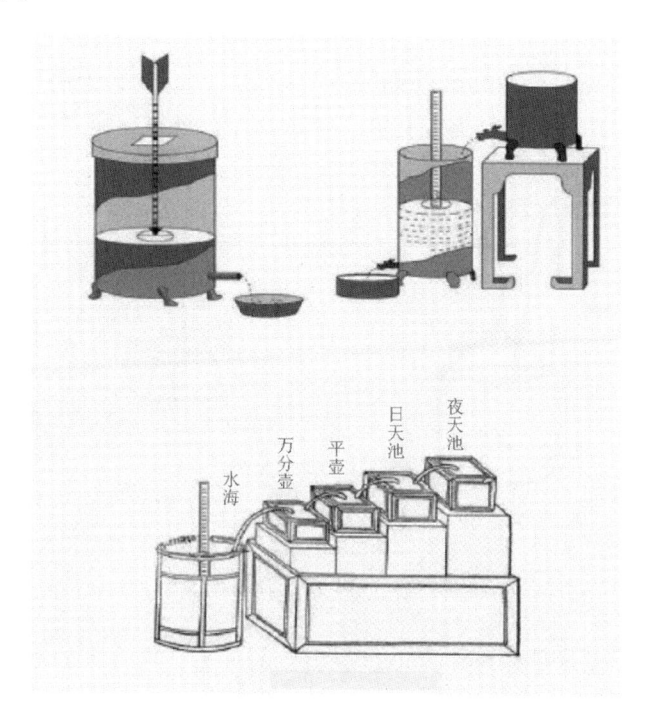

图8.12 多级补偿浮箭漏

3）燕肃莲花漏

燕肃莲花漏运用了两个泄水壶，分别称为上匮和下匮。上下匮通过渴乌相连。渴乌即为虹吸管，是古代广泛运用于滴漏的装置。上匮与下匮相连的渴乌管口大于下匮与受水壶相连的渴乌管口，使得上匮出水量大于下匮出水量，下匮的水处于满溢状态，漫出来的水通过竹注筒流入减水盎，使得下匮水位相对稳定。燕肃莲花漏进一步减小了水位变化，使得计时误差进一步减小。

4）沈括熙宁浮漏

沈括熙宁浮漏的结构大致上可以分为五个部分：作为供水壶的求壶、起到过渡作用的甲壶和乙壶、承接溢出的水的减水盎（也被称为废壶）、使水流平稳流出的渴乌（虹吸管）和承接渴乌流出的水的受水壶。和其他受水型浮箭漏一样，沈括熙宁浮漏的受水壶中同样有着将流出的水转换为时间单位的浮箭。沈括熙宁浮漏以供水壶作为起点，供水壶的水先流入甲壶，甲乙壶相连，中间只有一个小孔，甲壶的水便通过这一小孔平稳流入乙壶。甲乙两壶的水同时保持满溢状态后，溢出的水通过下方小孔流入减水盎。乙壶与受水壶通过渴乌相连，通过读取受水壶中浮箭的刻度计量时间。

沈括熙宁浮漏是古代滴漏计时工具中受水型漏壶不断改进的最终形式，已经达到了较高的计量精度。

3. 其他类型漏壶

1）秤漏

秤漏又被称为李兰秤漏（图 8.13），多种古代典籍，如梁代沈约《袖中记》和唐代徐坚《初学记》中都记有李兰的《漏刻法》："以器贮水，以铜为渴乌，状如钩曲，以引器中水，于银龙口中吐入权器，漏水一升，秤重一斤，时经一刻。"

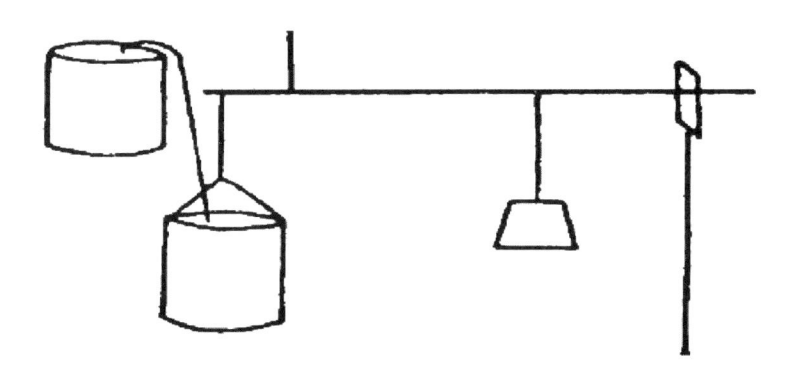

图 8.13　李兰秤漏

秤漏主要利用阿基米德原理，先计量泄出水的重量，再将水的重量转换为时间。秤漏由供水壶、受水壶、渴乌和秤四部分组成。受水壶悬挂在秤上，受水壶和供水壶通过渴乌相连，供水壶内的水通过渴乌流入受水壶中，直接读取秤的刻度就可以知道水的质量，然后运用公式将其换算为时间。

一般来说，秤漏一斤水对应一古刻，即 14.4 分或 864 秒，那么一两水就对应 54 秒（古代采取十六进制，一斤等于 16 两）。

2）西方水钟

西方水钟不同于中国古代滴漏的特点是运用了机械转轮等机械结构。除了机械转轮，西方水钟的其他结构与中国古代滴漏中的受水壶、漏壶等大致相同。水流的流入带动类似浮箭的装置上升，浮标尾端带动齿轮，随着齿轮转动，齿轮上附着的指针旋转，起到时间计量可视化的效果。克特西比乌斯水钟是西方水钟中的典型代表，其在供水壶与受水壶相连的水管中运用了活塞结构来稳定水流，但是它的实际使用情况尚没有足够的资料进行展示与验证。

西方水钟有着和中国古代单级浮箭漏一样的缺点，即为了保持水流的稳定需要频繁加水，且由于加入了齿轮这一部件，齿轮之间的摩擦和指针自身的重力也增加了计时的误差。

8.5.3 研究设计及其工具

研究思路总体设计（图 8.14）：①通过中国知网（CNKI）、超星、维普网等数据库搜集相关文献，认真阅读并对文献进行研究分析，了解古代滴漏计时工具的研究现状，分析当前对古代滴漏计时工具研究的不足与空白之处，确定研究创新点；②梳理文献资料，根据研究结果选取合适的维度对古代滴漏计时工具进行分类；③结合中小学课程标准，用科学方式分析古代滴漏计时工具的结构及其工作原理，探究其中蕴含的科学知识；④选取几类典型的滴漏计时工具，利用 3D One 建模软件进行建模，清晰展现其内部结构及基本原理；⑤选取不同地域不同时期的典型滴漏计时工具，结合其优点，设计新型滴漏，通过 Photoshop 软件绘制平面设计图，通过 3D One 建模软件进行建模；⑥总结研究的收获与反思，提出对滴漏计时工具的研究展望。

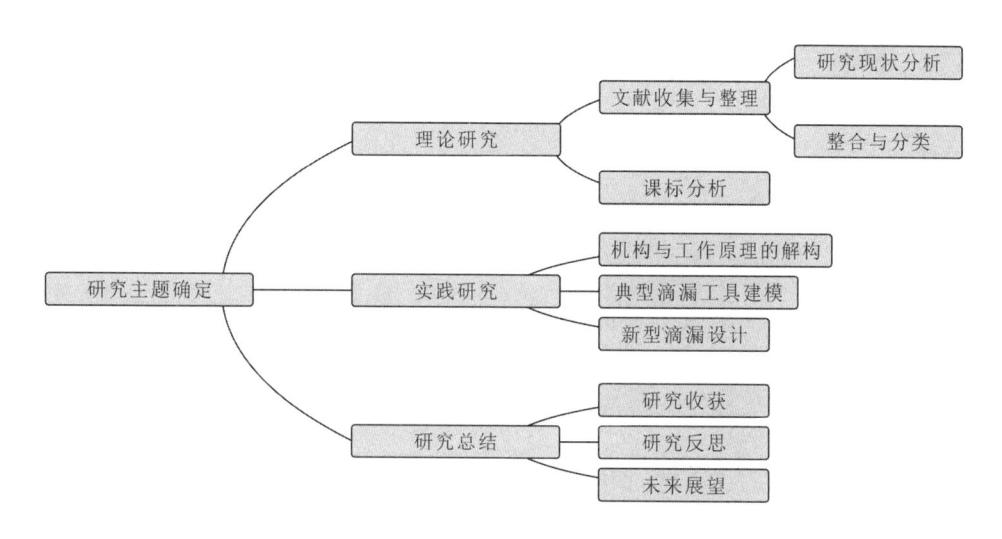

图 8.14 研究思路总体设计图

8.6 滴漏的创新开发与实践探索

8.6.1 基于 3D One 的三维建模与重构

3D One 是一款面向青少年的 3D 建模软件，具有学习难度较低、功能相对丰富的优点。当前 3D One 家庭版在官网开放了免费版本，方便学生自学建模，研究采用 3D One 软件进行古代典型滴漏计时工具的建模重构工作，也是考虑到尽可能选择方便学生自主探究的工具。

现今流传的有关中国古代滴漏计时工具的文献资料多以文字和平面设计图为主，未见成体系的三维建模图，因此研究基于 3D One 建模软件对七种典型的古代滴漏计时工具进行三维建模与重构。

1. 单壶泄水型漏壶的 3D 建模

1）原始漏壶的 3D 建模

原始漏壶的结构较为简单，3D 模型主要分为两个结构，一是带有一个出水口的漏壶主体，二是在漏壶底部承接废水的废水壶。

在建模时先制作出圆柱模型，然后利用 3D One 自带的挖空功能做出空心无盖圆柱体。漏壶的出水口单独建模，先对圆锥进行分割，再进行挖空操作，然后通过旋转和位移将出水口拼接到壶身上。

原始漏壶模型的斜面图、侧面图和顶面图如图 8.15 所示。

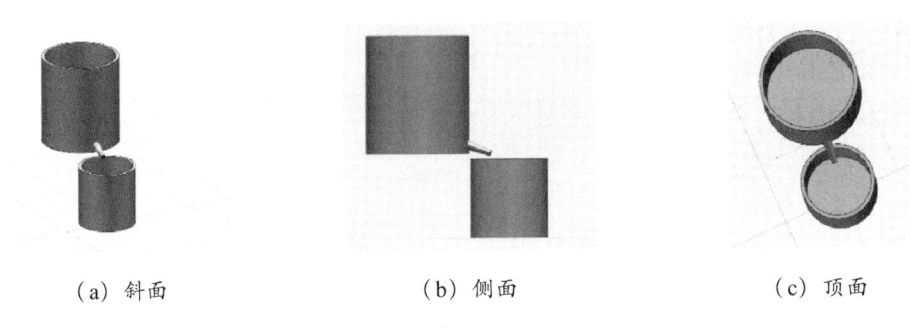

（a）斜面　　　　　　（b）侧面　　　　　　（c）顶面

图 8.15　原始漏壶模型

2）淹箭漏的 3D 建模

淹箭漏与原始漏壶相较的一大特点是加入了用于读数的木条，在对淹箭漏的建模中，同样加入了尺状的读数装置。

3D One 具有平面绘图转建模功能，在对淹箭漏的建模中首次用上了此功能。通过在图纸上绘制长方体，拉伸得到木条结构，在木条上绘制刻度，通过挖空或者拉伸功能就可以使刻度立体化。

淹箭漏模型的正面图、侧面图和顶面图如图 8.16 所示。

（a）正面　　　　　　（b）侧面　　　　　　（c）顶面

图 8.16　淹箭漏模型

3）沉箭漏的3D建模

由于沉箭漏引入了箭舟装置，在建模时用一个挖空的长方体代表箭舟。将壶身和箭舟分开建模，各自建模完毕后通过位移功能合为一体。

沉箭漏模型的斜面图、侧面图和顶面图如图8.17所示。

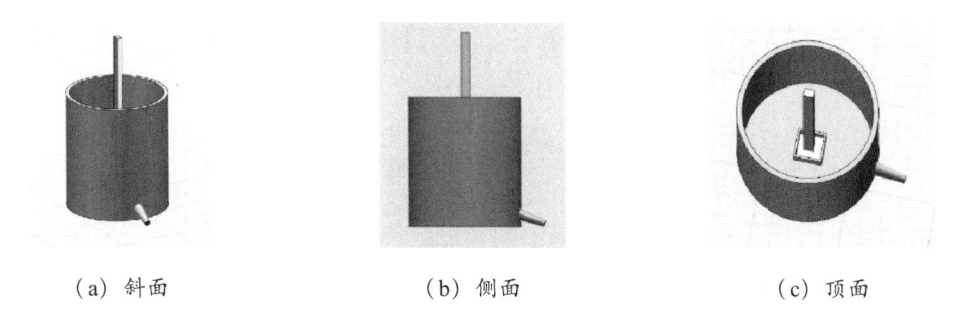

(a) 斜面　　　　　　　(b) 侧面　　　　　　　(c) 顶面

图 8.17　沉箭漏模型

2. 浮箭漏（受水型漏壶）的3D建模

1）单级浮箭漏的3D建模

单级浮箭漏的结构是淹箭漏和沉箭漏的结合版，同时出现了供水壶与受水壶两个主体，供水壶位于上方，通过下方出水口向受水壶输送水流，受水壶中存在沉箭漏的箭舟结构。

制作流程是先制作两个壶身，然后制作出水口与箭舟，最后通过位移功能将这四者结合起来。单级浮箭漏模型的斜面图、侧面图和顶面图如图8.18所示。

(a) 斜面　　　　　　　(b) 侧面　　　　　　　(c) 顶面

图 8.18　单级浮箭漏模型

2）多级补偿浮箭漏的3D建模

多级补偿浮箭漏的建模需在单级浮箭漏的受水壶和供水壶的中间增加过渡壶，不过过渡壶数量没有规定，本次以最为典型的四壶补偿浮箭漏为例进行3D建模（即增加两个过渡壶），其模型的斜面图、侧面图和顶面图如图8.19所示。

(a) 斜面　　　　　　　　　　　(b) 侧面

(c) 顶面

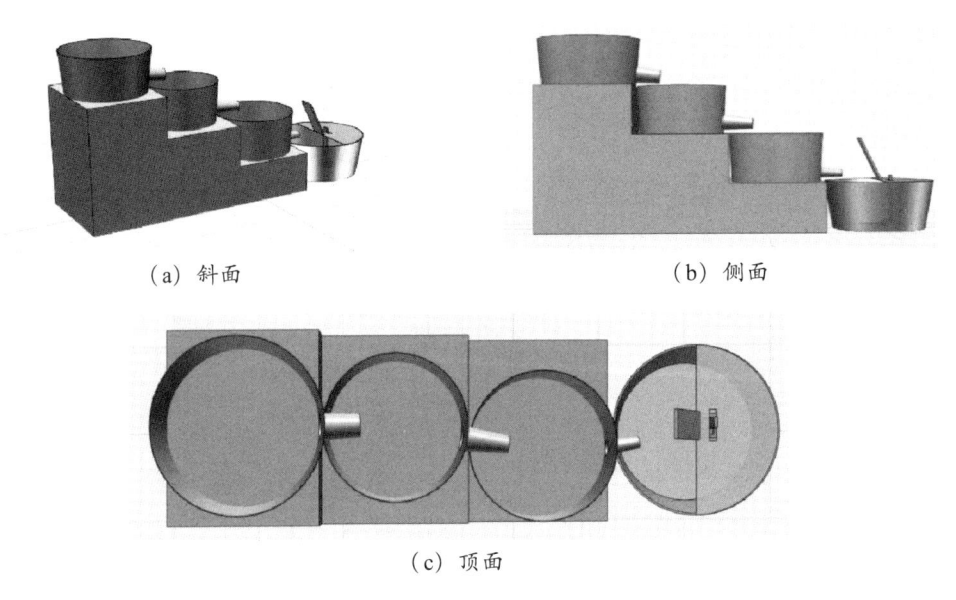

图 8.19　多级补偿浮箭漏模型

3）燕肃莲花漏的建模

燕肃莲花漏中供水壶与过渡壶、过渡壶与受水壶之间采用渴乌（虹吸管）连接。有弧度管子的建模方式为先在图纸上绘制一条线，然后设置半径，利用 3D One 自带的建模工具围绕绘制的曲线进行建模。壶身的建模方式与上述滴漏模型的建模方式一致，完成各个部件的建模后通过位移工具进行组合。燕肃莲花漏模型的正面图、侧面图和顶面图如图 8.20 所示。

(a) 正面　　　　　　　　　　　(b) 侧面

(c) 顶面

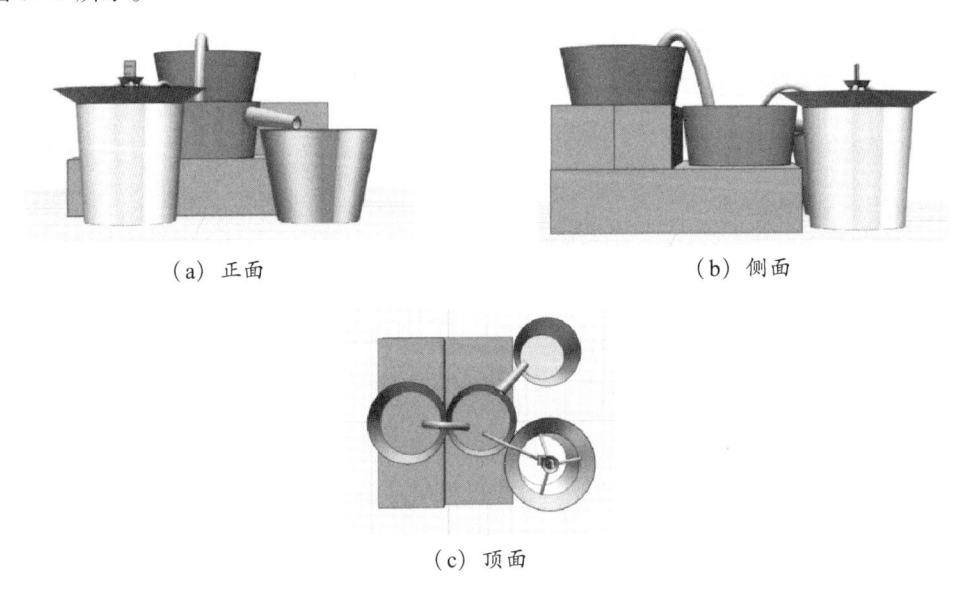

图 8.20　燕肃莲花漏模型

4）沈括熙宁浮漏的 3D 建模

从沈括熙宁浮漏的平面设计图可见各部分的排列较为紧密，且有许多内部结构，为了使沈括熙宁浮漏的结构更加直观地通过3D建模表现出来,建模的时候对壶身进行了透明处理。

建模制作时,分别对供水壶、甲乙壶、废水壶、受水壶、箭舟、虹吸管、甲乙壶阻隔板单独进行建模,全部建模完成后通过位移功能进行组合。由于沈括熙宁浮漏的结构在收集到的文献中记录都不太详细,其内部结构,即供水壶与甲壶的连接方式、甲乙壶阻隔板上的连通孔与甲乙壶废水流到废水壶的方式选用管状结构进行连接。

沈括熙宁浮漏模型的斜面图、侧面图和顶面图如图8.21所示。

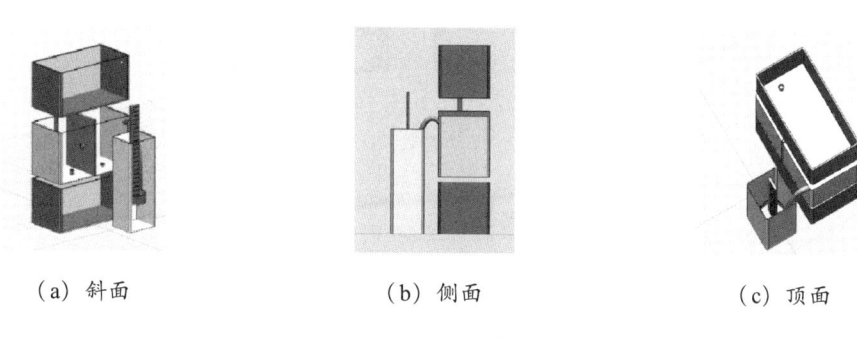

(a) 斜面　　　　　(b) 侧面　　　　　(c) 顶面

图 8.21　沈括熙宁浮漏模型

8.6.2 滴漏的创新开发与设计

在研究过程中发现古代滴漏计时工具的发展基本上都是基于固定原理和相似结构,不断改进提升计时精度的,相较以前的滴漏没有区分明显的结构诞生。

因此,研究选取中国古代滴漏计时工具中的集大成之作——沈括熙宁浮漏,与西方水钟进行结合,设计新型滴漏,以同时涵盖中国古代滴漏计时工具水流相对平稳与西方水钟读数更加便利的优点。

新型滴漏的设计:①利用 Photoshop 进行新型滴漏的平面设计图绘制;②根据平面设计图,利用 3D One 对新型滴漏进行 3D 建模。

8.6.3 新型滴漏设计与重构

拆分沈括熙宁浮漏和西方水钟的典型与优势结构,将其结合,利用 Photoshop 绘制新型滴漏平面设计图,如图 8.22 所示。

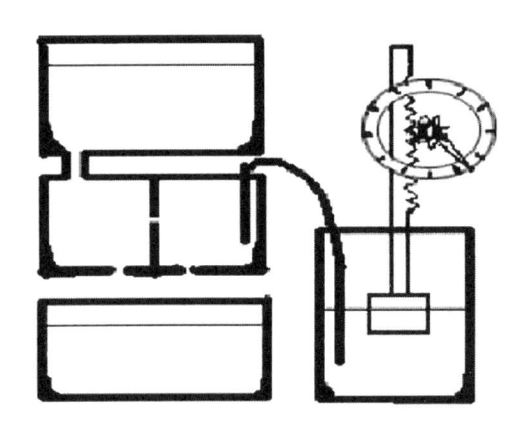

图 8.22　新型滴漏平面设计图

8.6.4 新型滴漏的3D建模

新型滴漏的建模是在沈括熙宁浮漏模型的基础上进行再创造。在复壶，即甲壶与乙壶的组合壶这一部分增加了新的结构外壳，不再设置甲乙壶下部的出水孔，而是在上方开口，使得在工作过程中溢出的水会自然流入外壳与复壶的夹层中，再通过外壳的出水孔流入下方废壶。

在浮箭方面，将原本的平直长方体一段改造为锯齿状，利用锯齿带动齿轮旋转，齿轮旋转再带动指针转动。外置表盘上刻有仿近现代钟表的刻度。该模型在理想的工作状态下，水位上升带动浮舟上升，锯齿上移带动齿轮旋转，齿轮随之带动指针转动，指示出准确时间。

新型滴漏模型的正面图、侧面图和顶面图如图 8.23 所示。

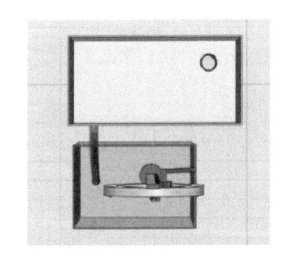

(a) 正面　　　　　(b) 侧面　　　　　(c) 顶面

图 8.23　新型滴漏模型

8.7　滴漏的项目学习与探究反思

本项目的研究开发重点主要有以下三点：①实现前人研究中未有的涵盖不同材质、不同地域、不同原理、不同结构、不同使用群体的古代滴漏计时工具分类研究，并根据分类研究成果对典型滴漏计时工具的结构与工作原理进行探析,分析其优缺点,探究其中蕴含的科学知识;②利用3D One对典型古代滴漏计时工具进行三维建模,弥补古代滴漏计时工具三维建模空白;③开发并创新设计新型滴漏工具。其中的难点在于掌握3D One建模工具,并在不断摸索与实践的基础上进行新型滴漏的设计,此过程中花费了大量时间来攻克3D One软件设计的难题。

在对古代滴漏计时工具的漫长探究与开发过程中,我们看到了利用现代软件技术传承科技传统文化的可行性与先进性,发现了各式古代滴漏计时工具乃至传统科技文化中所蕴含的科技教育资源,这是一座待挖掘的科技教育资源宝库。而对建模的学习与使用,使我们更加清晰地认识了建模软件对提升学生自主探究能力和动手实践能力的巨大价值。与此同时,整个研究过程我们都沉浸式地体验到了科学探究与创新实践的过程。

对古代滴漏计时工具的探究与开发带来了许多启发与收获,也存在研究过程的不足之处:①收集图片部分来自网页和相关二级文献,缺少更加权威的古代滴漏图纸;②关于不同文献中对同一类滴漏计时工具描述的相悖之处或模糊之处,未能尽数探究;③对建模工具的掌握有限,对典型古代滴漏计时工具的建模在美观性、准确性方面仍有改进的空间;④由于技术能力有限,未能做出可以精确计时的古代滴漏计时工具。当前古代滴漏计时工具的实物大多是古代宫廷、显贵流传下来的,现今保存在各地博物馆里。希望通过本项目能够复刻可以工作的滴漏实物模型,也希望如滴漏一类体现了古代人类伟大发明创造的传统科技主题可以应用到教育研究领域,展现科技教育资源创新开发的新图景。

第 9 章 阀门的项目学习与探究实践

9.1 阀门的简介

阀门是在流体系统中用于控制流体的方向、压力和流量的装置,这也是"阀"的定义。阀门能够让配管和设备内的介质流动或停止,并能控制介质的流量。被控制的介质可以是液体、气体、气液混合体或固液混合体(张红岩,2008)。

阀门具有导流、截止、节流、止回、分流或溢流卸压等功能。用于控制流体的阀门,从最简单的截止阀到极为复杂的自控系统中的阀门,其品种和规格繁多。

阀门通常由阀体、阀盖、阀座、启闭件、驱动机构、密封件和紧固件等构件组成(图9.1)。阀门的控制功能依靠驱动部件或流体驱使启闭件升降、滑移、旋摆或回转运动以改变流道面积的大小来实现(侯永坤,2021)。

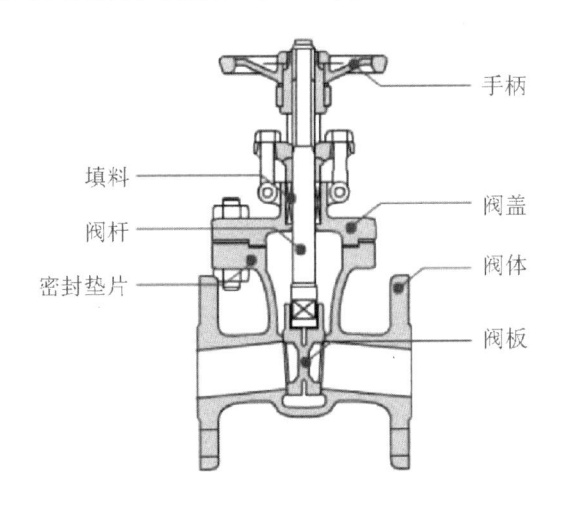

图 9.1 阀门的基本结构

9.2 阀门相关的中小学课程标准内容及教育价值

9.2.1 中小学课程标准中关于阀门结构的内容要求

以《义务教育科学课程标准》(2022版)与高中通用技术相关教材的内容为基础,结合各学科内容,选定阀门作为研究主题,教育对象主要是中小学生。因为随着我国科技水平不断提升,科技事业突飞猛进,国家的发展更多依靠具备跨学科能力的创新型科技人才,而中小学生作为国家的后备人才,无疑是科技创新教育的主要目标人。阀门的研究与开发涉及物理、生物、工程和信息技术等多个学科知识。在阀门的解构与重构中,将各个学科知识整合,实现跨学科的开发与创新,更利于培养学生的创新意识与科学思维,提高学生的核心素养。

9.2.2 阀门开发的教育价值

与实际生活相联系。阀门的用途广泛,种类繁多,如闸阀、减压阀、球阀等。让学生体验阀门相关的综合主题,可将实际生活与科学课堂相联系,提高学生的学习兴趣。

与工程技术相联系。开发以阀门为主题的科技教育课程资源,可以让学生将阀门与工程技术等跨学科知识相结合,培养学生的实践探究能力。

与科学史相联系。阀门的研究具有悠久的历史,最早可追溯到远古时代。向学生介绍阀门的科学历史,不仅可以增进学生对阀门相关的科学知识与科学方法的了解,还可以增进学生的科学史学习兴趣和家国情怀。

9.3 阀门的溯源

9.3.1 远古时代及古罗马时期

远古时代,人们为了调节河流或溪流的水流量,会使用大石块或树干来阻止水的流动或改变水的流动方向。从公元前312年古罗马人修建第一条水道开始,浩荡的水利工程几乎覆盖了整个古罗马的历史。在如今保留较为完整的古罗马时期遗址中,人们首次发现了现代柱塞阀、旋塞阀和逆止阀的雏形。

9.3.2 战国时期

我国历史上对于阀门的应用比古罗马稍晚一些。战国时期,著名的水利工程专家李冰在成都平原开凿盐井取卤(天然盐)时,曾以细竹作汲卤筒,卤筒套管内,筒底以熟皮作启闭阀门,一筒可汲卤数斗。井上竖大木架,用辘轳、车盘提取卤水,并将空竹桶放在一端,装上木制的柱塞阀,防止走漏,再把竹子放入井中汲卤以制盐(吉成名,1991)。

9.3.3 文艺复兴时期

文艺复兴时期,达·芬奇设计了很多灌溉、沟渠和水利项目,并且大量使用了阀门,其中许多项目直到现代也依然在其设计的基础上沿用。随着欧洲的科学技术开始进入蓬勃发展的阶段,金属阀门逐渐得到应用,可以说达·芬奇的阀门设计是现代阀门的雏形。

9.3.4 第一次工业革命

阀门的现代工业历史与工业革命并行。1712年纽科门发明了第一台工业蒸汽机，对蒸汽机的运行提出了控制要求。1765年瓦特开始对蒸汽机进行改良，在蒸汽机上使用旋塞阀、安全阀、止回阀和蝶阀（江玉安，2016），使阀门正式进入机械工业领域。

瓦特改良蒸汽机标志着阀门在工业上开始大量应用。18~19世纪，蒸汽机在采矿、冶炼、纺织、机械制造等行业迅速得到推广，对阀门数量和质量的需求日益增加，因此又出现了滑阀。瓦特还发明了第一台调节转速的控制器，其后，人们越来越重视对流体流量的控制。而相继出现的带螺纹阀杆的截止阀和带梯形螺纹阀杆的楔式闸阀，则是阀门开发历史上的重大突破。这两类阀门的出现不仅满足了当时各个行业不断提高的对阀门压力和温度的控制需求，并且初步满足了对流量调节的需求。

之后，阀门的发展进入近现代化工业发展时代。

9.4 阀门的分类研究

阀门的分类如图9.2所示。

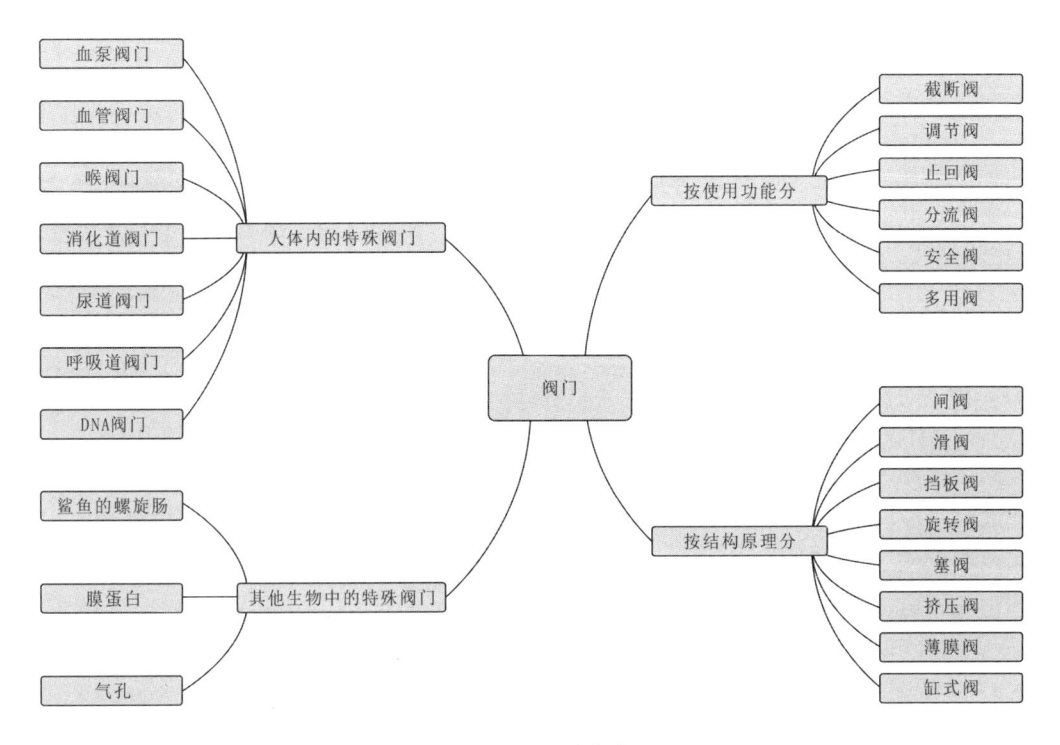

图 9.2 阀门的分类

9.4.1 按阀门的使用功能分类

阀门按使用功能可分为如下类型（图9.3）。

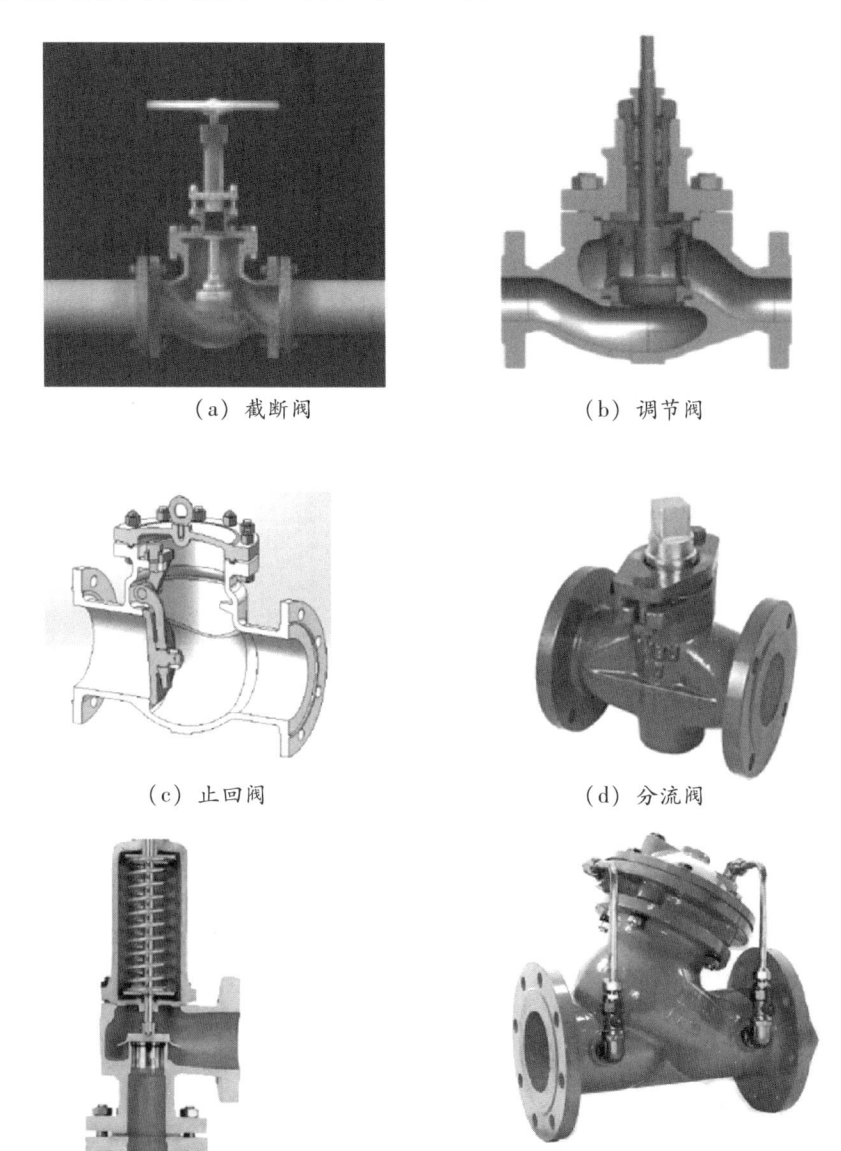

(a) 截断阀　　　　　　(b) 调节阀

(c) 止回阀　　　　　　(d) 分流阀

(e) 安全阀　　　　　　(f) 多用阀

图9.3 按使用功能分类的阀门

1. 截断阀

截断阀主要用于截断流体通路，其中包括截止阀、闸阀、旋塞阀、球阀、蝶阀、隔膜阀、夹管阀等。

1）截止阀

优点：结构简单，制造和维修比较方便，工作行程小，启闭时间短，密封性好，密封面间摩擦力小，使用寿命较长（张智贤等，2022）。

缺点：流体阻力大，开启和关闭时所需力较大，不适用于带颗粒、黏度较大、易结焦的介质，调节性能较差。

应用场所：需调节流量或压力，但对调节精度要求不高且管路直径较小的设备。

2）旋塞阀

优点：启闭迅速、轻便，流体阻力小，结构简单，相对体积小，重量轻，便于维修，密封性能好，不受安装方向的限制，介质的流向可任意（项光弟，2022）。

应用场所：煤气、天然气、暖通系统的管道和设备。

3）蝶阀

优点：启闭方便、迅速且省力，结构简单，外形尺寸小，结构长度短，体积小，重量轻，适用于大口径的阀门，调节性能好，全开时阀座通道有效流通面积较大，流体阻力较小。

缺点：使用压力和工作温度范围小，密封性较差。

应用场所：大口径阀门等。

4）球阀

特点：流动阻力小，结构简单，体积小，重量轻，密封面的材料通常选用塑料且密封性好，操作方便，开闭迅速，便于远距离控制，维修方便，密封圈一般都是活动的，拆卸更换方便，全开或全闭时，球体和阀座的密封面与介质隔离，介质通过不会引起阀门密封面的侵蚀。

应用场所：低压、小口径管道上用于截断水流和改变水流的分配或需快速启闭的场所，如水龙头。

2. 调节阀

调节阀主要用于调节流体的压力、流量、温度和液位等，包括减压阀和浮球调节阀等。调节阀是最终控制元件最广泛使用的形式。

3. 止回阀

止回阀是启闭件借助介质作用力自动阻止介质逆流的阀门，属于自动阀类，主要用于介质单向流动的管道上。常见止回阀有蝶式、旋启式、升降式、轴流式等（赵欢欢，2020）。

优点：能阻止内部介质倒流，避免介质倒流污染其他介质，如自来水管的止回阀就可以防止自来水被污染，还可以防止自来水流向外管。

缺点：由于流体阻力大、阀体内介质通道比较曲折，容易造成能量损失，可能影响内部介质的水压和流量。

应用场所：高层建筑给水管网、有一定化学腐蚀性介质的管网、污水管网、给排水系统、生活用水管网等。

4. 分流阀

分流阀用于分配流体的通路去向，或将两相流体分离，包括滑阀、多通阀、疏水阀等。

5. 安全阀

安全阀是一种自动阀门，在运行过程中不需要借助任何外力，通过承压设备本身的压力就能起到保护承压设备的作用。当承压设备的压力超过预定值以后，安全阀就会自动开启，排放出一定数量的介质，从而起到保护承压设备的作用。

6. 多用阀

多用阀是具有两种或两种以上功能的阀门，如截止止回阀既能起断流作用又能起止回作用。

9.4.2 按阀门的结构原理分类

1. 闸阀

启闭件（闸板）在阀座密封面上做相对往复运动，以此达到控制流体的作用的装置，称为闸阀。闸阀由水渠的闸门演变而来。现今最典型的阀门就是闸阀，主要包括平板式和楔式。

优点：流动阻力小、启闭时较省力；介质可向两侧任意方向流动；易于安装；闸阀通道两侧对称。

缺点：一般闸阀都有两个密封面，加工制造较截止阀更为复杂；外形尺寸大，所需安装空间大，大口径闸阀尤显笨重；密封面间有相对摩擦，磨损较大，密封面磨损后修理不方便；阀门启闭时间长。

应用场所：通常应用于开启 - 关闭场合，不能用于节流。

2. 滑阀

启闭件沿密封柱面轴心做相对直线运动以达到控制流体的作用的装置，称为滑阀。

优点：解决了启闭件自身运动力的大小受所控流体压力值影响的问题，从而提高了控制高压流体的能力、阀门的动态特性、自动化控制能力和多路控制能力。

缺点：存在内漏和抗污能力差的问题，这限制了滑阀的使用范围。

应用范围：主要用于液压和气动方向的阀门。

3. 挡板阀

为了方便加工，启闭件的形式现今多为锥形和球形。

优点：耐高压，密封性能好（常规条件下），能精确控制流量。

缺点：密封不稳定（高温高压下），阀座易被腐蚀。

应用范围：由于提高了控制流体压力的能力，在液压、气动系统、真空仪表领域应用较多。

4. 旋转阀

启闭件沿阀座密封曲面轴心做相对旋转运动以达到控制流体的作用的装置，称为旋转阀。典型的旋转阀有旋塞阀和球阀。旋转阀大大提高了控制流体压力和多通道同时转换的能力（赵全庆等，2002）。

特点：①流通能力强，旋转阀的容量是相同尺寸直行程阀的 2~3 倍。②抗浊气，其阀芯可以吸收部分多余的能量，明显地降低气蚀及相关问题。③无泄漏，在旋转阀中阀杆不做任何进出移动，而做旋转运动，从而可不伤害填料，避免外泄漏。④运转平稳，旋转阀可以均匀、连续地输送物料，运转过程噪声低。⑤可调范围大，旋转阀可以提供较直行程阀约 5 倍宽的可调范围。

应用范围：在大型的炼油工业和化工装置中得到广泛应用。

发展趋势：旋转阀未来的发展方向是通过改进阀座的设计及阀座的材质来提高阀门的性能，减少阀门的外泄漏等。具有控制和定位作用的智能阀门会因为制造商降低成本并提高生产效率而拥有越来越广阔的市场。

5. 塞阀

启闭件（塞子）穿过阀座密封环面，但又不在密封环面上做相对运动，从而达到控制流体的作用的装置，称为塞阀。

优点：耐高压，耐腐蚀，密封性能好。

缺点：结构相对复杂，启闭速度慢且不适合频繁操作。

6. 挤压阀

由阀体、启闭件和阀座合为一体，通过形体变形，从而达到控制流体的作用的装置，称为挤压阀，现多应用于控制超洁净的液体、气体和其他流体，如医药用的管夹阀，控制泥浆的挤压阀、管夹阀等。这种阀门随着多种弹性材料的应用迅速发展，从而得到现代流体控制领域的高度关注。

优点：挤压阀结构简单且易控制，还可以根据具体要求来操作，就地或远距离进行自动化控制。阀门通道和控制介质空间处于完全隔离状态，不会导致内外泄漏。挤压阀使用了高质量增强帘布橡胶管套，可以经受高频率的启闭作业，而且耐酸、碱及各种化学物质，具有优异的耐磨性能和耐腐蚀性能，使用寿命特别长。挤压阀的安装没有方向性，管道也无须人工清洗，即使橡胶内衬套损坏，也可以快速更换。

应用范围：在工业中常有一些含颗粒、粉末、纤维、黏浆等磨损性固体或液体的产品需由管道输送，挤压阀是较佳选择。

7. 薄膜阀

薄膜阀的机制是当向气室输入一定信号压力后，薄膜推动推力盘向上（下）移动，压缩弹簧，带动推杆、阀杆和阀芯向上（下）移动，使阀芯离开阀座，从而保持压缩空气流通。当信号压力保持定值时，阀门就维持在一定的开度上（李磊，2017）。

优点：执行机构结构简单，使用时可靠性强，在运行中不产生电火花，因此一些易燃环境下常采用气动薄膜调节阀。此外，在某些存在腐蚀气体或特别潮湿的环境条件下也常使用薄膜阀。

缺点：膜片能承受的压力较低，最大膜室压力不超过 250kPa，并且弹簧要抵消绝大部分的压力，余下的输出力就很小了。

应用范围：在医疗、化工、生物、水处理等行业中常用薄膜阀调节流量大小，适用于对气体、液体等介质的控制。

8. 缸式阀

启闭件不穿过阀座密封面运动，阀座通道截面上的流体作用力不作用在启闭件启闭方向上，从而达到控制流体的作用的装置，称为缸式阀。缸式阀有一个缸式阀芯和一个环形阀座。缸式阀是一种既有别于现有各类阀门，而又集各种阀门的控制方式于一体的新型阀门。

优点：理论上，缸式阀阀芯的启闭不受进口工作介质压力的影响。不论进口压力的大小，阀芯都可以轻松启闭，从而可以采用各种控制方式进行操作。缸式阀既可以用作卸荷阀，也可以用作排放阀。

应用场所：石油化工系统、一般工业液压系统和卫生设施中。

9.4.3 人体内的特殊阀门

人体内的特殊阀门分为血泵阀门、血管阀门、喉阀门、消化道阀门、尿道阀门、呼吸道阀门、DNA 阀门 7 种类型（阿美，2005）。

1. 血泵阀门——心脏瓣膜

心脏内有多个瓣膜，如二尖瓣、三尖瓣、肺动脉瓣和主动脉瓣等。瓣膜能顺血流而张开，逆血流而关闭，以保证心腔内血流的定向流动。风湿病、高血压、先天性畸形等病症会导致瓣膜增厚、粘连、变形，引起瓣膜狭窄或关闭不全，使瓣膜的阀门作用失效，从而使得心脏功能受损（为生，1999）。

2. 血管阀门——静脉瓣

静脉瓣是静脉内壁的皱襞，呈半月状，具有防止血液逆流、改变血流方向的作用。常见的下肢静脉曲张就是静脉瓣功能障碍所引起的。

3. 喉阀门——会厌

咽喉部是消化道和呼吸道的岔路口，人能够正常地呼吸空气和吞咽食物，就是会厌在起作用。边吃东西边说话容易使会厌不能完全盖住喉入口，导致食物进入气管引起呛咳，严重时还会堵塞气管，甚至危及生命。

4. 消化道阀门

食道和胃的连接处有一段 4~6 厘米长的"压力阀门"（贲门），可形成压力屏障，阻止胃内容物逆流到食道。胃与十二指肠的连接处有一个幽门瓣，能控制从胃向十二指肠排出的食糜量，并能防止十二指肠内容物倒流进入胃。总胆管和胰管汇合处有一个膨大的壶腹形阀门，可控制胆囊贮存胆汁，也能管理胆汁、胰液向肠内排出，并阻止十二指肠内容物倒流。小肠和大肠之间有一个双重阀门，一个是环形的回盲括约肌，另一个是由两片唇形瓣膜构成的回盲瓣，它们能防止小肠内容物过快进入大肠，有利于内容物的消化和吸收，并能阻止大肠内容物倒流回小肠来（卢小燕，2017）。消化道最后一个阀门是肛门括约肌。

5. 尿道阀门——尿道括约肌

尿道括约肌是一种环形的肌肉组织，分布于尿道，它通过肌肉的收缩和舒张来控制尿道的关闭和开启，类似于水龙头通过开关控制出水和关水。尿道括约肌受大脑皮层控制，如果失灵，会引起尿潴留、尿失禁、遗尿症等。

6. 呼吸道阀门——肺泡

肺泡是由单层上皮细胞组成的半球状囊泡。细支气管的末端膨大成囊，囊的四周有很多突出的小囊泡，即为肺泡。肺泡是肺部气体交换的主要部位。吸入肺泡的气体进入血液后，静脉血就变为含氧丰富的动脉血，并随着血液循环输送到全身各处。肺泡周围毛细血管血液中的二氧化碳则可以透过毛细血管壁和肺泡壁进入肺泡，通过呼气排出体外。

7. DNA 阀门

DNA 阀门类似于控制液体流经管道速度的阀门，用以调节 DNA 从一个区域到另一个区域的细胞过程的流动。它解决了 DNA 中编码信息的读取，特别是控制细胞过程沿 DNA 的流动的问题，为信息在 DNA 中的编码提供了新视角，并提供了形成可持续生物技术的新工具。

9.4.4 其他生物中的特殊阀门

根据阀门的结构和定义，可以发现其他生物体中也具有特殊阀门：鲨鱼的螺旋肠、膜蛋白、气孔。

1. 鲨鱼的螺旋肠

鲨鱼的肠道以螺旋状的方式输送食物，而不需要肌肉来推动食物。鲨鱼的肠道有一种特殊的结构——螺旋瓣，螺旋瓣存在于螺旋肠中，由黏膜特殊排列形成。螺旋瓣令食物在回肠中呈螺旋状运动，增加了上皮组织的吸收面积，延长了食物在肠道中停留的时间。同时，螺旋瓣发挥着类似于特斯拉阀的作用，保证食物只能在肠道中单向流动。

2. 膜蛋白

生物膜中的蛋白质不仅是膜的主要成分，更是使膜发挥各种生理功能的物质基础，因此它的种类繁多，按其生理功能可分为酶、转运蛋白、受体等。

1）酶

酶是由活细胞产生的、对其底物具有高度特异性和高度催化效能的蛋白质或 RNA。酶是一类极为重要的生物催化剂。由于酶的催化作用，生物体内的化学反应在极为温和的条件下也能高效和特异地进行。

2）转运蛋白

转运蛋白是膜蛋白的一个大类，介导生物膜内外的化学物质以及信号交换。离子和一些小分子有机物（如葡萄糖、氨基酸等）不能自由地通过细胞膜；而镶嵌在膜上的一些特殊的蛋白质，能够协助这些物质顺浓度梯度跨膜运输，这些蛋白质称为转运蛋白。转运蛋白可以分为载体蛋白和通道蛋白。

3）受体

受体是一类存在于细胞膜或细胞内的，能与细胞外专一信号分子结合进而激活细胞内一系列生物化学反应，使细胞对外界刺激产生相应效应的特殊蛋白质。与受体结合的生物活性物质统称为配体。受体与配体结合即发生分子构象变化，从而引起细胞反应，如介导细胞间信号转导、细胞间黏合和胞吞等过程。

3. 气孔

气孔是叶、茎及其他植物器官表皮上特有的结构，由成对的保卫细胞围成，气孔的开闭受保卫细胞的控制。气孔是植物进行体内外气体交换的重要门户，水蒸气、二氧化碳、氧气共用气孔这个通道。气孔的开闭会影响植物的蒸腾、光合、呼吸等生理过程。

9.5 阀门的创新开发与实践探索

在设计创新方面，我们设计并制作了部分简易阀门，进一步了解了阀门的内部结构，随后进行了三个项目的创新开发、设计与制作，分别是自动浇花器、自动感应阀门和手机蓝牙控制水阀。

创新开发、设计与制作阀门的过程中使用的编程软件主要有 Arduino 和米思齐（Mixly-Arduino）。

Arduino 由大卫·奎提耶斯（David Cuartielles）和马西莫·班兹（Massimo Banzi）等联合开发，是一个基于开放原始代码的 Simple I/O 平台。该平台由两部分组成：硬件（包括微处理器、电路板等）和软件（包括编程接口和语言）。平台上这两部分都是开源的，使用者可以根据需要下载平台上的图表，或购买需要的所有独立部件，或切割电路板并制作一个电路板。Arduino 具有类似于 Java 和 C 语言的开发环境，可以作为独立于其他软件通信的平台，使用者可以使用 Arduino 语言与 Flash、Processing、Max/MSP 或其他互动软件等完成互动作品。此外，Arduino 还能够使用开发完成的电子元件，如 Switch、Sensors（或其他控制器）、LED、步进电机或其他输入输出装置等（蔡睿妍，2012）。

米思齐是一款由北京师范大学教育学部傅骞教授团队开发的图形化编程软件。由于目前全国 Arduino 的广大学生用户使用的编程软件基本都是 Arduino IDE 和 ArduBlock 可视化编程插件，为了简化 Arduino IDE 和 ArduBlock 可视化编程插件的双窗口界面，为使用 Arduino 的学生用户提供一个界面简洁易用、功能丰富的编程软件，傅骞教授团队基于 Blockly 和 Java 8 开发了米思齐这款图形化编程软件。经测试，米思齐可以在 Windows 7 等操作系统上稳定运行（郑祥，2015）。

9.5.1 简易阀门的设计与制作

通过查阅相关文献，我们发现阀门大部分是金属材质或 PVC 材质的。这种材质的阀门内部结构精巧，制作过程复杂，适用于各种工业场景。但这种阀门无法应用于科学课堂，很难让学生在动手过程中理解阀门的主要构造与科学原理。为实现"做中学"的教学效果，我们在阀门的材料与结构上进行简化，以便让学生在科学课堂上能直观地体验与理解阀门的原理。

经过不断的尝试与探索，我们最终制作了注射器弹簧单向阀、简易打气筒、简易滑阀三种不同类型的阀门。

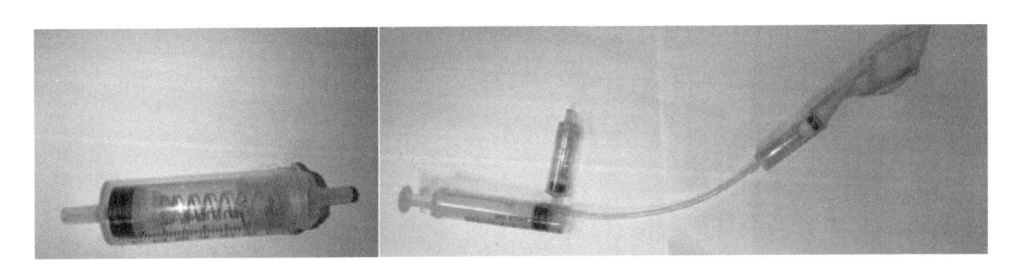

1. 注射器弹簧单向阀

注射器弹簧单向阀是在启闭件的类型上进行改进制得的，通过使用弹簧作为启闭件来实现液体的单向流动。注射器弹簧单向阀的弹簧内芯的一头与注射器的移动塞相结合，另一头自由活动，通过注射器压缩空气，使移动塞随之运动从而带动弹簧内芯伸缩，液体便可以流动（图 9.4）。

图 9.4 注射器弹簧单向阀

1）制作材料

注射器（直径为 15mm、12mm 的各一个）、弹簧、热熔胶枪。

2）制作过程

（1）修剪直径为 12mm 的注射器的移动塞，使其与弹簧相连。

（2）将连接后的部分放入直径为 15mm 的注射器套筒内。

（3）将直径为 12mm 的注射器带头部分剪断，放入（2）制作的装置中，用热熔胶密封。

2. 简易打气筒

制作简易打气筒只需使用注射器、塑料导管、单向阀、导气筒、气球共五种材料,在材料种类上进行了简化;其内部有一个单向阀,单向阀制作简便,简化了阀门的结构(图 9.5)。简易打气筒内部的单向阀只允许物体(如气球、轮胎)外部的空气进入,而无法让充入的气体排出,这样就实现了充气的效果。

图 9.5 简易打气筒

1)制作材料

注射器、气球、塑料导管、2 个单向阀、导气筒。

2)制作过程

(1)将注射器与 2 个单向阀相连(2 个单向阀的出气方向不一样)。

(2)用导气筒连接出气的单向阀。

(3)连接气球与导气筒。

3. 简易滑阀

简易滑阀由注射器、吸管和橡胶垫片三种材料制作而成(图 9.6),其也在材料上进行了简化,利用圆柱形阀芯在阀体或阀套内轴向移动,打开或关闭阀口的液压来控制阀。

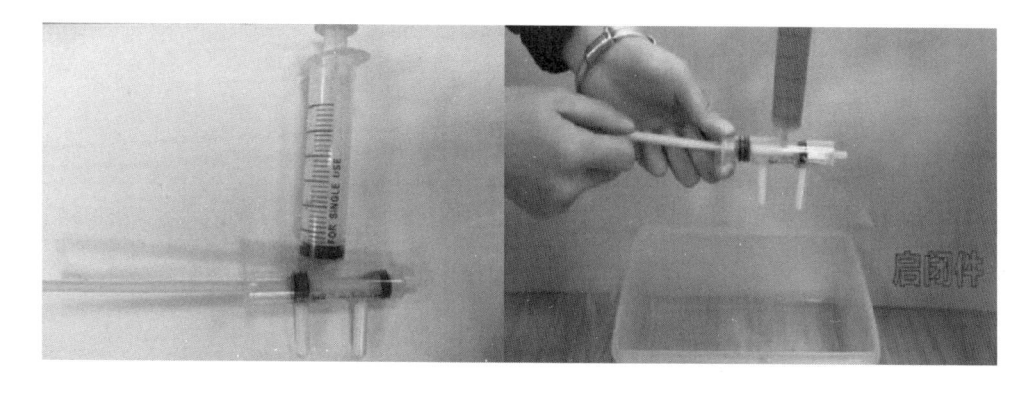

图 9.6 简易滑阀

1)制作材料

30mL 注射器 1 个、20mL 注射器 1 个、内径 7mm 的吸管 1 个、6 分橡胶垫片(外径

24mm、内径 14mm、厚度 3.1mm）2 个。

2）制作过程

（1）制作滑阀启闭件：在吸管上插入 2 个一定间距的橡胶垫片。

（2）在 30mL 注射器上等分距离钻 3 个孔：上端的孔恰好可使 20mL 注射器穿过，下端平行的 2 个孔恰好可使吸管穿过。

（3）将弹簧与 30mL 注射器前端相连。

（4）将启闭件插入打孔的 30mL 注射器。

（5）将吸管、20mL 注射器插入打好的孔。

9.5.2 自动浇花器

手动浇花费时费力，还有可能忘记浇花。将单片机与静音水阀组合，通过编程软件，根据不同植物生长所需的湿度设置条件，可实现自动浇水。

自动浇花器将土壤湿度检测器与水阀结合，通过单片机设置土壤湿度检测器的数值范围来触发 Nano 板的供电（刘明，2020），从而控制水阀的启闭状态。自动浇花器的主要功能是检测土壤的湿度，并通过控制水阀的启闭实现自动浇水。

1）制作材料

自动浇花器制作材料见表 9.1。

表 9.1 自动浇花器制作材料表

名称	型号	数量
Nano 板	2cm×4cm×3cm	1
传感器元件	DC 3.3~12V	1
静音水阀	4cm×6cm×5cm	1
继电器	1 路 5V	1
土壤湿度检测器	52mm×43mm×16mm，湿度范围为 20%~99%	1
导管	3mm×5mm×70mm	1
拓展板	4cm×6cm	1
杜邦线	20cm	若干

2）制作过程

（1）将各个元件相连，完成实物连接，主要部分如图 9.7（a）所示。

（2）使用米思齐软件进行编程，如图 9.7（b）所示。

（3）设置土壤湿度检测器的检测范围，设定开始浇水的湿度值。

（4）将编写好的程序上传到单片机。

（5）完成实物电路检测。

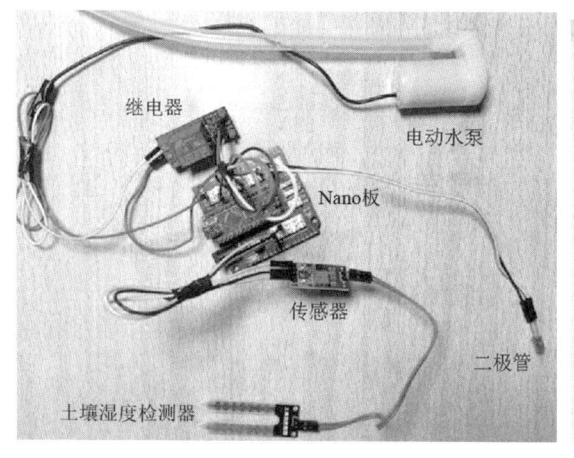

(a) 实物连接图　　　　　　（b) 编程图

图 9.7　自动浇花器的制作

9.5.3　自动感应阀门

家用水龙头需要手动打开，使用不方便；而感应水龙头又价格昂贵，故可以将普通水龙头进行改装，达到感应出水的效果。

结合单片机实现阀门的自动启闭，将超声波传感器（刘素京，2018）、单片机与电磁水阀结合，使用米思齐编程设置条件：当超声波传感器测距小于 20cm 时，水阀自动开启；当测距大于 20cm 时，水阀关闭，感应距离可根据具体情况设置。自动感应阀门装置可拆卸，可以安装并应用于不同的水龙头。

1）制作材料

自动感应阀门制作材料见表 9.2。

表 9.2　自动感应阀门制作材料表

名称	型号	数量
超声波传感器	HC-SR04	1
UNO 开发板	75mm×54mm	1
电磁水阀	DC 6V 有压力常闭型	1
水龙头快速转接头	4 分橡胶铜接头（14~22mm）	1
	4 分双内丝管	1
继电器	Risym 1 路 5V	1
干电池	1.5V	4
电池盒	4 节装	1
杜邦线	20cm	若干

2）制作过程

（1）将电磁水阀与各电子元件相连，如图9.8（a）所示。

（2）使用米思齐软件进行编程，如图9.8（b）所示。

（3）设置超声波传感器的检测范围，设定电磁水阀感应距离最小值（30cm）。

（4）将编写好的程序上传到单片机。

（5）将电磁水阀安装到水龙头上。

（a）实物连接图　　　　　　　　　　（b）编程图

图9.8　自动感应阀门的制作

9.5.4 手机蓝牙控制水阀

智能手机已经成为人们日常生活中不可缺少的一部分。相比于通过手动或者大型控制台来控制阀门，用手机蓝牙控制阀门更方便，因此将手机蓝牙功能与阀门启闭结合更贴合人们生活的需求。

结合手机的蓝牙功能实现阀门的启闭，需要将手机、蓝牙模块、单片机与电磁水阀结合。运用米思齐进行编程，让蓝牙模块与手机的蓝牙软件进行信号连接，通过手机蓝牙软件操控阀上蓝牙模块的信号输入与输出（李柯，2022），从而控制阀门的启闭状态（图9.9）。相较于其他操控阀门的方式，运用手机控制阀门能克服时间、距离和操作上的困难。

图9.9　手机蓝牙控制水阀

1) 制作材料

手机蓝牙控制水阀制作材料见表 9.3。

表 9.3 手机蓝牙控制水阀制作材料表

名称	型号	数量
蓝牙模块	BLE	1
UNO 开发板	75mm×54mm	1
电磁水阀	DC 6V 有压力常闭型	1
水龙头快速转接头	4 分橡胶铜接头（14~22mm）	1
	4 分双内丝管	1
继电器	Risym 1 路 5V	1
干电池	1.5V	4
电池盒	4 节装	1
杜邦线	20cm	若干
智能手机	—	1

2) 制作过程

(1) 将电磁水阀与单片机各个元件进行连接，主要部分如图 9.10（a）所示。

(2) 在手机上安装蓝牙软件。

(3) 用米思齐软件进行读取蓝牙信息程序的编写并上传，如图 9.10（b）所示。

(4) 检验手机蓝牙软件能否接收到电脑中上传的信息。

(5) 用米思齐软件编写控制继电器通电与不通电的程序，并上传。

(6) 用手机蓝牙软件对阀门进行启闭控制。

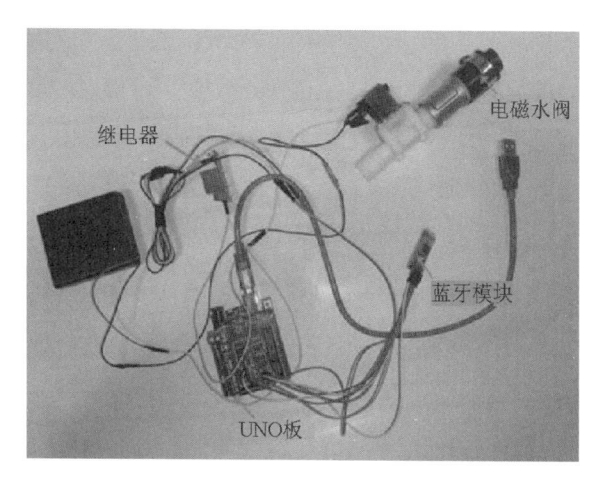

(a) 连接图

```
volatile long i;

void setup(){
  Serial.begin(9600);
  i = 0;
  pinMode(7, OUTPUT);
}

void loop(){
  if (Serial.available() > 0) {
    i = Serial.read();
    switch (i) {
      case '1':
        digitalWrite(7,HIGH);
        break;
      case '0':
        digitalWrite(7,LOW);
        break;
    }
  }
}
```

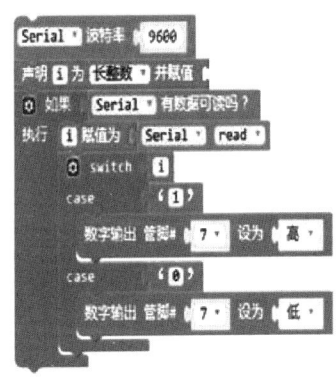

(b) 编程图

图 9.10　手机蓝牙控制水阀的制作

9.5.5 阀门创新的开发重点和难点

阀门开发的重点在于将单片机与水阀结合，案例包括自动浇花器、自动感应阀门、手机蓝牙控制水阀。这个过程需要运用电路的知识，将预想的便捷控制阀门的功能通过实物连接来实现。开发时需要熟练地使用单片机并编程，才可以实现阀门的自动控制，还可以将自动化阀门拓展到其他方面，如智能家居、智能小车等。动手开发阀门的过程可培养学生的创新意识与工程思维，提高学生的核心素养。

阀门开发的难点主要有两个。一是实物的连接。在各项阀门创新设计的过程中，实物的连接需要了解各个模块的功能，包括连接的顺序和启动各个模块所需的电压。例如，所购买的电磁水阀的最低启动电压为6V，但是所使用的单片机的最高供电是5V，因此最初在程序编写无误的情况下，电磁水阀无法启动，使得我们在多次尝试失败后想要放弃。在仔细查阅文献资料之后，我们才弄清楚症结所在，最后通过采用外接电池作为电源给电磁水阀供电，解决了该问题。二是程序的编写。我们虽然之前对编程有所涉猎，但没有进行系统性的学习。因此想要实现单片机对电磁水阀自动启闭的功能，就需要进行相关软件的编程学习。在编程的过程中还需要不断地调试程序，并检查各个端口与所连接的实物是否一一对应。

9.6 阀门的项目学习与探究反思

活动探究课程作为中小学校既有课程的重要补充，与中小学校必修课程相互联系、相互渗透、相互促进,对培养学生的实践能力和创新精神具有重要的作用。但是,当前很多中小学校开展的课程仍仅仅停留在必修课,这使得对个性差异较大的青少年的培养存在针对性不足、实效性不强、操作性不够等问题,影响了学校育人功能的实现。要解决这一问题,合理科学地开发课程资源显得尤为重要。

科技教育项目学习资源开发能够转变科技课程教师的角色,促进教师自身的专业发展,提高教师开发课程资源的整体素养;科技教育项目学习资源开发也能激发学习主体的能动性,培养学生的实践探究能力和创新意识;科技教育项目学习资源开发还能丰富课程及教材内容,完善探究实践活动的形式,增添教学的活力与创造力。教师需要从新课程改革的教育理念和教育背景上认真研究开发策略。同时,教师还要从传授者视角进行角色转化,成为学生学习的促进者、引导者,成为科技教育项目学习资源的学习者和研究者。教师要学会创设各类真实的教学情境,并开发各类科技教育项目学习资源,引导学生将知识学习转化为能力与素养的提升。

在科技教育项目学习资源开发过程中,我们感受到了自身的成长与蜕变,对科技教育项目学习资源开发的方向也越来越清晰。我们曾认为项目学习资源开发是一件比较遥远的事情,自身没有能力完成。但经过持续不断的探索与实践后,我们认识到开发与创新项目学习资源已成为每一位职前教师所必备的专业能力。高质量、有创新的项目学习资源,能使学生摆脱被动地接受知识的状态,能让教师更好地帮助学生开展研究性学习、探究性学习、项目化学习和合作性学习等。提高科技教师的专业能力需要重视项目学习资源的开发与创新,要注重日常的教学反思、文献搜集、专题整合等,从而在教与学的过程中有机整合各类科技教育资源,在强化日常教学工作的同时不断发现问题并解决问题,为解决新问题保持持续探究。在螺旋式上升的研究、学习、实践、再研究、再学习、再实践过程中,教师需要不断地整合自身的知识结构,扩展研究视野,提升创新意识与开发能力,让攻坚克难的喜悦与持续不断的探索成为自身不断进取、始终保持饱满工作热情的不竭动力。

第 10 章 开关的项目学习与探究实践

10.1 开关的简介

开关意为开启和关闭,也指一个可以使电路开路、电流中断或使电流流到其他电路的电子元件。最常见的开关是可操作的机电设备,有一个或数个电子接点。开关闭合表示电子接点导通,允许电流流过;开关开路表示电子接点不导通,不允许电流流过。此外,常见的开关还有照明开关、按钮开关、闸刀开关、铁壳开关和组合开关。

10.2 开关相关的中小学课程标准内容及教育价值

10.2.1 开关相关的中小学课程标准内容要求

开关在物理、生物、化学学科的相关反应过程中起到了重要的承上启下作用,每个学科对于开关的学习有不一样的内容目标。

1. 物理学科

在物理学科中,开关是控制电路通断的重要元件,是学生认识简单电路的重要一环。学生需要了解如下知识:①电路是包含电源在内的闭合回路,电路的通断可以被控制;②材料有容易导电和不容易导电之分;③电是重要的能源,但也具有危险性,学生要树立安全用电的意识;④电源、导线、用电器和开关是构成电路的必要元件,了解形成电路的条件;⑤切断闭合回路是控制电路的一种方法。在简单电路的工程设计中,为实现设计效果,会使用到多开关电路。开关的通断情况改变了电路结构,使问题复杂化,这是初中物理电路教学的一大难点。针对这个难点的教学,教师可结合实际,让学生自己搭建电路,通过开关对电路进行通断控制,在实操过程中对电路中的每一环节都形成深刻的认识。

2. 生物学科

在生物学科中,"开关"非常广泛,涉及内容包括生物体内环境的调节、基因的遗传和蛋白质的合成。学生需要了解激素、碱基等特殊"开关"在生物反应中的重要作用,认识到维持内环境的稳态调节和遗传信息的正常传递是人类正常生活的基础。教师在教学过程中要运用图示和模型等,解释内环境为机体细胞提供适宜的生存环境并与外界进行物质交换；结合日常生活中的情境，分析说明人体通过神经系统、内分泌系统和免疫系统的调节作用对内外环境的变化作出反应，以维持内环境稳态；帮助学生认识上述每个环节都是人类正常生活不可缺少的。在信息遗传的课程中学生需要学习有关概念、原理、规律和模型，应用有关知识分析和解决实际问题，体验科学家探索生物生殖、遗传和进化的过程，认识基因这一特殊"开关"在生殖、遗传中的作用机理。

3. 化学学科

在化学学科中，"开关"在化学能转变为电能的过程中，存在着特殊的机理，如电解池、电解液及其他金属或非金属材质对化学能转化都起着至关重要的作用。学生在有关电化学的课程中需要学习：①辨识化学反应中的能量转化形式，解释化学反应中能量变化的本质；②分析、解释原电池和电解池的工作原理，设计简单的原电池和电解池；③列举常见的化学电源，并利用相关信息分析化学电源的工作原理；④利用电化学原理解释金属腐蚀现象，选择并设计防腐措施；⑤列举、描述、辨识典型物质重要的物理性质、化学性质和实验现象。

10.2.2 相关的教学案例分析

孙奋海（2007）在《简单电路》教学设计中，针对小学科学教学要求进行了开关的制作教学，主要利用实物实践的课堂方式开展教学。学生在认识开关的材料之后，就自己动手设计制作开关，最后完成一个简单的线路连接操作，将线路的小灯泡点亮，完成本节课的内容教学。在小学课堂上，课堂实践的教学方式是教学的一个亮点，这种方式更容易让学生认识教学知识点及内容，也能够激发学生对探究的欲望，可以更好地达到教学目标。

李建（2018）在《家庭电路》创新教学设计中让学生用电笔去体验开关在电路中的作用，并让学生了解开关闭合和断开的两种情况下，火线与零线的连接方式对于用电安全有很大的影响。知识的意义不应该止步于教学和考试，更是要将知识应用于实践，此设计就很好地将这个道理应用在了教学过程中。

胡仓兵和李密（2021）的"室内电路的设计与制作：双控开关电路"教学设计案例富有创新性。传统教材的单元通常按照知识体系独立成章，单元内的每节内容都由单个知识点组合而成，碎片化的知识点组成单元内容。"大单元教学"是指在 STEM-PBL 教学理念指导下，以学科核心素养为目标，通过"系列任务和核心知识形成的大问题、大项目"组织或结构化要学的知识、技能、问题、情境、活动和评价等，使之成为一个完整的学习故事或事件。系列任务是指基于真实情境的、由一个个彼此相关又呈现某种内在逻辑关联的多个任务组成的"任务群"。为了探索 STEM-PBL 在初中物理教学中的应用，该案例在大单元视角下以 STEM 和"做中学"为理论指导，借助 PBL 教学法，设计"室内电路的设计与制作：双控开关电路"的教学案例，进行实践研究。该教学设计案例可以实现学生"做中学",教师"做中教",促进学生构建物理观念,发展科学思维,形成科学态度,最终达到培养物理核心素养的目的。大单元视角下的 STEM-PBL 教学案例研究是落实立德树人、发展核心素养、深化课程改革的必然要求,也是落实学科核心素养培养的关键途径。将 STEM-PBL 学习模式有机融入物理教学,既是一次有益尝试,也是教学方式和学习方式的一次变革,强烈地激发了学生的内在驱动力,促进了深度学习的发生。大单元视角下的 STEM-PBL 教学真正实现了将核心知识问题化、关键问题情境化、真实情境体验化、深度体验系列化。通过项目任务的开展和完成项目产品,能够真正培养学生的核心素养、创新精神和实践能力。

10.3 开关的溯源

在古代,开关的含义,一是指打开城门、宫门、关隘等的门户。在《逸周书·大匡解》《过秦论》《史记·秦始皇本纪》《续资治通鉴·宋纪·宋纪九十七》与《东周列国志》中均有提及,如"外食不赡,开关通粮""秦人开关延敌,九国之师,逡巡而不敢进""臣愿激合勇义之士,设伏开关,出其不意,扫其营以报"等。二是指开启和关闭。在《儿女英雄传》第三十五回中有"紧接着便听得外间的门风吹的开关乱响,吓得个娄主政骨软筋酥"。

到了近现代,开关指电器装置上接通和断开电路的设备,也指设在流体管道上控制流量的装置,如油门开关和气门开关等。

汇总上述开关的定义,本书总结形成开关的新定义:在一个反应过程中起到承上启下作用的物质,称为开关。

10.4 开关的相关研究

汤莉莉等(2013)利用 AT89S52 单片机进行可编程控制。该研究结合外围光敏电阻、声敏元件、LED 等,实现了声光控路灯控制器自动控制、人性化控制以及精确延时控制,降低了硬件生产成本,提高了系统的可靠性和稳定性,延长了灯的使用寿命,达到了节电的经济目的。

李卓然(2019)通过算法对信号进行处理,同时解决了现有的声控开关受环境噪声和麦克风灵敏度不同带来的不良影响。在改良的声控开关的使用中,如果环境噪声减小,则声音触发灵敏度自动提高,保证声控开关具有良好的灵敏度;如果环境噪声增加,则声音触发灵敏度自动降低,从而提高抗噪声的能力。

石嘉顺和马重(2007)以 NTC 热敏电阻作为信息的采集对象,与 555 芯片组成多谐振荡器,实现了温度 T 与频率 F 的转换。同时运用软件编程灵活多变的优势,通过对频率变化量的检测,采用线性化处理的方式,最终实现高精度控制温度可调的温控开关的设计。

孟宝平等（2020）基于51单片机和传感器，设计了一款具备远程控制功能的红外-声-光控智能开关，完成了原型制作，并将该系统模拟应用于对照明灯及监控摄像头的开关控制。光线充足时，光控开关断开，照明灯不工作；有声音或者外来红外线时，声控开关和红外热释电感应电子开关双闭合，摄像头工作；光线不足时，光控开关闭合，照明灯开启；有声音或活体进入传感范围时，声控开关和红外热释电感应电子开关双闭合，摄像头和照明灯同时工作。同时，用户可以通过蓝牙在手机端对开关实现人为操控。

胡亚赛（2019）将 DNA 开关作为一个核心控制元件，实现了驱动简单的单向式甚至循环式生物电路系统，并对单链 DNA 开关驱动的级联电路进行了构建及性能分析，开发了以单链 DNA 触发开关为核心控制元件的标准化、模块化生物电路构建技术。

张艳秋（2015）以咔唑和芘作为荧光基团，设计并合成了两种新型的光致变色荧光开关分子萘酚吡喃-咔唑（CzNP-SBA-15-NH$_2$）和萘酚吡喃-咔唑-芘（PY-CzNP-SBA-15-NH$_2$），并通过红外光谱、XRD 和元素分析等手段表征了化合物。该研究以磷酸基团为识别位点、1,3,4-噁二唑为荧光基团，合成了一种新型荧光化学传感器，并采用红外光谱、核磁共振对产物进行了表征。

何谐等（2019）研究并建立了一种开关型荧光传感器模型来快速检测生物硫醇。该研究以柠檬酸和尿素为前驱体，通过一锅水热法制备了氮掺杂碳点（N-CDs），并对其进行了表面形貌、紫外光谱、荧光光谱以及表面基团的表征，分别以检测体系 pH、浓度、孵育时间（荧光猝灭和恢复时间）为单因素，优化检测生物硫醇的最佳条件，并在最优检测条件下建立相应的标准曲线。

10.5 开关的具体研究

10.5.1 开关的分类

开关可分为物理电子开关和化学生物开关两大类。物理电子开关可以按照用途、结构和开关数目进一步细分。

1. 物理电子开关

物理电子开关有拨动开关、波段开关、录放开关、定时开关、智能开关、单控开关、双控开关、限位开关、控制开关、转换开关、隔离开关、行程开关、墙壁开关、智能防火开关、微动开关、船型开关、钮子开关、按钮开关、按键开关等。

1）拨动开关

原理：通过拨动开关柄使电路接通或断开，从而达到切换电路的目的（图10.1）。

作用：具有延时、展宽、抗互相影响、可靠性高、工作区域平稳和自确诊等智能化功能。

材料：铁壳（一般为铁）、塑胶手柄（材质一般为POM塑料，如有防火阻燃耐高温要求，则常选用尼龙材料）、端子（一般为磷铜）、绝缘底板（电木板）、接触码片（一般为磷铜）、圆形波珠（一般为不锈钢）、弹弓（青铜）、装饰油（红油或者绿油等化工油中的一种）。

应用：仪器仪表、对讲机、影音产品（MP3）和电脑摄像头等。

特点：含有滑块，动作灵活，性能稳定可靠，体积小，使用寿命长，具有轻快的接触感。

图 10.1　拨动开关实物图

2）波段开关

原理：波段开关是电路中的一种接插元件，主要用于转换波段或选择性连接不同电路（图 10.2）。将电源开关闭合，按下按钮开关，晶体二极管导通，继电器吸合，同时电源对电容器 C 充电。当按钮断开后，C 充电并通过 R 放电，维持三极管导通和继电器吸合。当 C 电压降至无法维持三极管导通时，继电器释放。从断开到继电器释放的时间为延时时间。受 R 和 C 影响，一般 C 为 100 微法时，R 可调范围可获 10~90 秒的延时。

作用：改变接入振荡电路的线圈的圈数。

材料：高频瓷、环氧玻璃布胶板、纸质胶板。

应用：收音机、录音机、电视机和各种仪器仪表。

特点：换位时动接点先断开前接点，再断开后接点，其间有一个与前后接点都断开的状态；或者换位时动接点有一个与前后接点都接触的状态，之后再断开前接点，与后接点保持接触状态。

图 10.2　波段开关实物图

3）录放开关

原理：用于转换录音机工作状态的开关。录放开关有放音和录音两种工作状态，放音时，开关置于播放声音状态；录音时，按下录音机的录音键，便可带动录放开关的操作柄，完成工作状态的转换。

应用：录音机的录音与放音。

类型：机械式和电子式。

缺点：不能通过人体接触直接操作。

4）定时开关

原理：在一段时间内使电路开路、电流中断或使电流流通到其他电路中的电子元件（图10.3）。机械式定时开关的原理是旋动转轴时压紧发条，松开后以发条为原动力拖动齿轮，经过齿轮组的传动变速带动一个两层的偏心塑料定时凸轮转动，偏心轮转动会接通或断开相应的接点，完成电机正转、停止或反转。电机运转的时间间隔由齿轮转动的变速及偏心轮的形状来控制。

作用：减少大量人力，避免因人为失误导致的损失。起到提醒、计划或规律生活、工作的作用。

材料：ABS、PC 工程塑料。

应用：电风扇、洗衣机、脱水机、电饭锅和录像机等。

特点：结构简单，安装和使用方便，使用寿命长，不易出故障且成本较低。

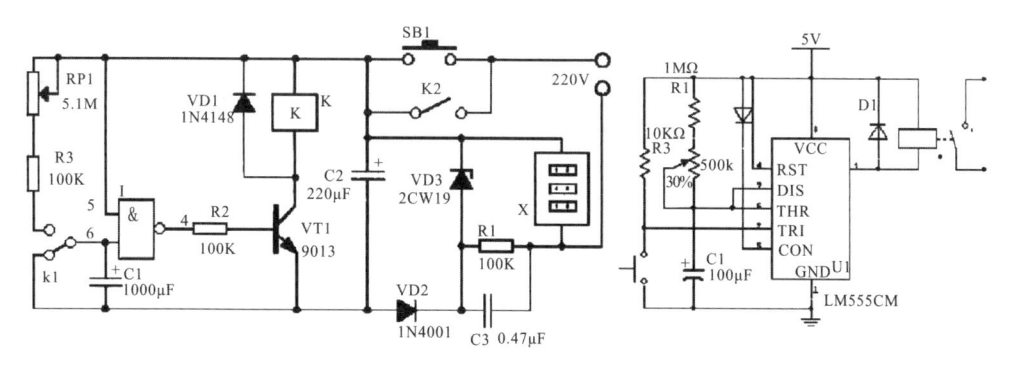

图10.3 定时开关电路图

5）智能开关

原理：通过控制板和电子元器件的组合和编程，实现电路智能开关控制（图10.4）。

作用：能够极大程度地节约能源，提高生产效率并降低运营成本，减少费用，为大量存在的存储区域网络提供延伸性和可量测性。

材料：PC、ABS、PC+ABS、微晶玻璃面板、哑光加强阻燃材料。

应用：家居智能化改造、办公室智能化改造、工业智能化改造和农林渔牧智能化改造等。

类型：按功能可分为人体感应开关、电子调光开关、电子定时开关等；按技术可分为电力线载波类控制开关、无线射频控制开关、总线控制开关、单火线控制开关。

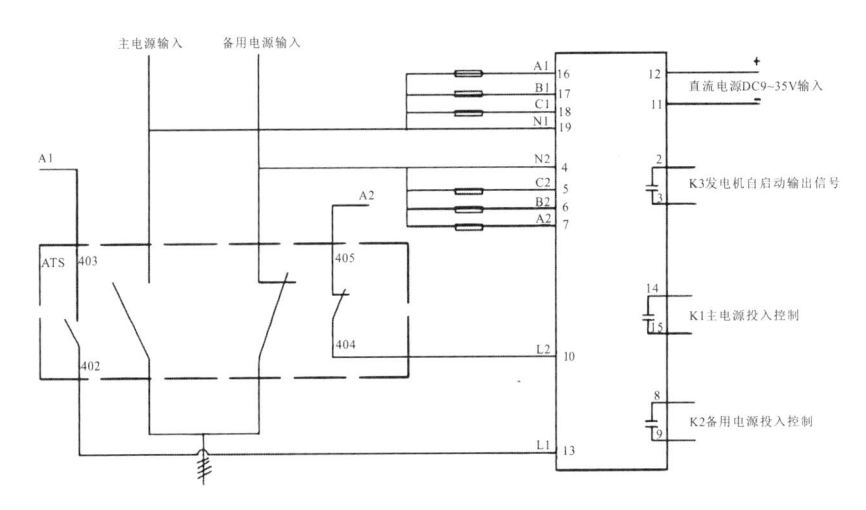

图 10.4 智能开关原理图

6）单控开关

原理：单控开关有两个接线柱，分别接进线和出线。在开关启或闭时，存在接通或断开两种状态，从而使电路变成通路或者断路（图 10.5）。

材料：铝塑及铝塑拉丝表面、不锈钢拉丝表面、铜质表面、工程塑料、金属导电条、PC 塑料（聚碳酸酯）、锡磷青铜。

类型：单控单联、单控双联、单控三联和单控四联等。

图 10.5 单控开关连线图

7）双控开关

原理：双控开关是一个开关同时带常开、常闭两个触点（即为一对）。通常用两个双控开关控制一盏灯或其他电器，即可以由两个开关来控制灯具等电器的开关（图 10.6）。

材料：钢化玻璃、锡磷青铜、工程塑料。

类型：双联单开、双联双开等。

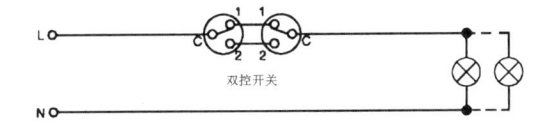

图 10.6 双控开关连线图

8) 限位开关

原理：利用生产机械运动部件的碰撞使其触头动作，从而实现接通和断开控制电路（图 10.7）。

作用：限制机械运动的位置或行程，使运动机械按一定位置或行程自动停止、反向运动、变速运动或自动往返运动等。在电气控制系统中，限位开关的作用是实现顺序控制、定位控制和位置状态的检测，控制机械设备的行程及提供限位保护。在实际生产中，将限位开关安装在预先安排的位置，当装在生产机械运动部件上的模块撞击限位开关时，限位开关的触点动作可以实现电路的切换。限位开关广泛应用于各类机床和起重机械，用以控制其行程，进行终端限位保护。在电梯的控制电路中，还利用限位开关来控制轿门开关的速度、自动开关门的限位和进行轿厢的上、下限位保护。

材料：金属（铝、银等）、苯酚树脂。

应用：洗衣机、脱水机的门盖，录音机的倒带。

优点：①无论何种材质，只要接触的操作力达到一定值，就能触发限位开关；②采用接点输出方式，可以随外接电压不同而使得输出不同，无漏电现象；③不受相邻传感器的影响，输出稳定。

缺点：限位开关为接触式，会磨损和损伤检测对象物，精密物体不建议使用这种开关；机械寿命有限制。

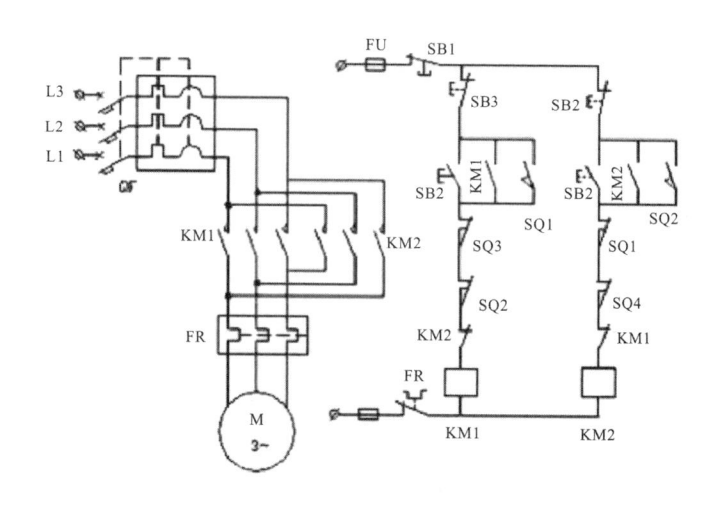

图 10.7 限位开关原理图

9) 控制开关

原理：用于电气控制和热工仪表过程控制的一种特殊开关（图 10.8）。

作用：控制开关有定位操作、自复操作、定位-自复操作、闭锁操作、定位-闭锁操作、自复-定位-闭锁操作等功能。

材料：PP 塑料、不锈钢 304、不锈钢 316。

应用：汽车空调器和涡轮增压系统。

类型：指拨开关、凸轮开关、拨码开关、轻触式开关、选择开关、选择开关头、主令电器、万能开关、开关插座等。

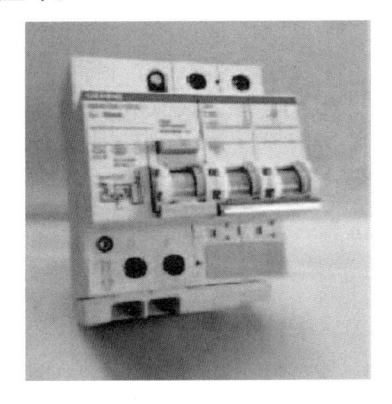

图 10.8　控制开关实物图

10）转换开关

原理：转换开关（别名：组合开关）是一种切换多回路的低压开关（图 10.9）。转换开关的轴上叠焊多个动触头，轴转动时动触头依次与静触头接通或断开，切换电路；或者将电路从一组连接改换成另一组连接。转换开关有分立式和集成式两种类型。

材料：银合金材质、镀锌铜件、阻燃外壳。

应用：转换开关一般应用于 50Hz 交流额定电压 380V 及以下或直流电压 220V 以下的电路中转换电气控制线路和电气测量仪表，用于手动不频繁接通或分断电路、换接电源或负载，可承载电流一般较大。

优点：转换开关可以相互切换两个不同电路的电源，还可以同时切换两个电源（一个常用电源和一个备用电源）。具有非常好的性能，稳定、可靠，使用率很高。

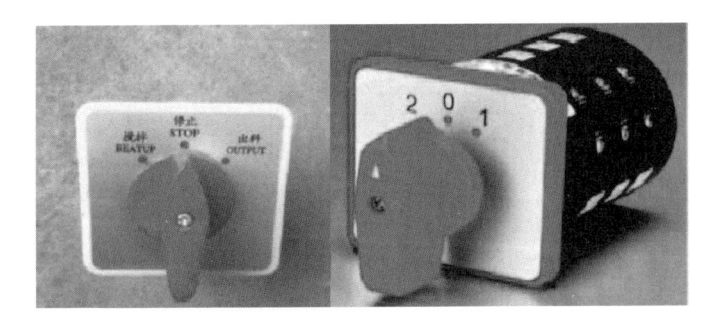

图 10.9　转换开关实物图

11）隔离开关

原理：隔离开关在高压开关中运用较多，在电路中起阻隔作用（图 10.10）。高压隔离开关由三个主要部分组成，它们都安装在同一个底座上。这些部件利用弹簧的压力夹紧在静触头的两端，以确保动触头和静触头之间有良好的电气接触。

作用：主要用来将高压配电装置中需要停电的部分与带电部分可靠地隔离，以保证检修工作的安全；接通和断开小电流电路；改变运行方式；在双母线的电路中，可利用隔离开关，将设备或线路从一组母线切换到另一组母线上。

材料：紫铜，接触部位一般镀银或锡。

应用：主要适用于民宅、建筑等低压终端配电系统。

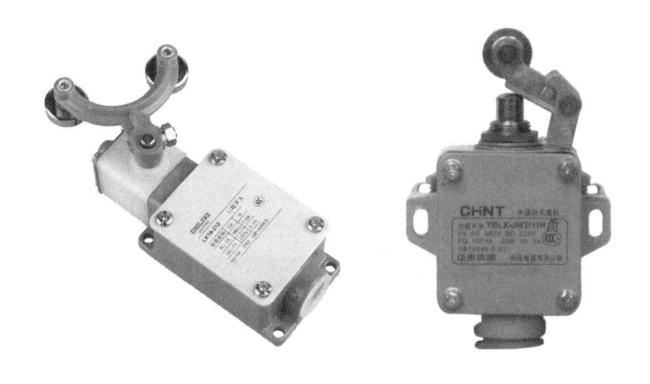

图 10.10　隔离开关实物图

12）行程开关

原理：行程开关是广义的限位开关[①]，是一种常用的小电流主令电器（图 10.11）。行程开关的原理是利用生产机械运动部件的碰撞使其触头动作来实现接通或分断控制电路，达到一定的控制目的。

材料：锌合金滚轮、六角螺丝、银触点。

应用：用于各类机床和起重机械，用以控制其行程，进行终端限位保护；洗衣机脱水（甩干）时洗衣机门（或盖）一打开就立刻"刹车"的开关；录音机和录像机等。

优点：动作可靠，简单易行，维修方便。

缺点：动作响应不如光电接近开关迅速。

图 10.11　行程开关实物图

---

① 由于行程开关应用普遍且较为重要，此处单独分类描述。

13）墙壁开关

原理：通过触点的断开或闭合来控制电路。按下开关，触点闭合，电路通路，电流通过，电器工作；释放开关，触点断开，电路断路，电流停止流动，电器停止工作。

作用：墙壁开关通常安装在墙壁上，用来接通或断开电路的家用电器（图10.12）。

材料：银合金，锡磷青铜，后座材料大多使用尼龙66并加入阻燃材料，聚碳酸酯，脲醛树脂，黄铜片。

应用：电脑插座、电话插座、电视插座、空调插座等。

优点：可以随意组合，方便用户使用。

缺点：结构上较为杂乱，开关触摸面比较小，铜片的夹力经常不够，易造成触摸点过热乃至烧坏插座插头的状况。

图10.12　墙壁开关实物图

14）智能防火开关

原理：智能防火开关是从安全用电的角度出发，对墙壁开关进行的新的定义，具有接通或断开电源、装修、预防电气火灾等功能（图10.13）。智能防火开关独创线路终端一对一保护功能，将电流过载保护技术融入普通开关和插座中。

材料：高强度、高性能优质材料。

应用：家庭电路。

图10.13　智能防火开关实物图

15）微动开关

原理：外机械力通过传动元件（按销、按钮、杠杆、滚轮等）将力作用于动作簧片上，当动作簧片位移到临界点时产生瞬时动作，使动作簧片末端的动触点与定触点快速接通或断开（图 10.14）。

材料：防水、耐高温材料。

应用：鼠标按键、家用电器、航空领域等。

优点：需要机械的接触才会动作，不容易产生误触。操作时更有手感，可以让人更好地感知到按下开关的操作。

缺点：机械部件长时间使用后会损坏，且在水汽或者油烟较多的环境中比较容易失灵。

图 10.14　微动开关实物图

16）船型开关

原理：接通电源，按下船型开关（图 10.15），这时晶体二极管将会导通，继电器吸合，电源会对电容器进行充电。当船型开关断开后，由于电容器已经被充电，它将放电用于维持三极管继续导通，继电器仍会吸合。经过一段时间的放电，电容器电压下降到一定值的时候，不足以继续维持三极管继续导通，继电器此时才会释放。

材料：黄铜包金、包银、包锡。

应用：饮水机、电瓶车、电脑音箱、排插等。

分类：小容量非密封型、大容量密封型。

图 10.15　船型开关实物图

17）钮子开关

原理：手动操作钮子开关（图 10.16）时，开关动作可以分为两个阶段。第一阶段是将手把扳柄向中间扳动，直至扳柄垂直。这时单刀滑块的尖顶部也逐渐向中间靠拢，直至中间位置，并使压簧进一步压缩。第二阶段是扳柄经过垂直位置后，单刀滑块在压簧压力作用下向另一方向快速移动,并带动扳柄快速转向,这时动触片与一边的定触脚迅速脱离,而与另一边的定触脚迅速接通。

材料:金属、塑料、镀金材质、环氧树脂。

应用:汽车零部件、防盗器材、警视系统等。

优点:开关按钮具有良好的阻燃性和独特的接线端子设计,可保障触摸安全,避免触电。

图 10.16 钮子开关实物图

18)按钮开关

原理:按钮开关(图 10.17)内含电磁铁的吸附装置,按下按键之后,电磁铁会带电产生磁性,并通过吸附装置将电路接通或者断开,从而实现线路的远程控制等功能。

作用:在电气自动控制电路中,用于手动发出控制信号以控制接触器、继电器、电磁启动器等。为了防止误操作,通常在开关按钮上做出不同的标记或涂以不同的颜色加以区分。

材料:金属防护圈。

应用:家用电器、医疗设备等。

分类:保护式按钮、动断按钮、动合按钮、动合动断按钮、带灯按钮、动作点击按钮、防爆式按钮、防腐式按钮、防水式按钮、紧急式按钮、开启式按钮、连锁式按钮、旋钮式按钮、钥匙式按钮、自持按钮、组合式按钮。

优点:可以完成启动、停止、正反转、变速和互锁等基本控制。

缺点:只能在一个固定的地方控制用电器的开闭。

图 10.17 按钮开关实物图

19）按键开关

原理：按键开关主要指轻触式按键开关，也称为轻触开关（图 10.18）。使用时以满足操作力的条件向开关操作方向施压，使线路闭合接通；当压力撤销时开关即断开。内部结构靠金属弹片受力变化来实现通断。

材料：嵌件、基座、弹片、按钮、盖板、聚酰亚胺薄膜。

图 10.18　按键开关实物图

应用：影音产品、数码产品、遥控器、通信产品、医疗器材等。

优点：接触电阻小，手感好，性能稳定。

缺点：结构复杂，成本比较高。

2. 生物化学开关

生物化学开关有自举采样开关、单链 DNA 开关、核糖开关、基因开关、双极荧光开关。

1）自举采样开关

原理：电路的采样保持切换由一对逻辑互反的时钟信号 Clks 和 Clksb 控制。核心部分是一个采样开关管，其漏极和源极分别连接采样信号的输入和输出。采样开关管的导通由一个反相器控制，反相器的源极设定为低电平，以确保开关管的过驱动电压不会过高。另外，电路中还有两个元件与开关管及其控制反相器共同作用，形成了一个共源共栅结构，这种结构通过接地路径释放电荷，有效提升了电路的整体稳定性（图 10.19、图 10.20）。

作用：有效提取低频、微弱、易受干扰的人体生理信号。

材料：时钟信号、NMOS 管、PMOS 管、采样开关管、晶体管、负载电容。

应用：逐次逼近型模数转换器（SAR - ADC）、面向人体生物电信号的前端采样和提取环节。

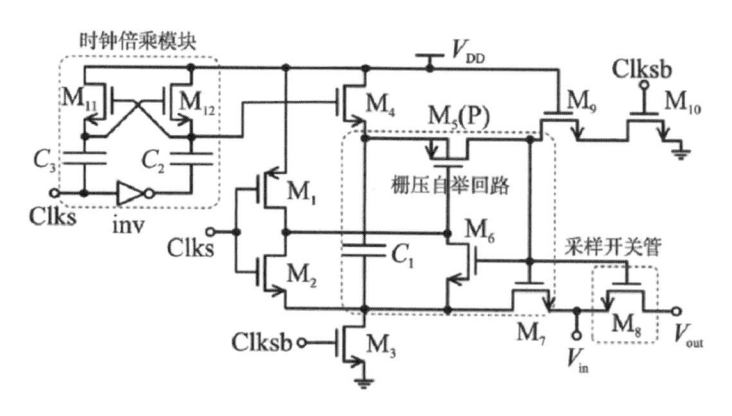

图 10.19　自举采样开关传统型线路图

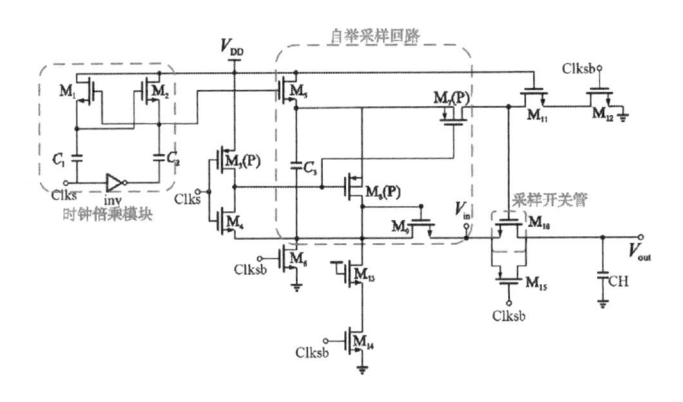

图 10.20　自举采样开关改进型线路图

2）单链 DNA 开关

原理：单链 DNA 开关可以对目的核酸分子组成的引发剂"initiator"产生准确的信号回应，也可以作为核心控制元件用于复杂人工生物系统。

材料：各类蛋白质、碱基、酶、程序设计。

应用：调控体内、体外 DNA 的转录和翻译。

3）核糖开关

原理：核糖开关（riboswitch）是一种具有调控功能的 RNA 基序（RNA‑based sequence）。它们仅由 RNA 分子组成，包括具有高亲和力、能够与代谢物特异性结合的适配体区（aptamer domain，AD）和调节基因表达的表达平台（expression platform，EP）。核糖开关可以广泛参与细菌中的各种代谢过程，还可作为现代遗传学研究中精准调控基因表达的分子工具。

机制：通过转录终止、翻译起始、RNA 剪切来调控基因表达。

来源：细菌、植物、真菌。

应用：基因组的调控。

分类：辅酶-B_{12} 核糖开关、硫胺素焦磷酸核糖开关、S-腺苷甲硫氨酸核糖开关、黄素单核苷酸核糖开关、嘌呤核糖开关、glmS 核糖开关、甘氨酸核糖开关、PreQ1 核糖开关、串联核糖开关（孙玉莹，2019）。

4）基因开关

原理：能向癌症基因发出"停止"和"开始"的命令，抑制肿瘤生长。

材料：化学物质、蛋白质、一段基因。

应用：杀死癌细胞或使癌细胞转化为正常的组织细胞。

5）双极荧光开关

原理：荧光开关构建的关键在于受体的紫外吸收光谱和供体的荧光光谱具有有效的光谱重叠，可引发能量转移和内滤效应，进而导致荧光的猝灭。将导体置于电解质溶液中，在无线连接的情况下，若向溶液两端施加足够大的外加驱动电压，在外部电场极化诱导下，导体临近驱动阳极的一端被极化为阴极，另一端被极化为阳极，即可实现无线模式下双极电极的电化学反应。

原料：BSA（牛血清白蛋白）、Au NCs（金纳米簇）、Pt 电极、ITO 电极、PB（氧化得到）、PW（还原得到）。

应用：可拓展到双极电极体系中，应用于记忆材料、传感器领域等。

10.5.2 新型开关研发相关的编程软件

使用 linkboy、米思齐、MindMaster、电路模拟器等编程软件进行编程，开展新型开关的研发与创新。

linkboy 是一款免费开源的图形化编程仿真平台，具有所见即所得的可视化界面和独一无二的模拟仿真功能。它包含从软件、电子到机械的一整套方案，并具备拥有自主知识产权的编程语言编译器，能够将软件、电子模块进行深度整合，使整个产品架构成为一个紧密结合的整体，并使 linkboy 具有上手快、操作简单、易学易用的特点。linkboy 的特点具体如下：①linkboy 提供了一个直观的图形化编程界面，用户可以通过拖拽和连接不同的模块来编写程序，无须编写复杂的代码，降低了编程的门槛，使编程更加容易。②linkboy 内置仿真功能，用户可以在不连接硬件的情况下模拟程序的运行，方便程序的调试和测试。③linkboy 支持多种开源硬件平台（如 Arduino 等），可以方便地与各种硬件设备进行连接和交互。④linkboy 提供了大量的预定义模块，并涵盖各种常见的功能，用户可以通过组合这些模块来实现复杂的程序。⑤linkboy 可以在多种操作系统上运行，如 Windows、MacOS 和 Linux 系统等，方便用户在不同平台上进行编程。⑥linkboy 是一款开源软件，用户可以自由地访问源代码并进行修改。⑦linkboy 拥有一个活跃的社区，用户可以在社区中寻求帮助和支持。

米思齐基于 Blockly 图形化编程框架和 Java 8 开发，是一款免费的开源软件。米思齐的易用性在于：①用户无须编写复杂的代码，只需要拖拽积木块就可以完成编程。②支持多种编程语言，如 Arduino、Micropython 和 Python 等，为学生的快速入门奠定了良好的基础。③采用了图形化编程引擎，使用图形化的积木块代替了复杂的文本操作，使得编程变得简单有趣。④支持大多数 Arduino 硬件，使得用户可以轻松实现各种创意项目；这是米思齐最重要的设计理念之一，它允许厂商开发自己的特有模块，从而使得米思齐的生态系统更加丰富多样；这一特性使得米思齐区别于其他 Arduino 图形化编程软件。由于米思齐是一款免费开源的图形化编程工具，用户可以自由地访问和使用它的源代码，这不仅降低了使用门槛，还鼓励用户进行二次开发和贡献。

MindMaster 是一款思维导图软件，由深圳市亿图软件有限公司开发。这款软件提供了丰富的智能布局、多样性的展示模式、精美的设计元素和预置的主题样式，以帮助用户提高效率。MindMaster 的特点：①具有跨平台性，兼容 MacOS、Windows、Linux 系统，能够实现跨平台交流和合作。②提供了多种模板和主题供用户选择，方便用户快速创建思维导图。用户也可以自定义模板和主题，满足个性化需求。③支持云端同步功能，用户可以将思维导图保存在云端，随时随地访问和编辑。④支持多种导入和导出文件格式，如 Word、Excel、Pdf 等，方便与其他软件进行数据交换。⑤支持多人协作，方便团队成员共同编辑思维导图，提高团队协作效率。⑥具备智能布局和主题样式功能，可以根据用户需求自动调整思维导图布局和主题样式，提高工作效率。

电路模拟器是一种用于模拟电路行为的计算机软件。该软件的特点：①能够通过数学模型对电路进行分析，预测电路的性能，从而在设计阶段发现和解决潜在的问题。②能够提供高精度的电路分析，考虑电路中各种元件的非理想特性和相互影响，从而更准确地预测电路的性能。③支持多种电路分析方法，如时域分析和频域分析。④用户可以根据需要选择不同的元件模型和参数，以适应不同的电路类型和设计需求。随着计算机技术和电子设计自动化（electronic design automation，EDA）技术的不断发展，电路模拟器也得到了不断的优化和改进。新的功能和模块不断加入，使得电路模拟器能够更好地适应新的设计需求和技术变化。现代的电路模拟器通常具有高效的算法和计算能力，能够处理大规模的电路和复杂的模型。许多电路模拟器都提供了友好的用户界面和交互方式，使得用户能够方便地进行电路模型的创建、编辑和仿真。电路模拟器通常还提供了丰富的文档和帮助功能，以帮助用户快速上手和学习。

10.6 开关的创新开发与实践探索

10.6.1 人体感应开关

目前大部分楼道使用的灯都为声控灯。此类型灯在使用过程中存在较大的弊端，即灵敏度低，导致人经过灯时需要大声喧叫或是用力跺脚、拍墙才得以激活开关。在新型开关的研发设计中，我们用开关的人体感应控制代替声控，很好地解决了声控不灵敏的问题。人体感应开关实物如图 10.21 所示，工作原理如图 10.22 所示。

用光敏传感器对外界光强进行信号输出，光通量低，则检测人体红外信号，等待红外信号的输入。此设计主要是通过 1 路光耦隔离继电器模块来进行信号的传输。当有人路过灯时，人体感应模块有高平电压输出，继电器接收到信号就会闭合开关，使连接灯的电路形成闭合回路，灯亮；反之，人走灯灭（欧红娟等，2019）。

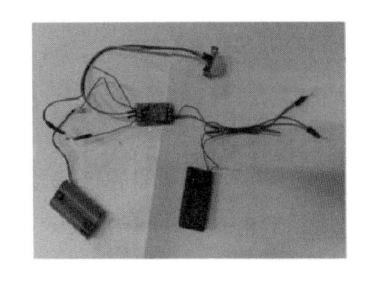

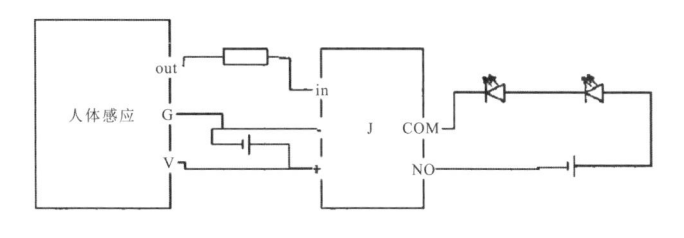

图 10.21　人体感应开关实物　　　　图 10.22　人体感应开关工作原理

10.6.2　烟雾感应开关

易燃危险品极易引发火灾事故，在其引发火灾事故的初期，往往会出现烟雾。外排烟雾是减轻中毒的一种重要手段，设计一个简易的烟雾感应开关就可以很好地将烟雾外排。该设计主要通过小电机的运作将烟雾排出，烟雾感应开关实物如图 10.23 所示，工作原理如图 10.24 所示。

在接通电路后，需要对烟雾感应模块进行灵敏度阈值设定。当烟雾浓度达到一定值时，烟雾感应模块就传递信号至 1 路光耦隔离继电器模块，此时继电器模块会将接连的小电机的电路闭合，使小电机转动，将烟雾排出屋外。此设计还将排烟雾的小电机单独用开关控制，防止烟雾感应模块损坏时，小电机不能够及时打开，使用手动开关可以打开小电机外排烟雾，更显人性化（余建波等，2015）。

图 10.23　烟雾感应开关实物

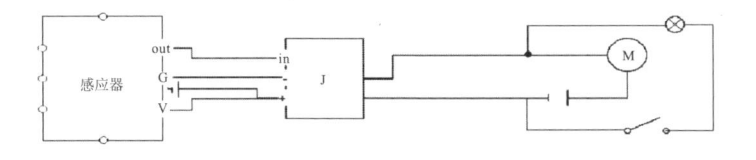

图 10.24　烟雾感应开关工作原理

10.6.3 网页开关

如今许多智能开关都通过红外或者蓝牙遥控，但这两种控制方式存在一定弊端。要使用红外遥控的方式进行开关控制，则需要控制设备带有红外线，这对于没有装配红外设备的用户而言非常不友好；而使用蓝牙控制开关则需要找到正确的应用下载渠道，打开蓝牙功能才可以正常使用开关。这两种方式产生的问题在网页开关中得到了很好的解决。网页开关实物如图 10.25 所示，工作原理如图 10.26 所示。

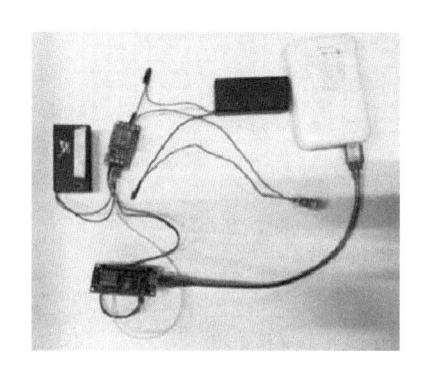

图 10.25 网页开关实物

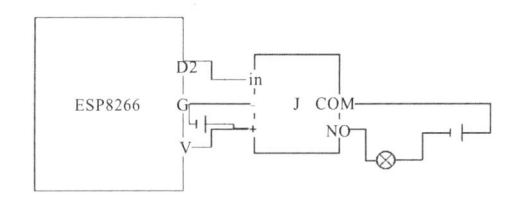

图 10.26 网页开关工作原理

网页开关主要通过 ESP8266WiFi 模块的控制连接达到控制效果，设计时使用了 Node MCU 的物联网的开发板和米思齐编程。Node MCU 开发板的引脚定义如图 10.27 所示。

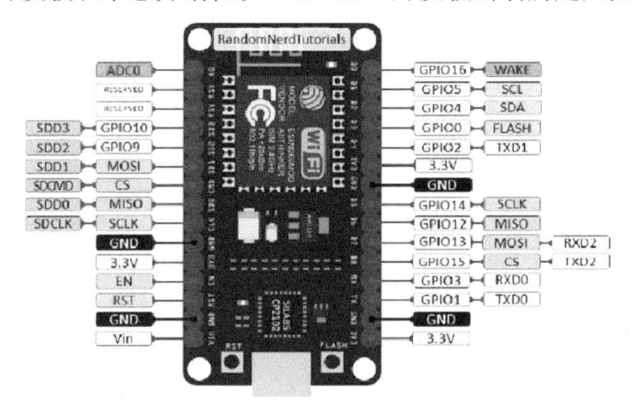

图 10.27 Node MCU 开发板的引脚定义

网页设计先要通过手机热点分享连接，且手机热点和米思齐编写程序时使用的账号密码需要一致。热点连接成功后在手机设置中找到模块连接的 IP 地址，在手机自带浏览器中输入该 IP 地址即可看到开关的控制页面，此时就可以对电器（本设计以小灯泡为例）进行开关的控制。开关的有效控制范围为同一区域网连接的有效范围，即当手机与 Node MCU 因为远距离连接断开时无法进行控制。

10.7 开关的项目学习与探究反思

通过对开关的分类研究与汇总分析，我们学习到了很多开关相关的科学知识，丰富了知识储备，增强了创新意识与创新能力。在文献资料等的收集上，我们利用中国知网、谷歌学术搜索、维普百科和知乎等对在线资源进行搜集，增强了对这些工具的使用熟练度，也更加深入地学习了 linkboy、米思齐和电路基础知识，还了解了之前从没接触过的应用，如 MindMaster 和电路模拟器。

这次项目研究的过程中也存在许多难题，阻碍了项目的顺利推进，但我们还是久久为功，坚定决心将遇到的难题一一突破。总而言之，我们需要在坚持理论知识的学习和更新过程中不断地创新，在探究中不断提升自我，努力成为实践型、创新型、探索型的科技教师，为科技活动开展和科技教育资源开发与教学添砖加瓦。

第 11 章 声传感器的项目学习与探究实践

11.1 声传感器的简介

传感器是一类具有识别和传递特定对象信息功能的电子元件。作为一种由敏感元件和转换元件构成的检测装置，传感器以低耗能、轻量化、小体积等独特优势，在各行各业中发挥着不可替代的作用。声传感器是庞大的传感器家族的重要分支之一，一般可分为收集声音信号与放出声音信号两类。收集声音信号的声传感器内部一般有感应外界声音振动的敏感部件或压电陶瓷，能将外界的声信号转化为相应的电信号并反馈到控制器中，压电式传感器和电容式传感器都属于此类；放出声音信号的声传感器则与之相反，由元件内部释放特定的电子脉冲，通过激励换能器转化为规律的机械振动并形成声音，最典型的一类即是超声波传感器。随着传感器技术的不断普及，声传感器在航天、医疗、物流、机器人甚至艺术领域都大放异彩，是人们现代生活中不可分割的一部分（吴晓平和马春利，2021）。

11.2 声传感器相关的中小学课程标准内容及教育价值

11.2.1 声传感器应用相关的中小学课程标准内容

基于声传感器应用的项目学习和探究实践符合《义务教育物理课程标准》（2022 年版）（后文简称"物理课标"）和《义务教育科学课程标准》（2022 年版）（后文简称"科学课标"）的要求。物理课标中，一级主题"运动和相互作用"中包含了与声传感器有关的"机械运动和力""声和光""电和磁"三个二级主题，要求学生从物理学视角认识运动和相互作用，了解声、光、电、磁的含义。"能量、能量的转化和转移"主题中，要求学生认识能量可以从一个物体转移到其他物体和不同形式的能量可以相互转化，还要求学生能列举生活中能量转移和转化的实例。

科学课标中，要求 3~4 年级学生能举例说明声音因物体的振动而产生，知道声音有高低和强弱之分；要求 5~6 年级学生知道自然界存在多种形式的能量，不同形式的能量可以相互转化；要求 7~9 年级学生学会关注声、光、电、磁等技术改变生产生活的典型案例。

11.2.2 基于声传感器应用与开发的教育价值

声传感器涉及中小学课程标准中提及的声、光、电、磁和能量转化，因此，将声传感器作为科技教育资源开发的主体，运用物理学知识和信息技术将声传感器模块和其他元器件搭载形成趣味装置，不仅可以提高学生对科学的学习兴趣，还能大幅提升学生的思维能力和动手能力，也能起到培养和提高学生综合应用所学知识的能力。

11.3 声传感器的溯源

声传感器的起源可以追溯到 19 世纪。1831 年，磁感应现象的发现奠定了捕捉声音的基础。1857 年，斯科特发明了语音描记器，它能够将声音转化为可见的图形，这被认为是声传感器的雏形。随后，光纤传感器的发明使得声音的传输更为稳定和可靠。亚历山大·格拉汉姆·贝尔、埃米尔·贝利纳、沃尔特·肖特基等科学家和技术专家也在此基础上不断进行创新和改进，逐渐完善了声传感器技术。现在，声传感器已经被广泛应用于语音识别、环境监测、医疗诊断等领域，为人们的生活和工作带来了极大的便利。

随着人工智能和物联网技术的发展，声传感器在智能家居、智能交通、智能制造等领域的应用也在不断拓展。未来，随着技术的进步和应用场景的不断扩大，声传感器将会在更多领域得到应用和发展。

11.4 声传感器应用的相关研究

曹红霞（2006）基于"做中学"教育理念在教学案例中设计了综合实践课。整节课以设计制作感应灯项目为主线，学生通过项目活动，理解声传感器和光感测距传感器的功能和基本原理，学习项目设计的基本思想和方法。

宗伯虎（2023）调查了高中物理实验教学目前存在的普遍问题，结合手机传感器方便、精准的特点，对手机传感器应用于高中物理实验的意义进行了阐述，并在应用方法和案例中提到声传感器演示共振现象、改进多普勒效应演示实验。

声传感器应用的相关研究涉及多个领域，包括物理层、处理层和应用层等。在物理层方面，主要涉及声音信号的采集和传输方式，如何提高声音信号的质量和稳定性是研究的重点。在处理层方面，主要涉及声音信号的预处理、特征提取和分类识别等，如何提取有效的声音信号特征和提高对声音信号分类识别的准确性是研究的重点。在应用层方面，主要涉及声传感器的应用场景和领域，如语音识别、环境监测、医疗诊断等。

目前，声传感器已经成为智能家居、智能交通、智能制造等领域的重要应用之一。在智能家居领域，声传感器可以通过捕捉和分析室内的声音，实现智能控制及调节室内环境的效果，如调节温度、湿度等。在智能交通领域，声传感器通过检测和分析车辆的声音，可以实现对车辆的监测和诊断，保障行车安全。在智能制造领域，声传感器通过检测和分析机械的声音，可以实现对机械故障的诊断和预测，提高生产效率和延长设备使用寿命。

此外，基于声传感器的人机交互界面和空气声学通信也是研究的热点。在人机交互界面方面，通过声传感器捕捉和分析人的语音信号，可以实现智能语音控制和人机交互。在空气声学通信方面，通过声传感器捕捉和分析空气中的声音信号，可以实现短距离的音频传输和通信。

11.5 声传感器应用的具体研究

11.5.1 声传感器的分类研究

声传感器技术自19世纪开始，历经迭代更新，早已由最初的麦克风应用拓展到航天、医疗、日用品、重工业等人类科技发展的方方面面。根据不同的分类视角，可以从不同的方面认识当前已经存在的声传感器技术。通过查阅各类文献并进行整合与梳理，开发小组从声传感器的原理、声音作用方式、声传感器应用领域和声音信号输出形式四个方面阐述当前普遍应用的声传感器与声传感器技术。

1. 按声传感器的原理分类

声传感器根据其原理一般可分为四类：电容式声传感器、磁电式声传感器、光纤式声传感器和压电式声传感器。

1）电容式声传感器

在电容式声传感器的构造中，可将传感器看作一个特殊的电容。在传感器两端给予稳定的电压后，若两极板的间距因为声音振动而改变，电容的电阻和电路中的电流就会随之变化，从而产生与感应到的声波相对应的电信号，完成外界声信号转化为电信号的过程。碳粒式麦克风、驻极体电容式声传感器与电容式微电子机械系统声传感器就是典型的电容式声传感器。

（1）碳粒式麦克风。

碳粒式麦克风接通电源后，无声音时，碳粒电阻与闭合电路电流都为定值，声波作用于麦克风时会引起振动膜振动，碳粒电阻和回路电流大小均随声压变化。声压增大时，碳粒被挤紧，电阻变小，电流增大；声压减小时，碳粒疏散，电阻增大，电流减小，从而改变电流输出，电路中便产生了音频电流。音频电流在变压器初级线圈流动时，互感使次级线圈产生音频电压输出，从而完成声电信号转化（郭芸嘉等，2014）。具体原理结构如图11.1所示。

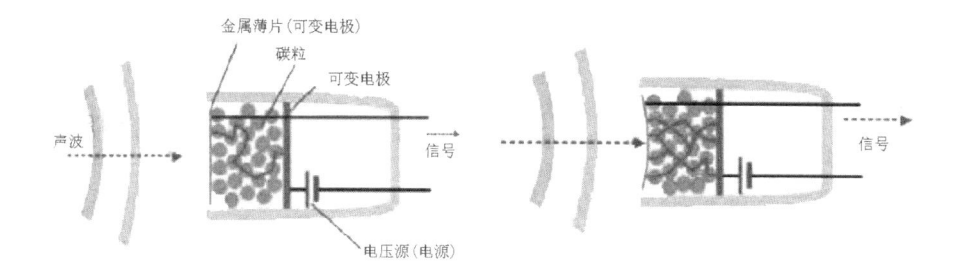

图 11.1　碳粒式麦克风原理结构

（2）驻极体电容式声传感器。

驻极体电容式声传感器是当前应用最广的声传感器之一。它有一片极薄的塑料膜片，在膜片其中一面蒸发镀上一层纯金薄膜，再经过高压电场驻极后，膜片两面便分别驻有异性电荷。这样，蒸金膜与金属极板之间就形成一个电容。当驻极体膜片遇到声波振动时，引起电容两端的电场发生变化，从而产生了随声波变化而变化的交变电压（丁敏帅，2010）。具体原理结构如图 11.2 所示（张玉芳，2018）。

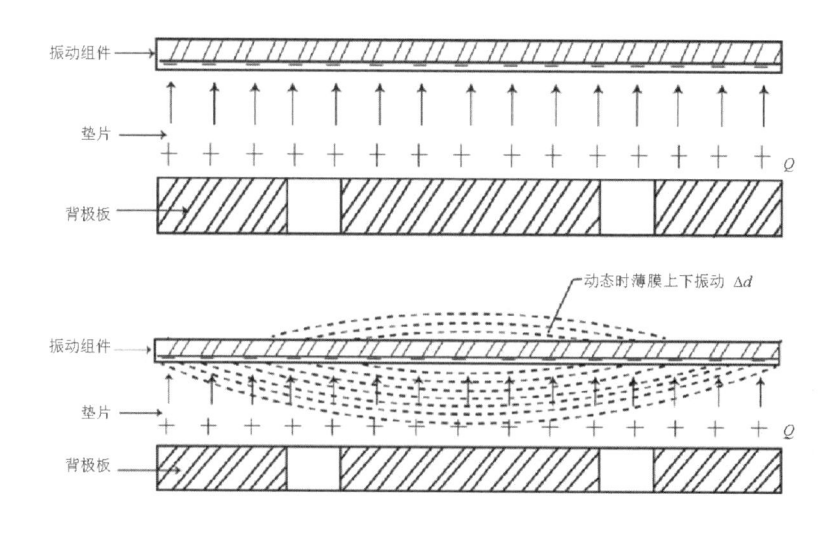

图 11.2　驻极体电容式声传感器工作原理图

（3）电容式微电子机械系统声传感器。

微型化是科学技术的发展方向，微电子机械系统（micro-electro-mechanical system，MEMS）技术是实现微型化的一个重要途径，MEMS 声传感器就是 MEMS 领域的一个重要分支。

在电容式 MEMS 声传感器中，自由声场的力作用于振动膜，使其发生位移，导致两极板之间的电容值发生变化，极板间电荷总量在瞬间保持不变，因此极板间电压也发生了变化，得到 MEMS 声传感器输出的交流电信号。专用集成电路（application specific integrated circuit，ASIC）芯片把高阻的音频电信号转换并放大成低阻的电信号，同时经射频（radio frequency，RF）抗噪电路滤波，输出与前置电路匹配的电信号，就完成了声电转换，通过对电信号的读取，即可实现对声音的识别（乔东海等，2005）。

2）磁电式声传感器

磁电式声传感器利用电磁感应原理，可将输入的运动速度转换成线圈中的感应电势输出。这类传感器的优点在于能够直接将被测物体的机械能转换成电信号输出，工作不需要外加电源，是一种典型的无源传感器。

动圈式麦克风和铝带式麦克风就是典型的磁电式声传感器（表11.1）。

表11.1 磁电式声传感器应用分类

名称	简介	原理图
动圈式麦克风	动圈式麦克风是利用电磁感应原理制成的，当声波使膜片振动时，连接在膜片上的线圈随之振动，线圈在磁场里振动，从而产生感应电流	
铝带式麦克风	铝带式麦克风使用很薄且通常带有皱纹或波浪的铝质带状薄膜，将其置于磁铁两极之间。当薄膜随声波振动时，切割磁力线而产生电磁感应电流	

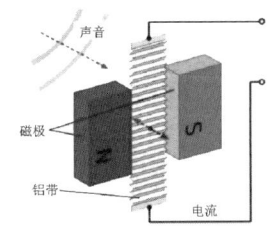

3）光纤式声传感器

作为单元器件，光纤式声传感器的主要功能就是将其感应到的声压信号转换成光相位变化，并将该光相位变化转换成电压信号（支鹏伟，2021）。光纤式声传感器应用分类见表11.2。

表11.2 光纤式声传感器应用分类

名 称	简 介
反射式强度调制型光纤声传感器	反射式强度调制型光纤声传感器在实际的驱动电路设计中加入了防浪涌电路，同时采用PIN结型光电二极管作为光探测器。该传感器具有结构简单、灵敏度高、抗电磁场和射频干扰等优点（杨建红等，2008）

续表

名称	简介
光学耦合型声传感器	该传感器使用基于 3×3 耦合器的相位解调方法对传感信号进行相位解调,用最小二乘法拟合求出干涉仪3路输出信号的平均相位差,取得仿真与实际测试数据。该传感器可以准确有效地还原出设计带宽内的声音信号,且适用于恶劣的环境(吴锋等,2016)
光纤干涉声传感器	光纤干涉声传感器的原理在于声音引起的空气振动使光在光纤中传输的相位产生差异,在输出端的干涉光强也会随之产生变化。通过分析和拟合计算机获得的数据,就可以获得光纤路径上压力变化和振动信号的频谱特征,实现故障类型判定和报警的功能(支鹏伟,2011)
分布式光纤声波传感系统	分布式光纤声波传感系统是目前最先进的光纤声波检测手段。该传感系统使用光缆作为传感器来检测声音信号,可通过检测光纤中瑞利反向散射的变化来检测光缆上几乎任何点的声音信息(王昌等,2021)

4)压电式声传感器

压电式声传感器的产生来源于压电效应的发现。压电效应是指某些电介质在某个方向受到外力的作用而变形时,其内部就会产生极化现象,同时在其表面会产生极性相反的电荷;当外力消失时,电介质又恢复到不带电状态。电荷极性随外力方向改变而改变。反之,当电介质受到交变电场作用时,晶体将在一定方向上产生机械变形;当外加电场撤去后,该变形也随之消失。这种现象称为逆压电效应(王秋菊,2013)。压电式声传感器应用分类见表11.3。

表11.3 压电式声传感器应用分类

名称	原理	优缺点	应用
晶体式话筒	话筒内置压电晶体,晶体接收声波压力后产生相应的音频电压信号,继而向外传送	优点:感受声压大、输出电压高、使用方便、价格低廉 缺点:旧式酒石酸钾钠晶体易受潮受热而损坏,晶体强振下易损坏	晶体式话筒

续表

名称	原理	优缺点	应用
应力波传感器	利用介质内外部分波阻抗的差异，应力波传感器可接收来回反射的应力波，进而分析出介质的结构分布	优点：可检测摩擦和冲击事件诱发的应力波，对微小冲击感应灵敏	器件无损检测
超声波传感器	超声波传感器内含发射器与接收器。发射器将电能转变成机械能并产生超声波。接收器接收到超声波时，将机械能转变成电能。根据超声波返回的时间即可判断出障碍物的距离	优点：成本低，体积小，可非接触测量，不易受物体的光、电、颜色影响等 缺点：不能在真空中作用，方向性差，难精准捕捉小物体，定位实时运动物体误差大等	超声波测距（泊车、液位、机器人行走），测量液体浓度、厚度、物位、密度、温度，无损探伤，医疗诊断等

2. 按声音作用方式分类

按照声音作用方式对声传感器进行分类有助于更加直观理解不同声传感器的工作原理。可按声音作用方式将声传感器分为直接以外界声音为工作条件的开关式声传感器和不直接依靠外界声音进行工作的非开关式声传感器两大类（表11.4）。

表11.4 声传感器按声音作用方式的分类

类别	名称	简介
开关式声传感器	声控灯	声控灯可以利用声传感器对灯进行控制。当声传感器检测到外界声音强度达到一定值时，将声信号转化为电信号，驱动其他电路工作
	分贝仪	分贝仪是生活中检测环境音量大小的基本仪器。其工作原理为由噪声接收模块采集外界声音，经滤波放大、模数转化等处理，将模拟信号转换成数字信号送到单片机模块，单片机再将信息传到显示模块，显示出当前音量分贝值。分贝仪还可设置分贝上限值，外界声音超出限度则报警模块鸣声警示
	智能机器人（语音识别功能）	机器人将人类语音信号转化为机器能识别的文本和命令，从而实现机器与人之间的对话或操作相应的动作指令
	声感互动装置	声音是互动媒介艺术作品中常见的一种互动形式，可通过计算机或者单片机程序对原始声音信息素材进行处理，再将数据输出到控制LED或者其他表现载体，从而实现多种艺术形式的表达
	简易声控小车	装载声控延时模块的小车在感应到外界声音后，就会驱动电机，实现运动

续表

类别	名称	简介
非开关式声传感器	声源定位	声源定位是指利用多个麦克风在环境中不同的位置对声信号进行测量。由于声信号到达各麦克风的时间有不同程度的延迟，利用算法对测量到的声信号进行处理，可获得声源点相对于麦克风的到达方向（包括方位角、俯仰角）和距离等
	光纤麦克风	光纤麦克风是一种基于光纤传感技术构成的拾音器，具有传统麦克风无法比拟的高灵敏度，可在各种恶劣电磁环境下出色地完成监听任务（邓欣等，2023）
	人工耳蜗	人工耳蜗（cochlear implants）通过将声音信号转换成电信号，直接传输到听觉神经，再传输到初级听力皮层来使皮层感知和解码形成听觉。因此，耳蜗植入物是为初级听觉皮层提供声音的刺激
	耳机	在耳机中，声传感器（换能器）通常包含一个与线圈和磁力传感器相连的薄膜，用于将放大器的电脉冲转换为声波。换能器是所有高保真耳机、蓝牙耳机、入耳式耳机或真无线耳机的核心部件。与传统的扬声器一样，换能器的作用是将耳机放大器、智能手机或扬声器发出的电信号转换为人耳可感知的声波
	手机	手机中的声传感器用于接收通话或环境声响，并将其转化为可以传输的电信号。手机常用的声传感器内部是一个驻极体电容，它由一片单面涂有金属的驻极体薄膜与一个表面有若干小孔的金属电极（背电极）构成
	扬声器	扬声器是能将电信号转换成声信号并辐射到空气中的电声换能器
	话筒	话筒作为一种将声音信号转换为电信号的元件，按结构不同可分为碳粒式、电容式、动圈式和压电式四种
	录音机	以磁带式录音机为例，声音信号通过传声器转化成电信号，电信号经电路放大和频率校正，被送到录音磁头，录音磁头将电信号转化成磁信号，磁信号使运动的磁带磁化，于是就以磁带剩磁的形式把信号保存下来，这就是录音
	收音机	由天线接收高频信号，再经过一定的解调将其还原成音频信号，之后通过输出部件转变成音波，再播放出来

非开关式声传感器还被广泛应用在物理与生物测量领域（表 11.5）。

表 11.5　非开关式声传感器在物理和生物测量领域的应用

应用领域	名称	简　　介
物理测量	超声波测距	超声波传感器内含发射器与接收器。发射器将电能转变成机械能而产生超声波。接收器接收到超声波时，将机械能转变成电能。根据超声波返回的时间即可判断出障碍物的距离
	声传感器的多普勒测速实验	将声传感器与 LabVIEW 相结合，在强噪声干扰的情况下，仍可获得波源频率 f_0 和观测频率 f 的较高测量精度（王建中等，2014）
	声学测温技术	声学测温的基本原理是利用介质温度和声波传播速度之间的关系，根据声速间接测量出温度（叶力源，2021）
	利用声音测量微小物体质量	为了解决称量微克量级样品的问题，加利福尼亚大学河滨分校的威廉·格罗弗等用普通的电子学仪器和"U"形短玻璃管研制出一种简单的质量传感器。玻璃管与一个小的扬声器相连，"U"形管的底部通过一个光斩波器，这种仪器采用发光二极管和光敏元件探测是否有物体存在。这种简单装置的成本仅约 12 美元，却可以测定微克量级的物体的质量（周书华，2018）
	利用声音共振测量声速	管内空气柱由于自身的振动成为一个发声体。如果能够设法改变空气柱的长度，则在空气柱的某一长度处能够听到最大的声音。管内空气柱因声波的作用而引起的共振现象叫作声音的共鸣或声音的共振。此过程中空气柱的长度与声波的波长有定量关系，因此利用声音的共振可以方便地测定声波的波长，从而推算出声速（杨诚，2013）
	利用声传感器测量重力加速度	当入射小球从斜面滚下碰撞被碰小球时，被碰小球做平抛运动。声传感器会记录下入射小球碰撞被碰小球的声音和被碰小球落地碰撞地面的声音，两次声音之间的时间差为 t，测量出小球开始平抛运动时离地面的高度为 h，则由 $h=\frac{1}{2}g\Delta t^2$ 得 $g=\frac{2h}{\Delta t^2}$
生物测量	基于声音信号测量的活体禽蛋胚胎识别方法	基于声音信号测量的活体禽蛋胚胎识别方法的原理是先在胚胎气室的顶部用针扎一个小洞，使活体胚胎的胎动声音信号从气室中放大传出，再将胚胎放置于倒圆锥形容器中，通过声传感器测量胚胎的胎动（梁森等，2010）
	B 超	B 超仪器中一个较重要的部件是探头（换能器），探头具有发射声波和接收声波的装置。扫查人体时，探头发射超声波，超声波在组织中传播时会遇到不同的界面，当遇到大界面时会发生反射，遇到小界面时会发生散射
	基于测量呼吸声音监护睡眠状态	通过无线传感器将测量对象的呼吸声音传输至平板电脑或者智能手机中，其中无线传感器用医用胶带贴附至离鼻腔 1cm 处。平板电脑或智能手机上传呼吸声音数据到服务器，通过服务器的解析之后，医生和对象可以在客户端查看睡眠情况（罗宇舟等，2016）

3. 按声传感器应用领域分类

根据声音的应用领域的不同，将声传感器分为医学、通信、教学、日用品、工业、玩具六个领域。

（1）医学领域，如人工耳蜗、光纤麦克风和 B 超等。

（2）通信领域，如耳机、扬声器、话筒、录音机和收音机等。

（3）教学领域，如声传感器的多普勒测速实验、超声波测距和利用声传感器测量重力加速度等。

（4）日用品领域，如分贝仪、声控灯等。

（5）工业领域，如器件无损检测、地下水管道漏水点检测和地下电缆防外破应用等。

（6）玩具领域，如声感互动装置、声控仿真动物、电子积木、AI 玩具、简易声控小车和磁流体音响等。

4. 按声音信号输出形式分类

从输入输出端来看，大多数装载声传感器装置的应用一般可分为"以声信号输入、电信号输出""以电信号输入、声信号输出"或二者相结合的"声电混合"式。为便于分类，按声音信号输出形式对声传感器进行划分，可分为以声音信号输出与非声音信号输出两类。

（1）以声音信号输出，如核磁共振室通话设备、耳机、扬声器、话筒、录音机、收音机和声控仿真动物等。

（2）以非声音信号输出，如声控灯、简易声控小车、智能扫地机器人、语音识别模块、分贝仪、声感互动装置和各种测量应用等。

11.5.2 声传感器开发相关的工具

声传感器的开发过程致力于实现声传感器的语音识别和智能播报功能。硬件上主要使用了 LM393 声传感器、LD3320 语音识别模块和 JQ8900 语音播报模块；软件上则使用了米思齐编程软件、Keil μVision4、朗读女和亿图电路图绘制软件。

1. 硬件介绍

1）LM393 声传感器

LM393 声传感器是一款体型小巧、用途广泛且经济实惠的传感器芯片（图 11.3）。它由集成电路中的驻极体麦克风、继电器、电阻器、陶瓷电容器、电位器、LM393、电源、开关指示 LED 等元件组成。音频由驻极体麦克风输入后在电容的作用下交流流向晶体管，随后通过三极管放大声音信号并反馈到 LM393，最后通过引脚输出电信号（图 11.4）。

该电路可在 4~6V 电压下使用，可广泛在声控灯、电机、继电器等用电器上使用，实现声控功能。

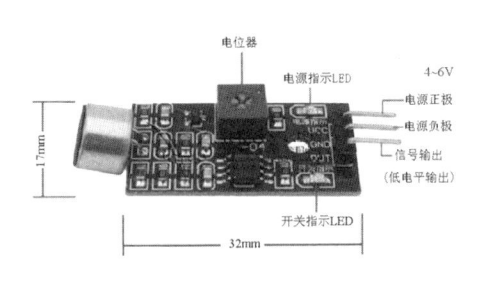

图 11.3　LM393 声传感器结构 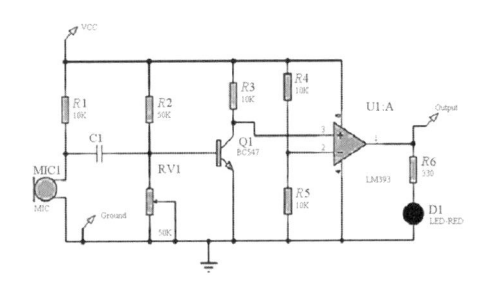　　　　图 11.4　LM393 声传感器电路图

2）LD3320 语音识别模块

LD3320 语音识别模块是一款高识别率的非特定人语音识别芯片，即不限制特定声纹，音色不同的人只需要喊出特定口令即可驱动用电器进行指定操作。

该模块集成了 LD3320 语音识别处理器、驻极体麦克风、LED 指示灯、一键下载按钮等元件，可实现"普通模式"（直接说话，模块直接识别）、"按键模式"（按下按键开始自动语音识别进程）、"口令模式"（先说出唤醒口令再下达指令）三种模式，同时还支持 MP3 播放功能（图 11.5、图 11.6）。该模块可储存 50 条识别语句，语句内容可由用户动态修改。

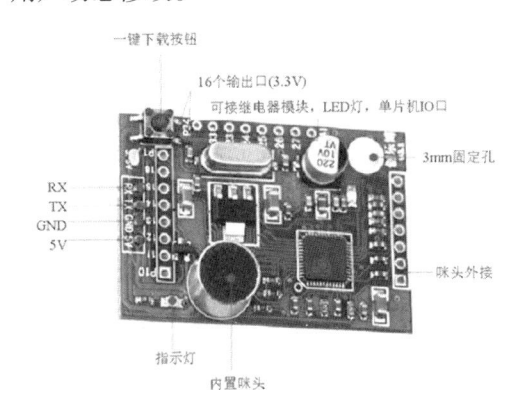

图 11.5　LD3320 语音识别模块结构图 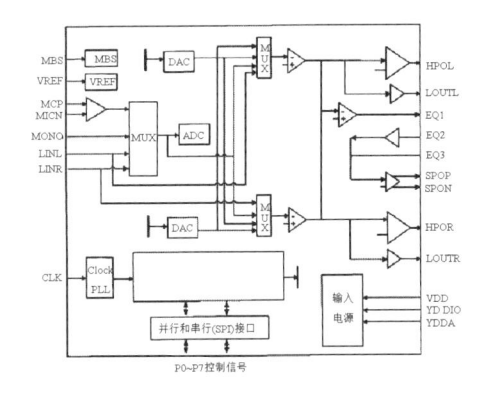　　　　图 11.6　LD3320 语音识别模块电路图

LD3320 语音识别模块现多用于智能家居、机器人、益智玩具等领域，是日常生活中实现人机交互的关键核心（王中心等，2016）。

3）JQ8900 语音播报模块

JQ8900 是一款可以储存音频信息并通过串口输出音频的语音芯片（图 11.7）。该芯片功能强大、音质良好、性能稳定，弥补了以往许多语音芯片应用领域狭窄、音质不稳定等缺陷（李然等，2020）。

该芯片装载了一个 USB 接口，接入电脑可成为一个模拟 U 盘，拷贝语音文件可像 U 盘拷贝文件一样方便，避免了其他语音芯片需要安装上位机的麻烦。该款芯片广泛应用于车载导航、收费站或营业厅语音提示、设备故障警报和消防预警等领域。

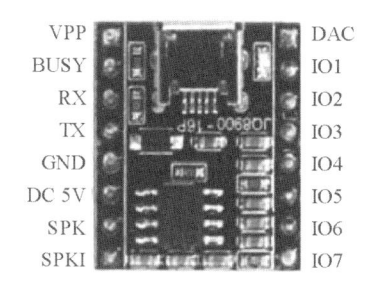

图11.7　JQ8900 语音播报模块结构图

2. 软件介绍

1）米思齐编程软件

米思齐编程软件无须额外安装浏览器和 Java 运行环境，就能使用图形化的积木块代替复杂的文本操作，还能提供代码示例（图 11.8）。但我们在使用过程中发现该软件与声传感器相关的功能较少。

图 11.8　米思齐编程软件界面示意图

2）Keil μVision4

Keil μVision4 是一款简单易用的单片机 C 语言软件开发系统。该软件引入了灵活的窗口管理系统，能够将窗口拖放到视图内的任何地方，支持多显示器窗口。在 μVision3 IDE 的基础上，该软件增加了更多大众化的功能。但该软件使用的难处是不能将软件库和固件库同步，它将所有关于硬件芯片的部分都剥离了。此外，熟练使用该系统需要使用者具有一定的编程基础。

3）朗读女

朗读女是一个简单且免费的语音朗读软件，可运行于 Windows 7 等环境，用来听网络小说、学外语、读新闻、校对文章和制作小说音频等。该软件具有完全免费、绿色便携、无须安装、无须学习即可轻松使用、可通过监控剪切板来输入文字或导入外部文字、按下快捷键即可进行朗读等优点。但该软件内部环境不稳定，易导致死机闪退。

4）亿图电路图绘制软件

亿图电路图绘制软件是一款适合新手的入门级电路图设计软件。该软件界面简单，包含丰富的图表符号、中文界面和各类图表模板。该软件占用内存小，适合中小学生使用。但使用者不能完全自己绘制图形，只能用提供的图形拼接形成电路图。

11.6 声传感器应用的创新开发与实践探索

在对声传感器的应用进行创新开发时，开发小组结合了单片机及单片机课程中涉及的流水灯、呼吸灯等设计。如果将这些灯光效果和声传感器结合，那么就可以制作出一个能够随着声音变化而变化的律动灯。当想法与实践进行科学合理的碰撞时，便得到了最终预想的开发效果。

1. 趣味装置——音乐律动灯

利用一个 LM393 声传感器结合一个 Arduino UNO-R3 开发板、一个 Arduino 扩展板、一块 154mm×54mm×10mm 面包板、35 个普通发光二极管（含有红、黄、绿、蓝、橙五色）、若干杜邦线、一个用于提供电源的 10000mA 充电宝、一条与充电宝适配的数据线（表 11.6），制作出了灯光随着音乐律动的灯。音乐律动灯实物如图 11.9 所示。

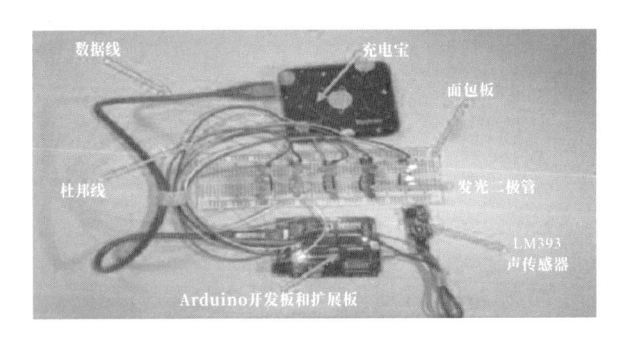

图 11.9 音乐律动灯实物图

表 11.6 音乐律动灯材料清单

	LM393 声传感器	Arduino UNO-R3 开发板	Arduino 扩展板	面包板	普通发光二极管（红、黄、绿、蓝、橙色）	杜邦线	数据线	充电宝
数量	1	1	1	1	35	若干	1	1
实物图								

音乐律动灯由 5 排普通发光二极管组成，每排普通发光二极管的数量为 7 个，且每排发光二极管颜色不同，从下到上依次为红色、橙色、黄色、绿色和蓝色。给该装置提供一个声源时，声源被安装在 Arduino UNO-R3 开发板管脚 A1 口，由 LM393 声传感器检测识别，这时 LM393 声传感器将声信号转化为电信号，电信号输入至 Arduino UNO-R3 开发板后，电信号的信息会促使 Arduino UNO-R3 开发板上的 9~13 号管脚执行由米思齐编程软件所编辑的程序（图 11.10）。具体程序如图 11.11 所示。

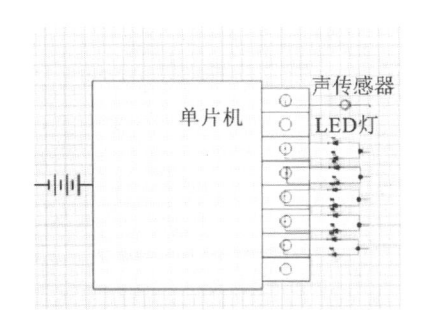

图 11.10　音乐律动灯成果电路图

图 11.11　音乐律动灯程序图

音乐律动灯的最终效果是发光二极管会随着提供的声音的有无来亮灯或暗灯，同时随着声音大小的变化，灯光的整体亮暗程度也会发生变化。当提供一个节奏感较强的音频时，音乐律动灯的灯光就会不断地闪烁变换，像不断跳动的火苗一样引人注目。音乐律动灯的红灯发光效果如图 11.12 所示。

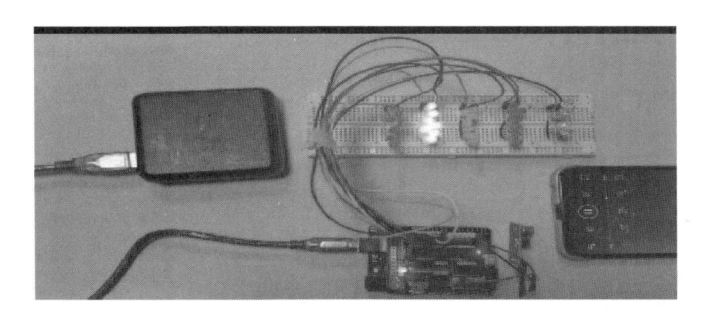

图 11.12　音乐律动灯红灯发光效果

为了增加灯光效果的趣味性和美观性,可以在普通发光二极管上铺一层棉花。由于棉花透光且蓬松,可以让整个装置在灯光亮时变得更加立体和梦幻,如同光在云中不断闪烁,也使得灯光效果更加明显。同时,如果所用的发光二极管数量较多且灯光强度足够,直接观看时眼睛难免会因为灯光的不断闪烁而感到不舒服,加上棉花可以很大程度上缓解眼部的不适感,也增强了音乐律动灯的观赏性。音乐律动灯黄灯发光效果如图 11.13 所示。

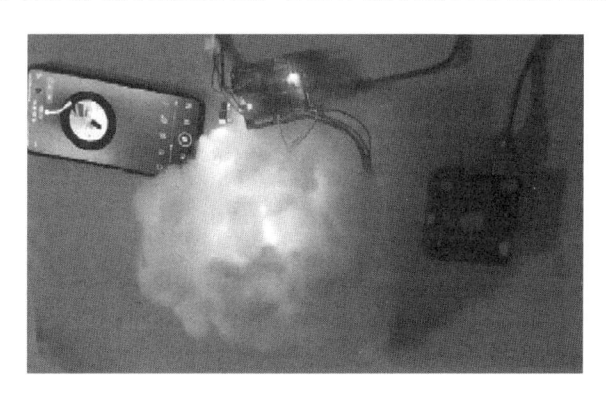

图 11.13 音乐律动灯黄灯发光效果

2. 趣味装置——语音识别控制用电器

根据现有的语音识别技术制作能够用语音直接控制普通发光二极管亮灭的系统。利用一块 LD3320 语音识别模块、一个 Arduino UNO-R3 开发板、一个 Arduino 扩展板、一块 154mm×54mm×10mm 面包板、21 个普通发光二极管(含有红、黄、绿色)、若干杜邦线、一个为整套装置提供电源的 10000mA 充电宝、一条与充电宝适配的数据线(表 11.7),完成了用语音直接控制普通发光二极管亮灭的这一设想。具体装置实物图如图 11.14 所示。

表 11.7 语音识别控制用电器材料清单

	LD3320语音识别模块	Arduino UNO-R3 开发板	Arduino 扩展板	面包板	普通发光二极管(红、黄、绿色)	杜邦线	数据线	充电宝
数量	1	1	1	1	21	若干	1	1
实物图								

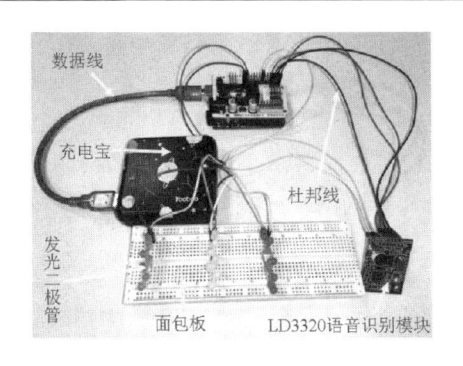

图 11.14　语音识别控制用电器装置实物图

本书设计的语音识别控制用电器系统的用电器部分由 3 排普通发光二极管组成，每排普通发光二极管的数量为 7 个，且每排颜色不同，依次为绿色、黄色和红色。对 LD3320 语音识别模块输入声信号后，LD3320 语音识别模块会将所得声信号转化为电信号，电信号输入 Arduino UNO‐R3 开发板后，电信号的信息会促使 Arduino UNO‐R3 开发板与 LD3320 语音识别模块的 PA1~PA3 管脚执行使用 Keil μVision4 软件编辑的程序，如图 11.15 所示。

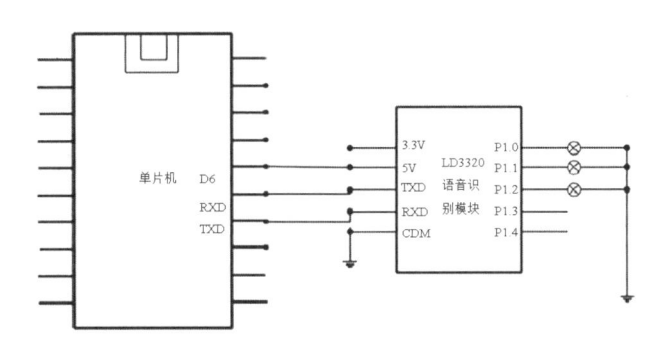

图 11.15　语音识别控制用电器装置电路图

该装置的最终效果为当 LD3320 语音识别模块接收到"小明，绿灯"的指令时，绿色普通发光二极管就会亮起；当接收到"小明，关绿灯"的指令时，绿色普通发光二极管就会熄灭，其他颜色灯的亮灭控制同上。但所用的 LD3320 语音识别模块只能听从指定的口令，例如，若所设计的程序是当 LD3320 语音识别模块接收到"小明，红色灯"时，红色灯会亮起；如果给予的口令是"小明，红灯"，则此时红灯并不会亮起。语音识别控制用电器绿、黄、红灯均亮的效果如图 11.16 所示。

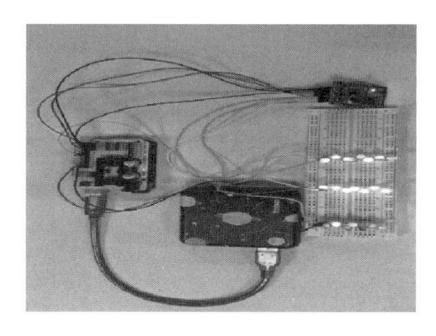

图 11.16 语音识别控制用电器绿、黄、红灯均亮效果图

3. 趣味装置——开关控制语音播报

当完成了语音识别控制用电器设计后,即将声音信号转换为输出信号,此时还可以继续开发输出声音信号的装置。利用一块 JQ8900 语音播报模块、一个 Arduino UNO-R3 开发板、一个 Arduino 扩展板、一个直径 4cm 的圆形扬声器、6 个按键开关、若干杜邦线、一个用于提供电源的 10000mA 充电宝、一条与充电宝适配的数据线设计制作开关控制语音播报装置(表 11.8)。

表 11.8　开关控制语音播报装置材料清单

	JQ8900 语音播报模块	Arduino UNO-R3 开发板	Arduino 扩展板	扬声器	按键开关	杜邦线	数据线	充电宝
数量	1	1	1	1	6	若干	1	1
实物图								

本书设计的开关控制语音播报装置由 6 个按键开关控制不同的语音。当其中一个开关被按下后,将会输入对应电信号到 Arduino UNO-R3 开发板,此时开发板的电信号再传到 JQ8900 语音播报模块,JQ8900 语音播报模块就会执行程序(图 11.17、图 11.18)。在这个过程中需要提前编写语音播报模块能够输出的语音,编写软件为朗读女。

图 11.17　开关控制语音播报装置实物图　　　图 11.18　开关控制语音播报装置电路图

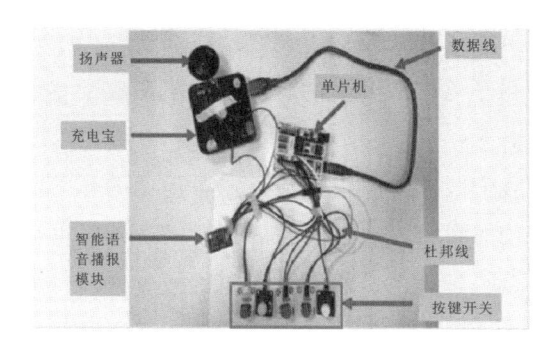

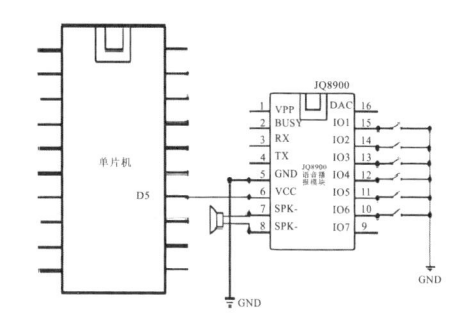

用 JQ8900 语音播报模块不仅可以播放短暂的语音，也可以播放一段音频。因此，设计的最终效果是每个按键都会对应一种语音，按键 1~4 分别对应"老师，我在""五楼的同学下来做检查""三口之家""预祝本次体育运动会取得圆满成功"，按键 5 则对应了一段音频。

11.7　声传感器应用的项目学习与探究反思

作为教师，面对一双双求知若渴的眼睛时，你是选择做一个按照教材照本宣科的教师，还是做一个利用学习资源和网络教学资源，带领学生开展自主探索和创新实践的教师？很幸运的是在科技教育资源开发的过程中，我们能够从优质课程资源的享受者转变为优质课程资源的开发者和创造者，最关键的是能通过攻坚克难的创新实践之旅，深刻地体悟当代教师培养创造能力的方法。作为新时代教师，我们要学会利用身边的一切网络教学资源、在线课程资源和现代软件技术等助力学生成长。正如在进行科技教育资源开发之初时的做法，我们要尽可能地获取前人的各类文献和图书等研究资料，在前人创新的基础上进行新的开发与再创新。

科技教育项目学习资源开发应该遵循由简到繁、由易到难、由点到面的循序渐进的步骤，让学生可以通过项目式学习获取更为系统的知识与技能。探究学习的过程不能止步于一个小概念，而是要最终生成一个大概念，这是一个由浅入深的过程，能够产生真正意义上的深度学习。

在科技教育项目学习资源开发选题之初，我们虽然有很多创新想法和创意萌发，但经过系列讨论与实践之后，很多想法与创意都不能实现。尽管后来找到了努力的方向，但很快各种问题也纷至沓来。在查找大量文献的过程中，我们了解了声传感器的各个方面，如声传感器的历史背景、结构特点、类型和应用等。知己知彼，方能开发与创新。另外，我们在应用开发上也遇到了各种具体的困难，如硬件连接有问题、编程的编码出现错误、硬件和软件不适配等。这一系列问题也让我们对当初的选择产生了怀疑，怀疑是否还能像前期预想一样完成目标。在那段艰难的时间里，我们探索着不熟悉的领域，如 Keil μVision4 编程软件、声传感器应用等。虽然过程一波三折，但最终确实取得了一些意想不到的成果。我们从最初对科技教育项目学习资源开发的恐惧和迷茫变成了专业的自信，思路逐渐清晰。

通过科技教育项目学习资源开发的磨炼，我们收获的不仅是最终能看得见的开发成果，更多的是看不见的知识和经验。例如，我们对科技教育课程资源开发的认识不再片面，而是理解了科技教育课程资源开发是系统的、综合的、深度的。在科技教育项目学习资源开发的时候要思考学理依据、知识深度和跨学科广度，所要开发的学习资源要具有科学性、合理性、可行性等特点，也要充分考虑青少年学生的认知特点和心理结构。还可以加入地方特色课程内容或进行跨学科课程内容的开发，将科技教育项目学习资源开发视为立体的而非平面的。科技教育项目学习资源的开发不是一件容易的事，需要用心积累和深入挖掘资料，将搜集的文献资料等内化为自主学习的资源再进行整合输出，才能产生"一加一大于二"的开发效果。教师需要保持对科技教育项目学习资源开发的创新意识，敢于大胆地提出想法，经过质疑、否定、求证、确定的循环过程，最终才能开发出一个成熟且可持续发展的学习专题。

第 12 章　基于 OpenCV 图像识别软件的项目式学习与创新实践

12.1　OpenCV 图像识别软件的简介

OpenCV 项目于 1999 年正式启动，最初是英特尔的一项研究计划，旨在推进中央处理器密集型应用，是包括实时光线跟踪和 3D 显示墙在内的一系列项目的一部分。该项目的主要贡献者包括英特尔俄罗斯公司的许多优化专家，以及英特尔的性能库团队。

OpenCV 是一个开源的计算机视觉库（图像和视频处理库），它提供了很多函数，这些函数非常高效地实现了计算机视觉算法。OpenCV 是用 C++ 编写的，它的主要接口包括 C++、Python、Java 和 MATLAB，并且保留了大量 C 语言接口。该库也有大量的 Python、Java 和 MATLAB/OCTAVE 的接口。这些语言的 API 接口函数都可以通过在线文档找到。

基于 OpenCV 图像识别软件的技术的重点是对被测物体的图像信息进行数字化处理，因受环境因素影响，通过摄像头获取的图像信息包含各种噪声，加上被测物体图像信息与周围环境信息的对比度较低，导致获取的目标图像会发生畸变。因此，需要消除图像中无关的噪声干扰，提高图像的对比度，简化数据处理类别，增加可用信息，相对精准地对图像进行特征分割和特征提取。

12.2　基于 OpenCV 图像识别软件相关的中小学课程标准内容及教育价值

1. 相关的中小学课程标准内容要求

"用油膜法估测分子的大小"实验出自人教版普通高中课程标准实验教科书《物理（选修 3-3）》。

课标要求学生通过实验，能估测油酸分子的大小并了解分子动理论的基本观点及相关的实验证据。

实验的教学提示：通过"用油膜法估测分子的大小"实验，让学生体会和掌握测量微观物理量的思想和方法，能利用不同的方法与手段分析和处理信息。

实验的学业要求：会做"用油膜法估测分子的大小"等实验。知道测量微观物理量的思想和方法，能通过科学、合理的操作获得实验数据，并能在实验中找到减小误差的方法。能运用恰当的方式处理数据并得出正确结论。能写出完整、规范的实验报告，正确表达科学探究的过程和结果。

用牛顿环测透镜曲率半径实验来源于大学物理实验，实验目的是掌握用牛顿环测定平凸透镜曲率半径的方法，通过实验加深对等厚干涉原理的理解。

2. 基于 OpenCV 软件开发的教育价值

在数字图像处理的实验教学中引入 OpenCV，具有其合理性和必要性。OpenCV 可应用于图像变换和图像边缘检测。将 OpenCV 引入数字图像处理的实验教学，既能简化图像处理的编程，又能切实提高学生的实践创新能力，使学生深入理解图像处理的基础理论和典型算法，获得更好的实验教学效果。

12.3 基于 OpenCV 图像识别软件的相关研究

林忠（2015）从计算机专业课程视角分析了 Photoshop 和 OpenCV 两个软件对学生学习数字图像处理课程的教学效果及教学经验的影响，并提到结合二者的教材是该领域的空白。

丁泽宇和弓伟（2019）基于 OpenCV 设计了测量电阻的系统，只需要使用手机对大量的电阻拍一张照片，该系统的算法就可以自动识别电阻的色环，从而计算出电阻的阻值。通过软硬件的结合，该系统能够快速给出大量电阻的阻值，省去了人工使用万用表测量阻值的烦琐过程。

廖晨芸（2020）介绍了 OpenCV 的模块及其安装和配置，并深入分析了水银温度计刻度识别过程中的预处理技术，包括图像灰度化、滤波、阈值分割等。为了获得更好的效果，减少光晕的出现，研究采用双边滤波来快速估计光照图像，并基于图像局部区域信息变化采用伽马算法进行校正，此外，还采用了 Retinex 增强、多种阈值匹配等。根据温度计图像中刻度线的特性，对温度计图像进行处理，提取出刻度线图像进行细化和分析，得出刻度线的位置，对刻度进行两个方向的投影，优化刻度均匀分配，进一步优化刻度的纯净度。再根据液柱在温度计图像中的特性，提取出液柱头的位置。最后采用连通域筛选，提取数字，根据读数的特点，采用模板匹配的思想。匹配数字特征时将轮廓像素和投影进行组合，并根据不同字体分配二者权重，扩充数字识别兼容性，提高识别效果。该研究通过水银温度计的刻度图像识别，使用计算机自动读数来代替检定员人工重复、大量地读数，达到了提高效率和降低人工成本的目的，但该研究欠缺对真实环境的考虑。

何小风（2019）利用 OpenCV 的函数获取了图中所有电势点的坐标，经过计算得到各等势圆半径的测量值，再计算出相对偏差，从而给出了图形的整体评分，但图像识别过程对图片的要求高，过多的噪点会导致识别不精准。

在中国知网以"OpenCV"为关键词进行搜索，共搜到超过 4000 篇相关文章，其中大部涉及在电子技术等方面的应用,应用在物理教育方面的实验较少。因此,我们经过讨论决定利用 OpenCV 软件对物理实验进行深入探究。

祝朝坤和魏伦胜(2019)为解决以往早教机器人难以识别儿童手势、与儿童互动不足的问题,基于 OpenCV 图像识别技术开发了手势识别的早教机器人,进一步促进了人机交互,辅助儿童教育。

冯敬益和谢景明(2020)将 OpenCV 图像识别技术应用于中学信息课程,开发设计了 5 个既独立又关联的案例:图像操作→视频操作→人脸识别→二维码操作→创客项目(学生自主)。该项目在 2018 年由教育部基础教育课程教材发展中心组织的第五届全国基础教育课程教学改革研讨会上作为教学研究课进行了展示。但该项目对评估学生的表现未作明确说明。

Pavuluri 等(2022)针对在某些限速区车辆超速引发人员伤亡的问题,利用树莓派和 OpenCV 图像识别技术实现了车辆在限速区自动调节速度,有效防止了超速导致的事故的发生。

12.4 基于 OpenCV 图像识别软件的探索研究

12.4.1 用油膜法估测分子的大小实验研究

用油膜法估测分子的大小和用牛顿环测透镜曲率半径实验中,前者是先读取图片,对图片的大小进行处理,导入 cv2、NumPy 库,再采取形态学操作等技术消除噪声,提高图片的对比度,就可以得到需要的数据。后者同样是先读取图片,对图片的大小进行处理,然后导入 cv2、NumPy、Matplotlib 库,再采取形态学操作,不同的是通过突出图片的关键位置,进而得出研究需要的数据。

用油膜法估测分子的大小实验中的油酸分子由两部分组成:一部分是羧基,对水有很强的亲和力;另一部分是羟基,对水的亲和力较羧基更弱。把油酸滴在水面,羟基部分冒出水面,而羧基部分保留在水中,使得油酸分子直立在水面,并在水面散开形成单分子油膜。根据油酸分子的这种特性,通过实验的手段可估算出油酸分子的长度。进行具体实验时,由于纯油酸形成的单分子层薄膜面积太大而不便测量,且油酸溶于酒精,酒精又溶于水,故需要用酒精稀释油酸。另外,油酸酒精溶液需要分两次配置,这样可节省材料且更为精确。

一般将痱子粉(或石膏粉)撒在水面来显现油膜形成的边界进而计算油膜的面积。如果在盛水较浅的小盆中撒下痱子粉,将给油酸的扩散造成很大的阻力并且该阻力随痱子粉所占面积的缩小而增大。正因如此,可以发现实验中滴一滴油酸所形成的油膜面积与滴了多滴油酸形成的油膜面积差别不大,实际上由于痱子粉的阻力,油酸已经不能形成单分子油膜。

还可利用放在浅盆上的有机玻璃板描绘油膜的形状，然后利用面积互补法计算油膜面积，但这一过程也给实验的准确性造成了较大的影响。首先，水与玻璃有一定的距离，在通过玻璃板观察油膜形状时会产生视觉上的误差；其次，外互补法本身是一种估算方法，自然会带来误差。

此外，有机玻璃板上网格不够清晰，尤其是长期使用以后，还会留有水笔划过的痕迹，多次擦洗后也会变得模糊。这使得做实验时不易看清玻璃板下油酸推开痱子粉的边界，从而难以画出边界。例如，油酸推开痱子粉时一直处于动态过程，描边界时边界还在变化，导致描出的边界不够精确。

1. 用油膜法估测分子的大小实验的系列研究

张钟灵（2021）认为"用油膜法估测分子的大小"实验成功的关键是向配置好的油膜溶液中撒入的痱子粉量，通过肉眼观察所撒痱子粉的厚度来控制撒粉量容易导致实验失败。应根据实验的基本原理，即通过选择量程来控制撒粉量，从而实现对面积的测量；通过校准溶液的体积来实现对体积的测定。

徐忠岳等（2020）通过添加洗涤剂降低了自来水的表面张力系数，从而提高了实验的稳定性、精度和教学效率。

苏畅和田素海（2019）提出了"用油膜法估测分子的大小"实验的两点创新：一是通过设计特定的坐标纸来精确地计算出油酸膜的面积；二是通过自制痱子粉瓶，撒出均匀的痱子粉层，从而达到便捷测量油酸膜面积的目的。

闵一恒和张建民（2017）介绍了"用油膜法估测分子的大小"实验中撒粉、滴液控制和油膜面积计算三方面的改进方法。针对撒粉问题，采用透明塑料筒（如广口饮料瓶），内盛干燥石膏粉（或痱子粉），在筒盖中心取略小于盖的大孔，在筒口和筒盖之间夹一块轻质纱布。将筒倒立并轻轻敲击筒底，撒粉时控制粉膜面积不超过浅水盘的一半，这样就可以使得石膏粉薄而均匀地撒在浅水盘的水面上。针对滴液控制问题，用滴管（注射器）抽取1mL浓度为1‰的油酸酒精溶液，把滴管的活塞往上拉至侧面孔的上方，使管内液面跟管外的大气相通，管内溶液在重力和大气压的作用下，通过针孔形成自由滴，滴液间隔时间约为3s。先在水槽旁竖立滴管试滴4~5滴，然后匀速移到浅水盘水面中央上方（距水面1~2cm）滴入一滴溶液后，迅速移开滴管，可看到粉膜迅速向四周散开，而后回缩一些，最后在粉膜中央形成一块形状不规则的单分子层油膜。把上一步操作中的滴管放在量筒上，用量筒盛接下滴的溶液，仔细观察滴管内的液面，当液面在某一刻度线上时，开始计滴数，直至液面降到另一刻度线，记下总滴数 n 和相应溶液体积，然后计算出一滴油酸酒精溶液中所含油酸的体积。针对油膜面积计算问题，采用拍照法，巧妙规避人工读数误差大的问题。对根据油膜轮廓画好的玻璃板进行拍照，分别对玻璃板和油膜轮廓进行选取，得到两者的像素，由此就能得到油膜面积占总面积的百分比，只要再测得玻璃板的面积，通过计算就能得到比较准确的油膜面积。这三方面的改进不仅激发了学生的探知热情，更是让学生直观体验了如何将科学技术应用到物理实验改进中。

谭黔（2016）认为中学物理教材中将油酸分子视为球体，但实际采用的却是正立方体结构的公式计算分子大小，这样容易引起误解，因为视作球体的计算方法不同于视作正立方体的计算方法，应给予进一步说明，区分出将油酸分子视作正立方体与球体时计算方法的不同，这将有利于学生对该实验的理解与掌握。

沈桅（2015）在"用油膜法估测分子的大小"实验中借助图形软件 Photoshop 测量了不规则图形的面积。

江燕（2014）在"用油膜法估测分子的大小"实验中采用高清摄像头和镂空网格，同时借助于类似 QQ 视频聊天的方式连续拍下多张照片，选择其中一张效果较好的照片，对照电脑上的照片一起数格子，从而得出数据。

李弘（2013）采用黑色白板笔代替蜡笔描绘图形，这样既能方便地描绘图形，又能比较容易擦去图形，从而提高了"用油膜法估测分子的大小"实验的成功率。

杨小平（2011）在"用油膜法估测分子的大小"实验中设计了改进型浅水盘，该盘采用透明塑料制作而成，并且以盘底中心为原点印上了有毫米刻度的直角坐标。

夏艳萍（2010）提出了"用油膜法估测分子的大小"实验的小技巧：在小烧杯里装入痱子粉，用两层细纱布把烧杯口封上，将烧杯倒置，用手匀速地轻拍烧杯底部，痱子粉就均匀地撒在了事先准备好的平静水面上。再用拉细管口的滴管接近痱子粉的表面，向水中滴一滴事先配好的混合液。如此可以形成面积大小适中、边缘圆滑清晰的油膜，以便于准确测量油膜面积。

汤志兵（2009）采用注射器代替滴管解决了"用油膜法估测分子的大小"实验操作中存在的问题。

程祝勤和熊世江（2008）针对"用油膜法估测分子的大小"实验中痱子粉不能薄且均匀地撒在盛水方盘中的问题，提出采用碳粉替代痱子粉。

肖永强（2007）提出了"用油膜法估测分子的大小"实验的两点改进：①注射滴定器。从一次性输液器上拆取注射细软管部分，将剩余塑料软管上的控制阀安装于细软管处，以便于通过直接调节控制阀来控制细软管中油酸溶液的流速，从而保证在较大力推动注射器时，也能使注射针头处的油酸溶液以液滴形式滴出。②石膏粉分散器。采用透明胶卷筒，内盛石膏粉（或痱子粉）后，在筒盖钻一个大孔，在筒口和筒盖之间夹一块纱布（或质量较好的一层餐巾纸）。实验时倒立胶卷筒并轻轻敲击底部，这样既解决了难以将石膏粉薄而均匀地撒在浅水盘水面的问题，又减轻了实验室里粉尘污染严重的问题。实践表明，这样做的效果极佳。

李茂端（2006）发现进行"用油膜法估测分子的大小"实验时，筛网中用三层纱布叠加比只用一层纱布撒下的粉更均匀，且在门窗关好没有风吹时，手持筛网离浅盘高约 0.3m 撒下的效果最佳。

谢作为等（2005）提出了对"用油膜法估测分子的大小"实验的两点改进：①改进撒痱子粉的方法，将干净的60mL广口瓶去盖，装上痱子粉后，用一小块牛筋丝袜罩在瓶口上，再用环形橡皮筋将其箍紧，用时将瓶口朝下，轻叩瓶底，粉就均匀落下。②改进油酸溶液滴管装置，将自行车气门芯上套的胶管剪成1cm长的小段，先用洗洁精的水溶液浸泡几分钟，用手捏搓洗涤，再用清水漂洗干净，晾干。将滴管的尖嘴插入小段胶管内，尖嘴口超出胶管1mm，再把有胶管的尖嘴插入注射器（注射针针柄的规格为0.6mm）内。或将同样规格的静脉输液针针尾的管子剪去，用胶管将其与滴管尖嘴连起来。

顾新胡和支义英（2004）提出了不使用额外的媒介（如痱子粉），也不利用玻璃板等间接手段来测量单分子油膜面积的方式。

李伟（2003）在"用油膜法估测分子的大小"实验探索中发现，将痱子粉用纸包好，用大头针扎30～50个小孔，实验时沿浅盘中央弹纸，可使痱子粉均匀撒在水面上；滴管（或注射器针头）高出水表面的高度应在1cm以内；实验时应选用较大的圆形浅盘（正方形亦可），直径约30cm。

霍建宏（2002）提出了"用油膜法估测分子的大小"实验的改进方法：①实验方法的改进，实验时往浅盘里倒入约2cm深的水，待水面平静后沿浅盘边缘撒痱子粉，注意痱子粉不能撒得太密，最关键的是要在浅盘中央留下一个圆形空白，圆形空白处不要撒痱子粉，再将事先配制好的油酸酒精溶液滴在圆形空白的中央，这样便于估测形成的油膜面积。②液体配制方法的改进，配制前先精确测量一滴油酸和一滴酒精的体积，然后用滴定管测出500滴油酸和酒精各自的总体积，再分别求出平均值。油酸与酒精应当按照1:200配制在小量筒中，并使油酸在酒精中全部溶解，即可进行实验。

上述"用油膜法估测分子的大小"的实验大多都进行了改进，但计算方法还存在问题，仍需要用数格子的传统方式计算，且油酸推开痱子粉时一直处于动态过程，描边界时边界还同时在变化，描出来的边界也不够准确。利用OpenCV图像识别软件的图像识别功能可以解决这个问题。

2. 用油膜法估测分子的大小实验的新技术探索

应用新技术是为了解决计算方面存在的误差问题，在油膜形成单分子的瞬间进行拍照，通过编写程序，即可得出油膜分子的大小，不需要用补面积法进行计算。

油酸分子式为$C_{17}H_{33}COOH$，是一种结构较为复杂的不饱和脂肪酸，由两部分组成，一部分是—$C_{17}H_{33}$；另一部分是—COOH，对水有很强的亲和力。被酒精稀释过的油酸滴在水面时，油酸溶液会很快在水面散开，其中酒精先溶于水，并很快挥发，最后在水面形成一块纯油酸薄膜。其中—$C_{17}H_{33}$部分冒出水面，—COOH部分留在水中，油酸分子直立在水面，形成一个单分子油膜。如果那滴油酸的体积V可以算出，再测得单分子油膜的面积S，即可估算出油酸分子的大小（即直径d）：

$$d = \frac{V}{S}$$

一般分子大小的数量级是 10^{-10}m，油酸分子大小的公认值为 1.12×10^{-9}m，这是因为油酸分子结构不是球形而是长链状，"用油膜法估测分子的大小"实验测得的结果其实是油酸分子的长度。故本实验的理想测量值应该约等于 1.0×10^{-9}m。

3. 用油膜法估测分子的大小相关实验材料

油酸、容量瓶（500mL）、酒精（75%±5%）、痱子粉、滴管（3mL）、注射器（一次性使用无菌注射器，带针 1mL）、荧光笔、透明白板（长 30cm、宽 25cm）、盛水盆（半径为 18cm）、墨水、量筒（10mL）。

12.4.2 用牛顿环测透镜曲率半径实验的创新与探究

1. 实验原理

在牛顿环实验中，为了减小传统测量方法中人眼疲劳导致的误差，提高牛顿环测量曲率半径的精度，通过摄像头拍照得到图片，采取 OpenCV 图像识别软件算出透镜曲率的半径。

OpenCV 最初是用 C++ 编写的，但其现在也支持其他编程语言，如 Python、Java、MATLAB 等，它使用了面向对象的设计，使得开发人员可以使用简单的 C++、Python 等语言来实现复杂的计算机视觉算法和应用。

若以波长为 λ 的平行单色光垂直照射在薄膜

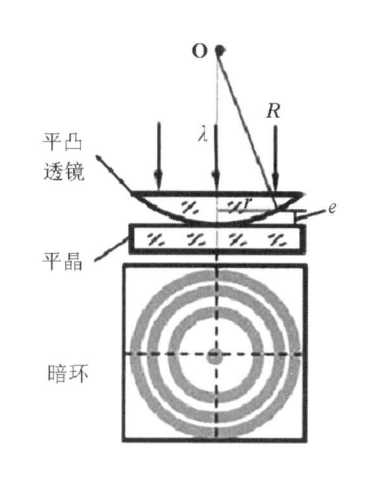

图 12.1 平凸透镜曲率半径

上，经空气薄膜上下两表面反射的两束光在透镜凸表面附近相遇发生等厚干涉，其干涉图样是以接触点 O 为中心的一系列明暗交替的同心圆环（中心处是个暗斑），且同一圆环的薄膜厚度相等（图 12.1）。

透镜曲率半径公式：$R=\dfrac{D_m^2-D_n^2}{4(m-n)\lambda}$。

2. 研究方法与实验材料

1）文献研究法

通过收集、阅读、分析与整理研究主题相关的文献材料，了解牛顿环研究现状，为全面、正确地研究主题提供理论基础。

2）归纳演绎法

通过对已有资料的整理、归纳，结合当前的研究主题，分析相关设计案例，得出相关的研究结论，确定研究主题开发的实践方向。

3）实验材料

牛顿环（$R=1$m）、钠光灯、读数显微镜（带 45°反光玻璃片）。

12.5 基于 OpenCV 图像识别技术的创新开发与实践探索

12.5.1 OpenCV 图像识别技术在用油膜法估测分子的大小实验中的探索

1. 实验探索

1）第一次实验探索

存在问题：图片不清晰，后期用 OpenCV 图像识别的难度大。

实验改进：添加色素水，换成粉色面盆。

2）第二次实验探索

存在问题：已测出轮廓的面积，但面积单位是像素值，如何把像素值转换为面积（cm^2）？

改进方法：通过已知参照物真实的面积，写程序算出参照物和轮廓的面积，再进行转换即可。

3）第三次实验探索

第三次实验的数据见表 12.1。

表 12.1　第三次实验的数据

测量项目	油酸酒精溶液的浓度 $1/N$	滴入烧杯中的油酸酒精溶液的总体积 $V_总/cm^3$	油酸酒精溶液的总滴数 n	油膜面积 S/cm^2
数值	1/500	2	65	125.5

程序测算：$S = 112.81 cm^2$、$d = 5.4 \times 10^{-9} m$。

人工测算：$S = 125.5 cm^2$、$d = 4.9 \times 10^{-9} m$。

误差分析：①一滴溶液在不同的高度滴下的速度不同，对实验效果的影响不一样；②人工描边时存在误差；③人工配制油酸酒精溶液时出现误差。

2. 实验改进

把滴管改为针管，其他条件不变。改进实验的数据见表 12.2，相关的实验过程如图 12.2~图 12.3 所示。

表 12.2　改进实验的数据

测量项目	油酸酒精溶液的浓度 $1/N$	滴入烧杯中的油酸酒精溶液的总体积 $V_总/cm^3$	油酸酒精溶液的总滴数 n
数值	1/500	1	155

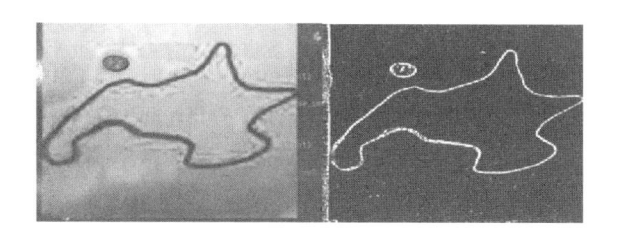

图 12.2 有参照的 OpenCV 图像识别图

图 12.3 用油膜法估测分子的大小实物图

第一组、第二组、第三组实验的对比数据见表 12.3~表 12.5。

表 12.3 第一组实验的对比数据（油膜面积的人工读数与图像识别）

人工读数	人工描摹的油膜面积	图像识别
$S = 118 \text{cm}^2$		$S = 107 \text{cm}^2$
$d = 1.09 \times 10^{-9} \text{m}$		$d = 1.21 \times 10^{-9} \text{m}$

表 12.4　第二组实验的对比数据（油膜面积的人工读数与图像识别）

人工读数	人工描摹的油膜面积	图像识别
$S = 124\text{cm}^2$ $d = 1.04 \times 10^{-9}\text{m}$		$S = 101\text{cm}^2$ $d = 1.27 \times 10^{-9}\text{m}$

表 12.5　第三组实验的对比数据（油膜面积的人工读数与图像识别）

人工读数	人工描摹的油膜面积	图像识别
$S = 143\text{cm}^2$ $d = 0.9 \times 10^{-9}\text{m}$		$S = 128\text{cm}^2$ $d = 1.01 \times 10^{-9}\text{m}$

编写程序是为了帮助研究者快速读取面积，减少读数的误差。通过探索，我们认为测量面积的影响因素包括：痱子粉的量、盛水器中水的深度、注射器的规格（每滴油酸溶液的体积）和滴下的高度。

3. 用油膜法估测分子的大小实验的代码

```
import cv2 as cv
import numpy as np
frame = cv.imread ('image.jpg')
size = frame.shape
w = size [1]
h = size [0]
```

```
if w>=h:
    k=w
else:
    k=h
frame = cv.resize (frame, (w//10, h//10), interpolation = cv.INTER_CUBIC)
center =0
radius0 =0
radius1 =0
def process (image):
    global center, radius0
    hsv = cv.cvtColor (image, cv.COLOR_BGR2HSV)
    line = cv.getStructuringElement (cv.MORPH_RECT, (15, 15), (-1, -1))
    mask = cv.inRange (hsv, (0, 0, 0), (30, 255, 255))
    mask = cv.morphologyEx (mask, cv.MORPH_OPEN, line)
    contours, hierarchy = cv.findContours (mask, cv.RETR_EXTERNAL, cv.CHAIN_APPROX_SIMPLE)
    index = -1
    max = 0
    for c in range (len (contours)):
        area = cv.contourArea (contours [c])
        if area > max:
            max = area
            index = c
    if index >= 0 and area >2000:
        rect = cv.minAreaRect (contours [index])
        (a, b), radius = cv.minEnclosingCircle (contours [index])
        center = (int (a), int (b))
        radius = int (radius-k//4000)
        radius0 = radius
        cv.circle (image, center, radius, (0, 0, 255), 2)
    return image
def process1 (image):
    global radius1
    hsv = cv.cvtColor (image, cv.COLOR_BGR2HSV)
    line = cv.getStructuringElement (cv.MORPH_RECT, (15, 15),
```

```
(-1, -1))
    mask = cv.inRange (hsv, (140, 0, 0), (160, 255, 255))
    mask = cv.morphologyEx (mask, cv.MORPH_ OPEN, line)
    contours, hierarchy = cv.findContours (mask, cv.RETR_ EXTER-
NAL, cv.CHAIN_ APPROX_ SIMPLE)
    index = -1
    max = 0
    for c in range (len (contours)):
    area = cv.contourArea (contours [c])
      if area > max:
        max = area
        index = c
    if index > = 0 and area >2000:
       (a, b), radius = cv.minEnclosingCircle (contours [index])
      center = (int (a), int (b))
      radius = int (radius - k /500)
      radius1 = radius
      cv.circle (image, center, radius, (0, 0, 255), 2)
    return image
result = process (frame)
result = process1 (result)
print (radius0, radius1)
font = cv.FONT_ HERSHEY_ DUPLEX
area = int (1018 * radius0 * radius0 /radius1 /radius1)
result = cv.putText (result, str (area), center, font, 1, (0, 255, 0), 1,)
cv.imshow ("cs", result)
cv.waitKey (0)
cv.destroyAllWindows ()
```

4. 油膜法估测分子的大小实验的比较分析

传统用油膜法估测分子的大小的操作是画轮廓之后再对轮廓进行面积计算，人工计算存在较大误差。使用 OpenCV 图像识别软件对得到的轮廓进行拍照，通过编写的程序，输入图片得出轮廓的面积，可进行精准的面积识别，使油膜法测量的分子大小更接近理论值（1.0×10^{-9}m）。

12.5.2 OpenCV 图像识别技术在用牛顿环测透镜曲率半径实验中的应用与创新

1. OpenCV 图像识别技术在用牛顿环测透镜曲率半径实验中的应用

实验材料：盛水盆（半径为18cm）、电子温度计、墨水、量筒（10mL）。

1）第一次实验（显微镜观察读数）

第一次实验图片如图 12.4 所示，实验数据见表 12.6。

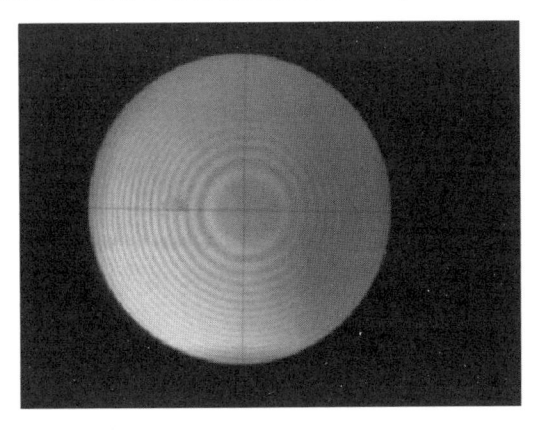

图 12.4　用牛顿环测透镜曲率半径第一次实验

表 12.6　用牛顿环测透镜曲率半径第一次实验数据

牛顿环数	左边读数/mm	右边读数/mm	环的直径/mm（从左至右）	环的直径的平方/mm^2
第 11 环	27.79	22.83	4.96	24.60
第 12 环	27.92	22.78	5.14	26.42
第 13 环	28.01	22.65	5.36	28.73
第 14 环	28.12	22.55	5.57	31.02
第 15 环	28.24	22.41	5.83	33.99
第 16 环	28.31	22.36	5.95	35.40
第 17 环	28.42	22.23	6.19	38.32
第 18 环	28.49	22.13	6.36	40.45
第 19 环	28.57	22.08	6.49	42.12
第 20 环	28.65	21.99	6.66	44.36

2）第二次实验（显微镜观察读数）

第二次实验图片如图 12.5 所示，实验数据见表 12.7。

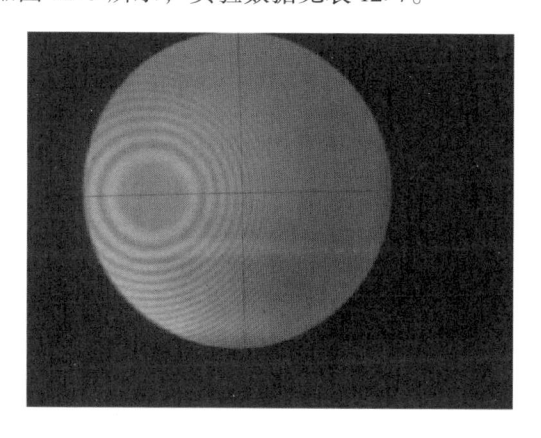

图 12.5 用牛顿环测透镜曲率半径第二次实验

表 12.7 用牛顿环测透镜曲率半径第二次实验数据

牛顿环数	左边读数/mm	右边读数/mm	环的直径/mm（从左至右）	环的直径的平方/mm²
第 11 环	27.45	22.43	5.02	25.20
第 12 环	27.51	22.34	5.17	26.73
第 13 环	27.66	22.24	5.42	29.38
第 14 环	27.74	22.17	5.57	31.02
第 15 环	27.83	22.05	5.78	33.41
第 16 环	27.90	21.97	5.93	35.16
第 17 环	27.95	21.89	6.06	36.72
第 18 环	28.08	21.80	6.28	39.44
第 19 环	28.12	21.73	6.39	40.83
第 20 环	28.24	21.66	6.58	43.30

3)第三次实验(显微镜观察读数)

第三次实验图片如图 12.6 所示,实验数据见表 12.8。

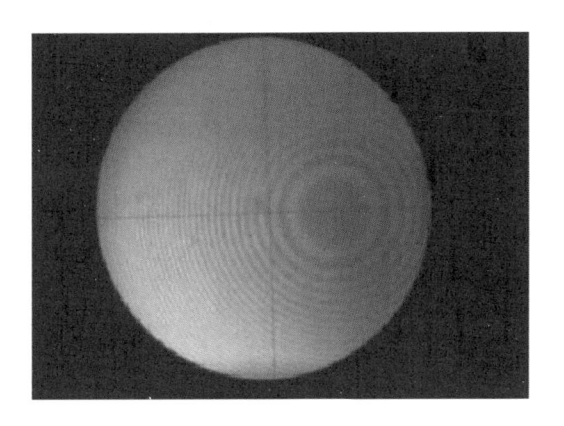

图 12.6 用牛顿环测透镜曲率半径第三次实验

表 12.8 用牛顿环测透镜曲率半径第三次实验数据

牛顿环数	左边读数/mm	右边读数/mm	环的直径/mm（从左至右）	环的直径的平方/mm²
第 11 环	27.44	22.46	4.98	24.80
第 12 环	27.55	22.36	5.19	26.94
第 13 环	27.65	22.25	5.40	29.16
第 14 环	27.74	22.16	5.58	31.14
第 15 环	27.83	22.07	5.76	33.18
第 16 环	27.92	21.97	5.95	35.40
第 17 环	28.09	21.89	6.20	38.44
第 18 环	28.10	21.81	6.29	39.56
第 19 环	28.13	21.72	6.41	41.09
第 20 环	28.21	21.65	6.56	43.03

4）第四次实验（显微镜观察读数）

第四次实验图片如图 12.7 所示，实验数据见表 12.9。

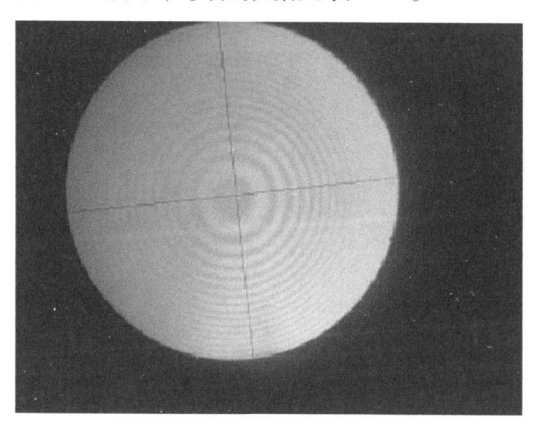

图 12.7　用牛顿环测透镜曲率半径第四次实验

表 12.9　用牛顿环测透镜曲率半径第四次实验数据

牛顿环数	左边读数/mm	右边读数/mm	环的直径/mm（从左至右）	环的直径的平方/mm²
第 11 环	27.88	23.10	4.78	22.85
第 12 环	27.97	22.98	4.99	24.90
第 13 环	28.08	22.85	5.23	27.35
第 14 环	28.14	22.78	5.36	28.73
第 15 环	28.17	22.69	5.48	30.03
第 16 环	28.26	22.60	5.66	32.04
第 17 环	28.32	22.51	5.81	33.76
第 18 环	28.37	22.42	5.95	35.40
第 19 环	28.41	22.34	6.07	36.84
第 20 环	28.51	22.23	6.28	39.44

5）第五次实验（显微镜观察读数）

第五次实验图片如图 12.8 所示，实验数据见表 12.10。

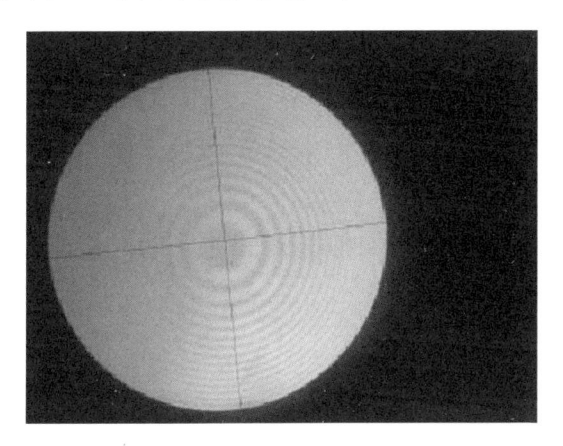

图 12.8 用牛顿环测透镜曲率半径第五次实验

表 12.10 用牛顿环测透镜曲率半径第五次实验数据

牛顿环数	左边读数/mm	右边读数/mm	环的直径/mm（从左至右）	环的直径的平方/mm^2
第 11 环	27.87	23.07	4.80	23.04
第 12 环	27.96	22.92	5.04	25.40
第 13 环	28.08	22.88	5.20	27.04
第 14 环	28.13	22.79	5.34	28.52
第 15 环	28.19	22.70	5.49	30.14
第 16 环	28.25	22.59	5.66	32.04
第 17 环	28.31	22.50	5.81	33.76
第 18 环	28.36	22.42	5.94	35.28
第 19 环	28.40	22.32	6.08	36.97
第 20 环	28.50	22.24	6.26	39.19

6) 第六次实验（显微镜观察读数）

第六次实验图片如图 12.9 所示，实验数据见表 12.11。

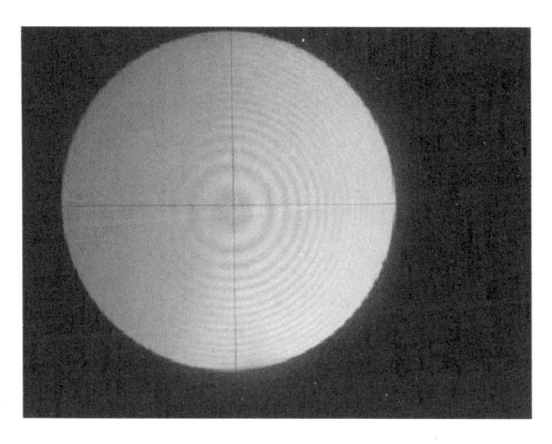

图 12.9 用牛顿环测透镜曲率半径第六次实验

表 12.11 用牛顿环测透镜曲率半径第六次实验数据

牛顿环数	左边读数/mm	右边读数/mm	环的直径/mm（从左至右）	环的直径的平方/mm²
第 11 环	27.87	23.07	4.80	23.04
第 12 环	27.98	22.93	5.05	25.50
第 13 环	28.08	22.88	5.20	27.04
第 14 环	28.15	22.80	5.35	28.62
第 15 环	28.18	22.71	5.47	29.92
第 16 环	28.23	22.60	5.63	31.70
第 17 环	28.32	22.50	5.82	33.87
第 18 环	28.37	22.43	5.94	35.28
第 19 环	28.42	22.34	6.08	36.97
第 20 环	28.51	22.26	6.25	39.06

7) 第七次实验（显微镜观察读数）

第七次实验图片如图 12.10 所示，实验数据见表 12.12。

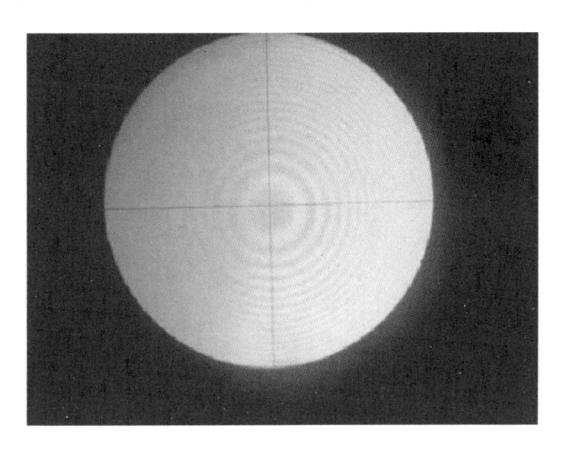

图 12.10　用牛顿环测透镜曲率半径第七次实验

表 12.12　用牛顿环测透镜曲率半径第七次实验数据

牛顿环数	左边读数/mm	右边读数/mm	环的直径/mm（从左至右）	环的直径的平方/mm²
第 11 环	27.90	23.09	4.81	23.14
第 12 环	28.00	22.98	5.02	25.20
第 13 环	28.09	22.88	5.21	27.14
第 14 环	28.15	22.79	5.36	28.73
第 15 环	28.18	22.68	5.50	30.25
第 16 环	28.24	22.59	5.65	31.92
第 17 环	28.32	22.51	5.81	33.76
第 18 环	28.37	22.43	5.94	35.28
第 19 环	28.41	22.32	6.09	37.09
第 20 环	28.51	22.23	6.28	39.44

8）第八次实验（显微镜观察读数）

第八次实验图片如图 12.11 所示，实验数据见表 12.13。

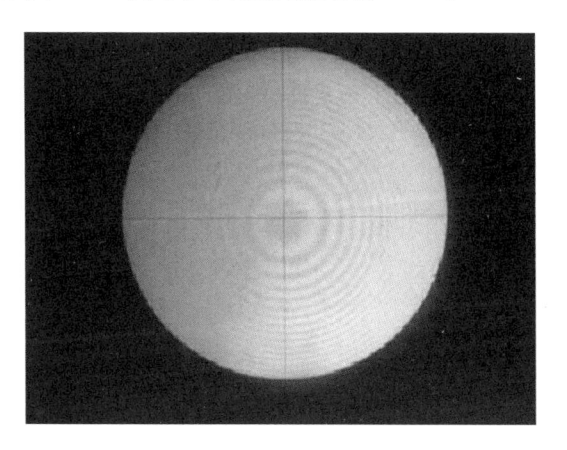

图 12.11 用牛顿环测透镜曲率半径第八次实验

表 12.13 用牛顿环测透镜曲率半径第八次实验数据

牛顿环数	左边读数/mm	右边读数/mm	环的直径/mm（从左至右）	环的直径的平方/mm²
第 11 环	27.89	23.08	4.81	23.14
第 12 环	27.97	23.96	4.01	16.08
第 13 环	28.08	22.88	5.20	27.04
第 14 环	28.16	22.79	5.37	28.84
第 15 环	28.22	22.69	5.53	30.58
第 16 环	28.25	22.59	5.66	32.04
第 17 环	28.34	22.51	5.83	33.99
第 18 环	28.38	22.42	5.96	35.52
第 19 环	28.42	22.32	6.10	37.21
第 20 环	28.53	22.23	6.30	39.69

9)第九次实验(显微镜观察读数)

第九次实验图片如图 12.12 所示,实验数据见表 12.14。

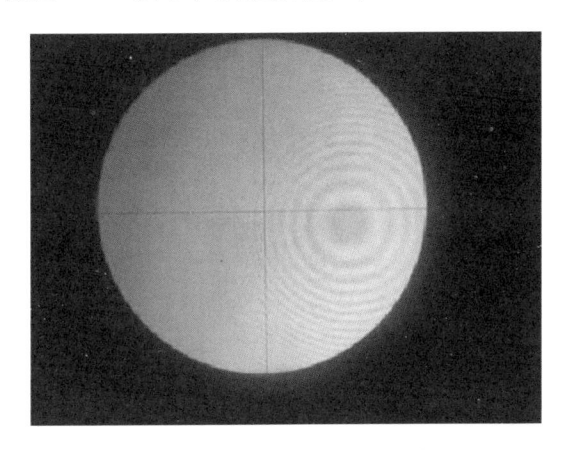

图 12.12 用牛顿环测透镜曲率半径第九次实验

表 12.14 用牛顿环测透镜曲率半径第九次实验数据

牛顿环数	左边读数/mm	右边读数/mm	环的直径/mm（从左至右）	环的直径的平方/mm²
第 11 环	27.89	23.08	4.81	23.14
第 12 环	27.99	22.98	5.01	25.10
第 13 环	28.08	22.83	5.25	27.56
第 14 环	28.15	22.77	5.38	28.94
第 15 环	28.21	22.68	5.53	30.58
第 16 环	28.25	22.59	5.66	32.04
第 17 环	28.33	22.50	5.83	33.99
第 18 环	28.38	22.42	5.96	35.52
第 19 环	28.42	22.32	6.10	37.21
第 20 环	28.50	22.22	6.28	39.44

10) 第十次实验(显微镜观察读数)

第十次实验图片如图 12.13 所示,这和据见表 12.15。

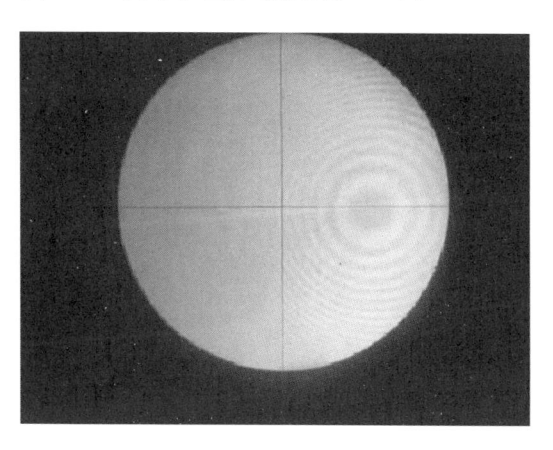

图 12.13 用牛顿环测透镜曲率半径第十次实验

表 12.15 用牛顿环测透镜曲率半径第十次实验数据

牛顿环数	左边读数/mm	右边读数/mm	环的直径/mm(从左至右)	环的直径的平方/mm^2
第 11 环	27.88	23.08	4.80	23.04
第 12 环	27.97	22.96	5.01	25.10
第 13 环	28.09	22.82	5.27	27.77
第 14 环	28.13	22.76	5.37	28.84
第 15 环	28.21	22.68	5.53	30.58
第 16 环	28.25	22.59	5.66	32.04
第 17 环	28.35	22.49	5.86	34.34
第 18 环	28.38	22.42	5.96	35.52
第 19 环	28.43	22.33	6.10	37.21
第 20 环	28.51	22.21	6.30	39.69

11）第十一次实验（显微镜观察读数）

第十一次实验图片如图 12.14 所示，实验数气见表 12.16。

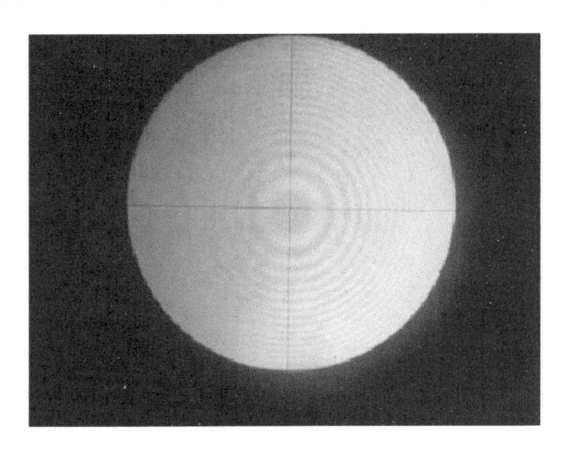

图 12.14　用牛顿环测透镜曲率半径第十一次实验

表 12.16　用牛顿环测透镜曲率半径第十一次实验数据

牛顿环数	左边读数/mm	右边读数/mm	环的直径/mm（从左至右）	环的直径的平方/mm²
第 11 环	27.87	23.09	4.78	22.85
第 12 环	27.97	22.95	5.02	25.20
第 13 环	28.09	22.82	5.27	27.77
第 14 环	28.13	22.76	5.37	28.84
第 15 环	28.22	22.68	5.54	30.69
第 16 环	28.25	22.59	5.66	32.04
第 17 环	28.34	22.50	5.84	34.11
第 18 环	28.38	22.41	5.97	35.64
第 19 环	28.44	22.33	6.11	37.33
第 20 环	28.54	22.23	6.31	39.82

12）第十二次实验（显微镜观察读数）

第十二次实验图片如图 12.15 所示，实验数据见表 12.17。

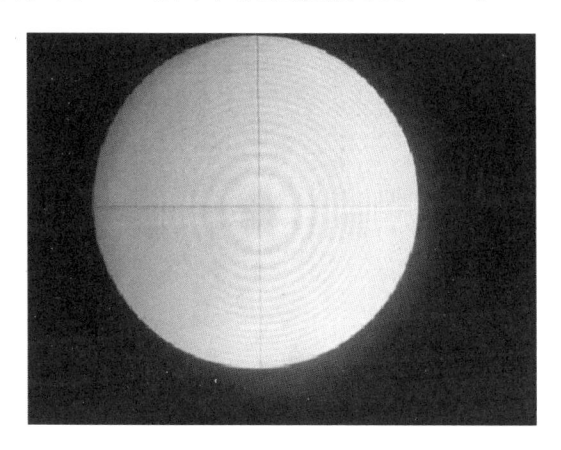

图 12.15 用牛顿环测透镜曲率半径第十一次实验

表 12.17 用牛顿环测透镜曲率半径第十二次实验数据

牛顿环数	左边读数/mm	右边读数/mm	环的直径/mm（从左至右）	环的直径的平方/mm^2
第 11 环	27.88	23.09	4.79	22.94
第 12 环	27.97	22.96	5.01	25.10
第 13 环	28.09	22.82	5.27	27.77
第 14 环	28.14	22.75	5.39	29.05
第 15 环	28.21	22.68	5.53	30.58
第 16 环	28.25	22.59	5.66	32.04
第 17 环	28.35	22.50	5.85	34.22
第 18 环	28.39	22.43	5.96	35.52
第 19 环	28.44	22.32	6.12	37.45
第 20 环	28.52	22.21	6.31	39.82

13）第十三次实验（显微镜观察读数）

第十三次实验图片如图 12.16 所示，实验数据见表 12.18。

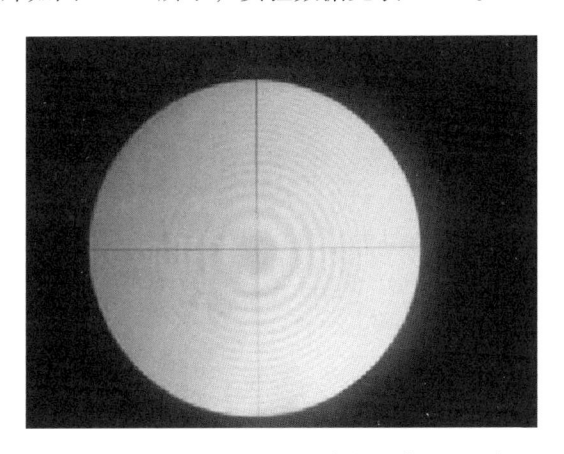

图 12.16 用牛顿环测透镜曲率半径第十三次实验

表 12.18 用牛顿环测透镜曲率半径第十三次实验数据

牛顿环数	左边读数/mm	右边读数/mm	环的直径/mm（从左至右）	环的直径的平方/mm²
第 11 环	27.88	23.09	4.79	22.94
第 12 环	27.97	22.95	5.02	25.20
第 13 环	28.09	22.82	5.27	27.77
第 14 环	28.14	22.75	5.39	29.05
第 15 环	28.21	22.68	5.53	30.58
第 16 环	28.25	22.59	5.66	32.04
第 17 环	28.35	22.50	5.85	34.22
第 18 环	28.38	22.42	5.96	35.52
第 19 环	28.44	22.32	6.12	37.45
第 20 环	28.54	22.23	6.31	39.82

14）用牛顿环测透镜曲率半径实验的数据处理（显微镜观察读数）

实验数据处理见表 12.19。

表 12.19　用牛顿环测透镜曲率半径实验数据处理

（单位：mm）

序号	计算 R 值	R 的平均值
第一次实验	918.87	946.11
	1000.71	
	986.76	
	948.58	
	875.62	
第二次实验	845.92	848.63
	845.92	
	862.04	
	837.43	
	851.86	
第三次实验	896.83	885.46
	968.10	
	884.95	
	838.28	
	839.13	
第四次实验	779.14	734.95
	740.82	
	672.12	
	687.65	
	795.04	

续表

序号	计算 R 值	R 的平均值
第五次实验	760.51	734.00
	704.18	
	697.93	
	717.15	
	790.23	
第六次实验	735.07	722.99
	707.66	
	694.15	
	701.89	
	776.16	
第七次实验	749.33	733.49
	732.69	
	701.33	
	698.08	
	786.00	
第八次实验	755.76	893.91
	1516.19	
	709.54	
	712.37	
	775.69	
第九次实验	751.78	726.03
	758.71	
	661.87	
	696.37	
	761.42	

续表

序号	计算 R 值	R 的平均值
第十次实验	765.31	770.31
	946.00	
	660.13	
	709.35	
	770.74	
第十一次实验	774.19	741.04
	761.52	
	667.45	
	721.82	
	780.21	
第十二次实验	766.06	736.74
	768.90	
	657.22	
	712.53	
	778.98	
第十三次实验	777.15	742.38
	768.47	
	666.98	
	712.53	
	786.78	

R 的平均值 = （946.11 + 848.63 + 885.46 + 734.95 + 734.00 + 722.99 + 733.49 + 893.91 + 726.03 + 770.31 + 741.04 + 736.74 + 742.38）/13 = 785.85。

2. 用牛顿环测透镜曲率半径实验的程序开发及代码

1）用牛顿环测透镜曲率半径实验的程序开发

OpenCV 图像识别技术在用牛顿环测透镜曲率半径实验中的效果如图 12.17 所示。

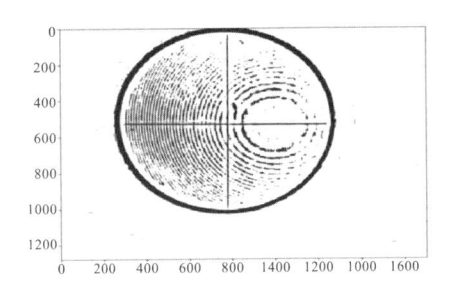

图 12.17 OpenCV 图像识别技术在用牛顿环测透镜曲率半径中实验的效果

2）用牛顿环测透镜曲率半径实验的代码

```
import cv2
import numpy as np
import pyecharts.options as opts
from pyecharts.charts import Surface3D
import matplotlib.pyplot as plt
img = cv2.imread ('3zuo.jpg', 0)
img = cv2.medianBlur (img, 3)
binary = cv2.adaptiveThreshold (img, 255, cv2.ADAPTIVE_ THRESH_ MEAN_ C, cv2.THRESH_ BINARY, 51, 3)
edges = cv2.Canny (binary, 0, 50, apertureSize =3)
plt.imshow (edges, cmap ='gray')
plt.show ()
plt.imshow (binary, cmap ='gray')
plt.show ()
img3D = binary.copy ()
h, w = img3D.shape
zs = []
data3D = []
for i in range (w):
  y = i
  for j in range (h):
    x = j
    z = int (img3D [x] [y])
    zs.append (z)
    data3D.append ( [x, y, z])
f = Surface3D ()
```

```
        f.add (series_ name ='图像 3D',
            data=data3D,
            xaxis3d_ opts =opts.Axis3DOpts (name ='x', type_ ='value'),
            yaxis3d_ opts =opts.Axis3DOpts (name ='y', type_ ='value')
        f.set_ global_ opts (
            visualmap_ opts =opts.VisualMapOpts (
              dimension =2,
              max_ = max (zs),
min_ = min (zs),
range_ color = ['#99ffff', '#99ccff', '#9999ff', '#9966ff', '#9933ff', '#9900ff'],
            )
          )
        f.render ('img3D.html')
        img_ W = binary.copy ()
        binary =cv2.adaptiveThreshold (img, 255, cv2.ADAPTIVE_ THRESH_ MEAN_ C, cv2.THRESH_ BINARY, 121, 31)
        edges = cv2.Laplacian (binary, cv2.CV_ 64F)
        edges = cv2.convertScaleAbs (edges)
        plt.imshow (edges, cmap ='gray')
        plt.show ()
        lines =cv2.HoughLinesP (edges, 1, np.pi /180, 1, minLineLength =300, maxLineGap =10)
        cv2.waitKey ()
        cv2.destroyAllWindows ()
```

3. 用牛顿环测透镜曲率半径实验的数据处理（OpenCV 图像识别数据）

1）第一次实验（OpenCV 图像识别第一环的直径是 1.86mm）

第一次实验数据见表 12.20。

表 12.20　OpenCV 图像识别的第一次实验数据

牛顿环数	环的直径/mm	环的直径的平方/mm²
第 11 环	4.97	24.70
第 12 环	5.18	26.83
第 13 环	5.41	29.27
第 14 环	5.57	31.02
第 15 环	5.78	33.41
第 16 环	5.95	35.40
第 17 环	6.18	38.19
第 18 环	6.32	39.94
第 19 环	6.52	42.51
第 20 环	6.67	44.49

2）第二次实验（OpenCV 图像识别第一环的直径是 1.95mm）

第二次实验数据见表 12.21。

表 12.21　OpenCV 图像识别的第二次实验数据

牛顿环数	环的直径/mm	环的直径的平方/mm²
第 11 环	5.32	28.30
第 12 环	5.55	30.80
第 13 环	5.78	33.41
第 14 环	5.98	35.76
第 15 环	6.22	38.69
第 16 环	6.45	41.60
第 17 环	6.57	43.16
第 18 环	6.86	47.06
第 19 环	7.04	49.56
第 20 环	7.24	52.42

3) 第三次实验（OpenCV 图像识别第一环的直径是 1.85mm）

第三次实验数据见表 12.22。

表 12.22　OpenCV 图像识别的第三次实验数据

牛顿环数	环的直径/mm	环的直径的平方/mm²
第 11 环	4.86	23.62
第 12 环	5.02	25.20
第 13 环	5.26	27.67
第 14 环	5.45	29.70
第 15 环	5.63	31.70
第 16 环	5.84	34.11
第 17 环	5.96	35.52
第 18 环	6.14	37.70
第 19 环	6.29	39.56
第 20 环	6.53	42.64

4) 第四次实验（OpenCV 图像识别第一环的直径是 1.54mm）

第四次实验数据见表 12.23。

表 12.23　OpenCV 图像识别的第四次实验数据

牛顿环数	环的直径/mm	环的直径的平方/mm²
第 11 环	4.58	20.98
第 12 环	4.84	23.43
第 13 环	5.03	25.30
第 14 环	5.20	27.04
第 15 环	5.39	29.05
第 16 环	5.54	30.69
第 17 环	5.71	32.60
第 18 环	5.87	34.46
第 19 环	6.02	36.24
第 20 环	6.21	38.56

5) 第五次实验（OpenCV 图像识别第一环的直径是 1.51mm）

第五次实验数据见表 12.24。

表 12.24 OpenCV 图像识别的第五次实验数据

牛顿环数	环的直径/mm	环的直径的平方/mm²
第 11 环	4.48	20.07
第 12 环	4.67	21.81
第 13 环	4.84	23.43
第 14 环	5.02	25.20
第 15 环	5.22	27.25
第 16 环	5.35	28.62
第 17 环	5.52	30.47
第 18 环	5.69	32.38
第 19 环	5.82	33.87
第 20 环	5.96	35.52

6) 第六次实验（OpenCV 图像识别第一环的直径是 1.60mm）

第六次实验数据见表 12.25。

表 12.25 OpenCV 图像识别的第六次实验数据

牛顿环数	环的直径/mm	环的直径的平方/mm²
第 11 环	4.92	24.21
第 12 环	5.09	25.91
第 13 环	5.33	28.41
第 14 环	5.50	30.25
第 15 环	5.71	32.60
第 16 环	5.91	34.93
第 17 环	6.08	36.97
第 18 环	6.26	39.19
第 19 环	6.40	40.96
第 20 环	6.64	44.09

7）第七次实验（OpenCV 图像识别第一环的直径是 1.60mm）

第七次实验数据见表 12.26。

表 12.26　OpenCV 图像识别的第七次实验数据

牛顿环数	环的直径/mm	环的直径的平方/mm²
第 11 环	4.90	24.01
第 12 环	5.11	26.11
第 13 环	5.32	28.30
第 14 环	5.50	30.25
第 15 环	5.72	32.72
第 16 环	5.93	35.16
第 17 环	6.11	37.33
第 18 环	6.27	39.31
第 19 环	6.45	41.60
第 20 环	6.63	43.96

8）第八次实验（OpenCV 图像识别第一环的直径是 1.55mm）

第八次实验数据见表 12.27。

表 12.27　OpenCV 图像识别的第八次实验数据

牛顿环数	环的直径/mm	环的直径的平方/mm²
第 11 环	4.95	24.50
第 12 环	5.17	26.73
第 13 环	5.37	28.84
第 14 环	5.57	31.02
第 15 环	5.78	33.41
第 16 环	5.98	35.76
第 17 环	6.12	37.45
第 18 环	6.35	40.32
第 19 环	6.52	42.51
第 20 环	6.70	44.89

9）第九次实验（OpenCV 图像识别第一环的直径是 1.55mm）

第九次实验数据见表 12.28。

表 12.28　OpenCV 图像识别的第九次实验数据

牛顿环数	环的直径/mm	环的直径的平方/mm²
第 11 环	4.70	22.09
第 12 环	4.93	24.30
第 13 环	5.12	26.21
第 14 环	5.29	27.98
第 15 环	5.49	30.14
第 16 环	5.64	31.81
第 17 环	5.82	33.87
第 18 环	6.02	36.24
第 19 环	6.12	37.45
第 20 环	6.31	39.82

10）第十次实验（OpenCV 图像识别第一环的直径是 1.53mm）

第十次实验数据见表 12.29。

表 12.29　OpenCV 图像识别的第十次实验数据

牛顿环数	环的直径/mm	环的直径的平方/mm²
第 11 环	4.68	21.90
第 12 环	4.89	23.91
第 13 环	5.05	25.50
第 14 环	5.26	27.67
第 15 环	5.41	29.27
第 16 环	5.65	31.92
第 17 环	5.76	33.18
第 18 环	5.94	35.28
第 19 环	6.07	36.84
第 20 环	6.25	39.06

11）第十一次实验（OpenCV 图像识别第一环的直径是 1.53mm）

第十一次实验数据见表 12.30。

表 12.30　OpenCV 图像识别的第十一次实验数据

牛顿环数	环的直径/mm	环的直径的平方/mm²
第 11 环	4.89	23.91
第 12 环	5.11	26.11
第 13 环	5.30	28.09
第 14 环	5.49	30.14
第 15 环	5.70	32.49
第 16 环	5.89	34.69
第 17 环	6.08	36.97
第 18 环	6.26	39.19
第 19 环	6.50	42.25
第 20 环	6.61	43.69

12）第十二次实验（OpenCV 图像识别第一环的直径是 1.54mm）

第十二次实验数据见表 12.31。

表 12.31　OpenCV 图像识别的第十二次实验数据

牛顿环数	环的直径/mm	环的直径的平方/mm²
第 11 环	4.79	22.94
第 12 环	5.01	25.10
第 13 环	5.21	27.14
第 14 环	5.41	29.27
第 15 环	5.64	31.81
第 16 环	5.80	33.64
第 17 环	5.97	35.64
第 18 环	6.20	38.44
第 19 环	6.37	40.58
第 20 环	6.48	41.99

13）第十三次实验（OpenCV 图像识别第一环的直径是 1.54mm）

第十三次实验数据见表 12.32。

表 12.32　OpenCV 图像识别的第十三次实验数据

牛顿环数	环的直径/mm	环的直径的平方/mm²
第 11 环	4.85	23.52
第 12 环	5.08	25.81
第 13 环	5.22	27.25
第 14 环	5.45	29.70
第 15 环	5.66	32.04
第 16 环	5.89	34.69
第 17 环	6.03	36.36
第 18 环	6.19	38.32
第 19 环	6.38	40.70
第 20 环	6.58	43.30

14）用牛顿环测透镜曲率半径实验的数据处理（OpenCV 图像识别）

实验数据处理见表 12.33。

表 12.33　OpenCV 图像识别的实验数据处理

（单位：mm）

序号	计算 R 值	R 的平均值
第一次实验	911.25	940.61
	969.79	
	909.55	
	972.34	
	940.10	
第二次实验	1135.25	1132.19
	1049.55	
	1148.82	
	1167.49	
	1159.85	

续表

序号	计算 R 值	R 的平均值
第三次实验	882.40	872.22
	872.22	
	845.92	
	834.04	
	926.52	
第四次实验	828.54	793.81
	775.56	
	768.65	
	787.03	
	809.28	
第五次实验	724.37	732.83
	739.17	
	758.93	
	737.06	
	704.61	
第六次实验	907.29	928.62
	940.44	
	909.30	
	909.86	
	976.23	
第七次实验	949.54	951.45
	959.49	
	933.66	
	957.61	
	956.97	

续表

序号	计算 R 值	R 的平均值
第八次实验	952.14 908.22 968.80 975.35 974.40	955.78
第九次实验	820.47 803.71 856.17 798.71 822.27	820.27
第十次实验	848.30 782.99 828.18 781.16 828.58	813.84
第十一次实验	909.47 917.99 943.75 974.22 942.87	937.66
第十二次实验	912.77 892.96 953.43 959.69 867.54	917.28

续表

实验次序	计算 R 值	R 的平均值
第十三次实验	951.90 899.85 939.25 933.34 964.71	937.81

R 的平均值 =（793.81 + 732.83 + 928.62 + 951.45 + 955.78 + 820.27 + 813.84 + 937.66 + 917.28 + 937.81 + 872.22 + 940.61 + 1132.19）/13 = 902.64。

4. 用牛顿环测透镜曲率半径实验数据的比较分析

人工测算：（1000 - 785.85）/1000 × 100% ≈ 21.42%。

程序测算：（1000 - 902.64）/1000 × 100% ≈ 9.74%。

OpenCV 不仅可以帮助我们快速读取数据，也减少了人工读数的误差。人工读数存在诸多问题：①用眼疲劳会导致读数错误；②估读的数据误差大；③图像模糊时易读错环数，如将 19 环读成 20 环；④读数时，每一环的切线位置会产生差别。

传统用牛顿环测透镜曲率半径实验是用显微镜放大读数，让人眼能够观察到牛顿环，可是牛顿环太小，各环很密集，因此容易因数错环数而产生人工误差，且读数本身也存在误差。使用 OpenCV 对显微镜下的牛顿环进行拍照，通过编写相关程序，输入图片，可以精确地读取各环的直径。

12.6 基于 OpenCV 图像识别技术的项目学习与探究反思

借助网易云课堂、哔哩哔哩、CSDN 博客等在线学习资源，通过中国知网、维普网、超星、谷歌学术搜索等数据库查阅中小学科学教材和相关文献资料，发现用油膜法估测分子的大小的实验值得进一步探究，可借助 PyCharm（编辑代码的软件）、Python、OpenCV 等软件，利用 OpenCV 图像识别技术把油膜的范围拍照后换算成面积，以减少人工计算带来的误差。但我们经过多次试验也发现一些问题，例如，粉太厚易形成长裂纹，而粉太薄则看不出效果，拍照看不清等。后来通过反复不断的实验，我们成功地看到接近圆形的油膜。在完成油膜实验之后，又开始"头脑风暴"，思考还有哪些实验适合使用 OpenCV。通过反复查阅相关资料，我们聚焦于用牛顿环测透镜曲率半径实验，并借助 OpenCV 最终完成了用牛顿环测透镜曲率半径的实验探索。

OpenCV 是一个很强大的库，可以做很多科学实验。不过使用 OpenCV 图像识别技术还有待加强，我们需要继续学习 Python-OpenCV。此外，应用 OpenCV 图像识别技术开发的科学实验仍有待进一步研究与开发。

第 13 章 异形泡泡实验的探索与实践

13.1 异形泡泡的简介

异形泡泡的形状多种多样，与常见的圆形泡泡相异，符合学生的审美情趣和好奇心，具有很强的观赏性，但由于泡泡是无色透明的，自然状态下需要借助它的反光性调整观察角度才能观察得到。因此，如何将异形泡泡清晰全面地呈现出来，在教学方面如何体现异形泡泡的直观性，是值得思考和研究的问题，也是研究异形泡泡呈现方式的重点和难点。经过系列的研究和分析，我们总结归纳出实物演示、图片展示、全息投影和 3D 模型四种呈现方式。

13.2 异形泡泡实验相关的中小学课程标准内容及教育价值

13.2.1 异形泡泡相关的中小学课程标准内容要求

关于水的表面张力，在小学科学的课本中很少直接提及，对 1~2 年级学生的要求是观察并描述水的颜色、状态、气味；对 3~4 年级学生的要求是说出冰、水、水蒸气在状态和体积等方面的区别，知道三者虽然状态不同，但都是同一种物质；对 5~6 年级学生的要求是列举日常生活中水的蒸发和水蒸气凝结成水的实例，如晒衣服、雾、玻璃窗上的水珠等。一些关于水的表面张力实验，如吹泡泡、在硬币上滴水等，大多是教师作为课后拓展呈现给学生的。在查阅众多版本的小学科学教材后，我们发现青岛版小学《科学》（六三学制）三年级上册的第 13 课 "水面的秘密" 介绍了有关水的表面张力的内容。详细介绍水的表面张力是在教科版高中《物理（选择性必修第三册）》第二章的第 2 课 "液体" 中，在这个阶段，对学生的要求是观察液体的表面张力现象，了解表面张力产生的原因，知道毛细现象。异形泡泡的探究过程能让学生增强对科学探究的兴趣，初步了解科学的本质，培养学生的创新精神。

13.2.2 异形泡泡开发的教育价值

小学生的记忆最初仍以无意识记、具体形象识记和机械识记为主。教科版科学教材中没有就水的表面张力进一步设计研究活动，只是在该教材这一单元后面的 "资料库"

中向学生介绍了水的表面张力现象。但小学生的科学探究不应局限于教材中的内容，鉴于水的表面张力对学生来说比较陌生，能激发学生主动探究的积极性，应当结合学生的认知水平进行科技资源的开发（唐锦华，2010）。他们能很好地记住一些有趣的事情，而对教师交待的学习任务有时却感到记忆困难。例如，"力"对于小学生来说是一个很抽象的存在，看不见摸不着，因此我们可以通过组织学生做实验，让学生能变相地"看见"力，以便于理解这部分知识。科学实验的教育价值可以归纳为以下几个方面。

1. 降低科学知识的理解难度，激发学生的自主性思维

小学生正处于认知和探索世界的重要阶段，其世界观尚未完全建立，通过科学教学可以帮助小学生建立起科学的世界观和价值观，全方位提高小学生的科学文化素养，为其今后的成长和发展夯实基础。但受到年龄和认知能力等因素的影响，小学生无法快速地理解和掌握各种科学理论知识，缺乏自主性和积极性，有时甚至只是为了完成教师的教学任务而学习，课堂教学效率并不高。借助信息技术开展小学科学实验教学，可以有效地提升科学实验教学的趣味性和生动性，吸引学生的注意力，降低科学理论知识的理解难度系数，帮助学生尽快掌握相关知识，激发学生的自主性思维。

2. 打造高质量的学科教学课堂，提高学生的学习效率

小学科学教学一直以来都是以启迪学生思维，帮助学生认知和探索世界为主要目的，通过科学实验为学生解读和展示各种科学原理，引导学生建立起科学的世界观和价值观。将信息技术应用于小学科学实验教学中，可以活跃课堂教学氛围，消除学生紧张心理，拉近师生之间的距离，进而构建良好的师生关系。以轻松愉悦的实验教学增加学生的知识积累，打造高质量的小学科学教学课堂，有利于提升学生的学习效率；将科学知识生动形象地呈现在学生眼前，有利于激发学生的探究学习兴趣。

3. 系统化地建立起知识体系，帮助学生巩固所学知识

小学科学教学注重引导学生建立起完整的知识体系，帮助学生正确地认知和探索世界，全方位提升小学生的科学文化素养，巩固所学到的科学知识。信息技术可以将分散的科学知识整理成完整的树状图以及思维导图，科学化的知识结构可以有效地降低科学知识的理解难度，加深学生对科学理论知识的记忆和理解。处于记忆周期的小学生思维十分活跃，他们的记忆可以保存相当长的一段时间，信息技术可以帮助学生系统化地建立起知识体系，使学生受益终身（周玉珍，2022）。

13.3 异形泡泡的溯源

关于表面张力和固液间浸润性的发展在我国有着悠久的研究历史，最早可追溯到西汉年间。约在公元前2世纪，淮南王刘安通过细致的比较和观察，在《淮南万毕术》一书中记载了"首泽浮针。取头中垢，塞针孔，置水中则浮"（袁春梅，2008）。所描述的是用头上的污垢堵塞针孔，将针放入水中，针在水面上摇曳却没有没入水底的神奇现象。

针的密度大于水,如果简单地运用中学所学的固体在液体中的浮沉条件,毫无疑问,针的重力大于水对针的浮力,针会沉入水底。但实际上却观察到相反的结果,是什么原因导致的呢?这是因为溶液的表面存在使液体表面拉紧的力,这个力叫作表面张力,针上沾上油脂放入水中后,油脂增加了水的表面张力,此时针在液体表面不仅有浮力,也有表面张力,达到受力平衡,故针浮在水的表面。

周敦颐在《爱莲说》中对其挚爱的莲花描述道:"出淤泥而不染,濯清涟而不妖。"荷叶上常常有大小不一的球形小水滴,随着微风滚动,在滚动的过程中带走了荷叶表面的泥土和灰尘。荷叶上水珠呈现球形的原因是什么?带走泥土和灰尘的原因又是什么呢?随着科技的进步,我们通过显微镜可以观察到,荷叶的表面布满了极小的凸起,这些极小的凸起构成了其自身的特殊性,由于表面张力的存在,水滴在荷叶上呈球形。球形的水滴在荷叶上滚动时带走附着在其表面的泥土和灰尘,实现所谓的自清洁。

在宋朝,表面张力还应用于医学。周密在《齐东野语》中记载了"熊胆善辟尘。试之法,以净水一器,尘幂其上,投胆粟许,则凝尘豁然而开。以之治目障翳,极验"(额尔德木图,2012)。描绘的是在一个容器中放入水,灰尘飘在水的表面,放入少量的熊胆,则灰尘被推开,用这种方法治疗眼疾效果极佳。在医疗水平落后的古代,人们通过总结前人的经验,掌握了用熊胆融水的办法治疗眼疾。治疗眼疾的原因与表面张力是密不可分的。熊胆溶于水后,增大了水的表面张力,在滴入眼睛时,和眼睛的浸润性良好,因此熊胆可用来清洗和除去眼球表面的灰尘,达到治愈眼疾的效果。宋代时对于表面张力和浸润性的记录颇多,充分表明当时人们对于表面张力已经有了一定的经验认识并将其广泛应用于生活,真正做到了知识来源于生活,并用于生活。

而在国外,1805 年,托马斯·杨(T. Young)最早提出表面张力的概念。他指出系统中两个相接触的均匀流体,从力学的观点看就像是被一张无限薄的弹性膜分开,界面张力则存在于这一弹性膜中。他还将表面张力概念推广应用于有固体的体系,导出了联系气-液、固-液、固-气表面张力与接触角关系的杨氏方程。

1806 年,拉普拉斯(P. S. Laplace)推导出了弯曲液面两边附加压力与表面张力和曲率半径的关系。该公式可用于解释毛细管现象。

1859 年,开尔文(Kelvin)将表面扩展时伴随的热效应与表面张力随温度的变化联系起来。后来,他又导出蒸气压随表面曲率变化的方程,即著名的开尔文方程。

1869 年,普里(A. Dapre)研究了润湿和黏附现象,将黏附功与表面张力联系起来。

1878 年,表面热力学的奠基人吉布斯(Gibbs)提出了表面相厚度为零的吉布斯界面模型,他首先应用数学推理的方法指出了在界面上的物质浓度一般不同于各本体相中的浓度,从而使这一新型学科一开始就建立在稳固的理论基础上。他还导出了吸附量和表面张力随体相浓度变化的普遍关系式,即著名的吉布斯吸附等温式。

1913~1942 年,美国科学家朗缪尔(Langmuir)在表面科学领域做出了杰出的贡献,特别是对蒸发、凝聚、吸附、单分子膜等表面现象的研究尤为突出。为此他于 1932 年荣获诺贝尔化学奖，以表彰他的卓越成就，并被誉为表面化学的先驱者、新领域的开拓者。

表面化学的统计力学研究是从范德瓦耳斯开始的。1893 年，范德瓦耳斯认识到在表面层中密度实际上是连续变化的。他应用局部自由能密度的概念，结合范德瓦耳斯方程，并引入半经验修正，从理论上研究了取决于分子间力的状态方程参数与表面张力间的关系。范德瓦耳斯的研究可以看作是用统计力学研究界面现象的前奏。

13.4 异形泡泡实验的相关研究

葛素红等（2015）应用拉脱法测量并分析了一些日用品溶解在自来水中对表面张力系数的影响，同时测量了一种市售泡泡液的表面张力系数，发现市售泡泡液的主要成分为水、表面活性剂和甘油，其中表面活性剂主要用来降低水的表面张力。该研究利用日用品 [如洗涤剂、甘油、食盐（NaCl）、胶水等] 自制泡泡液，测量其表面张力系数的大小并与市售泡泡液的数据进行对比，获得了较好的配方。

王心华等（2019）通过改变气体密度、喷口尺寸、泡泡环和气体喷口之间的距离，探究了泡泡形成的速度阈值及其吹出泡泡的异同，建立了简单的理论模型，对泡泡的形成进行了解释，即比较了肥皂膜处气体流动所产生的动压强和由表面弯曲而产生的拉普拉斯压强，理论结果与实验数据相吻合。

谭兴文（2007）为探究表面张力系数与温度的关系，使用拉脱法测得了纯净水和酒精在不同温度下的表面张力，并从分子力角度解释了随着温度升高，液体表面张力减小的原因。可将此法迁移到异形泡泡研究中。

朱家礼（2020）以"泡泡"为主题为中小学生设计了一系列跨学科项目式体验课程，如"制作正方体框架玩泡泡"，并介绍了具体玩法，但对其他类型的异形泡泡没有进行深度资源开发。

曾利霞等（2021）为研究泡泡液膜生成泡泡的数量及其影响因素展开了一系列研究，并得出洗洁精浓度和气流流速对泡泡数量与体积有显著影响、泡泡液配置比例影响泡泡表面张力、胶水影响泡泡液中水分蒸发速度的结论。但未进一步探究泡泡液的比例区间及影响表面张力的原因。

13.5 异形泡泡实验的具体研究

13.5.1 异形泡泡的原理探究

"异形泡泡"实验较为简单，涉及的原理主要是表面张力。表面张力可以看作是一种特殊的力，也可以看作是液体的一种性质。从微观层面看，它是因液体表面薄层内分子间的相互作用，从而使液体表面薄层具有的一种特殊性质。从宏观上说，它是分子力的一种宏观表现，在内聚力的作用下，表面薄层液体分子的移动总是尽量地使表面积减小，在液体表面形成一层弹性薄膜，这样便出现了表面张力。归根结底，表面张力来源于分子间引力，从其作用效果来看，它属于一种拉力。

日常生活中，因液体表面张力而形成的物质很多，如水滴、荷叶上的露珠等，小孩子常玩的肥皂泡也是典型的一种。在自来水中，由于水分子之间的引力很强，表面张力很大，无法吹出水泡或者水泡很快就破裂。加入洗洁精等物质之后，相当于在水分子间加入了其他成分，水分子之间的距离增大，引力减弱，就可以形成较为稳定的泡泡。但是当肥皂泡暴露在空气中时，受地球引力的影响，肥皂泡表面的液体向下聚积，上半部分的水会越来越少，伴随着水分不断蒸发，水分子越来越少，分子间引力越来越小，肥皂泡越来越薄，在表面张力减弱到维持不住这个形状之后，泡泡就会破碎。所以想要形成一个存在时间长、便于观察的泡泡，需要在肥皂水的配制上进行一定的处理，经过查阅相关文献以及实验（葛素红等，2015），综合考虑现有条件，我们决定用水∶洗洁精∶甘油＝6∶1∶1的比例配制泡泡水。

吹泡泡这个过程除了表面张力，还涉及气体射流（王心华等，2019）。气体射流的相关影响因素放在小学科学的背景下，可以简单理解为吹泡泡时吹出的风速大小、吹气的角度、吹气位置与肥皂膜的距离、吹泡泡用的工具的口径大小以及非常重要的泡泡水的配制比例等。"异形泡泡"实验又与吹泡泡有所不同，并不是直接吹，而是先将整个框架完全浸入泡泡水中再拿出来，在将框架拿出来的过程中慢慢形成泡泡。因此，泡泡形成主要与框架拿出来的速度以及泡泡水的配制比例有关。将框架拿出泡泡水时，首先在封闭面上由于表面张力形成一层膜，然后在框架内部中心、距离各框架等距离处，受到框架方向因表面张力带来的拉力，从而在中心处额外形成一个泡泡，且这个泡泡往拉力方向伸展，就形成了非传统的异形泡泡。

以上为固定框架形成的异形泡泡，在此基础上，为进一步探究可变形框架会形成怎样的异形泡泡，可以设计一个可变形框架，对框架进行闭合、展开、扭转等操作。可变形框架泡泡形成原理与固定框架泡泡形成原理一致。在将已展开的框架变形的过程中，已经形成的泡泡会在外界的拉、扭等操作中发生形变，最后因外力大于表面张力或水分蒸发等原因破碎。此外，在可变形框架一张一合的过程中，会重复呈现泡泡形成的过程，直到水分流失过多，不再形成泡泡。

13.5.2 异形泡泡的呈现方式

1. 实物演示

实物演示是指直接将制作好的结构及其形成的异形泡泡展示出来，旁观者可从不同视角观察异形泡泡的形状和结构，这是观察异形泡泡最直观的方式。但这种方式也存在着很大的局限，即只能近距离观察，距离远了就观察不到异形泡泡的形状和结构，若在教学课堂上呈现，则大多数后排同学观察不到，这样就达不到预期的教学效果。一般在有条件的情况下，可让学生2~3人组成小组进行制作，这样学生就可以看到异形泡泡形成的完整过程，体现学生学习的主体地位，也丰富了他们对异形泡泡的感性认识。学生制作时需要相应的材料、工具以及足够的课堂时间，考虑到学生制作的可行性，教师需通过教学实践提前反复实验。

2. 图片展示

为了让全体学生方便观察异形泡泡的特点，可以通过多媒体将异形泡泡的图片展示出来，这也是比较直观的呈现方式。所展示图片的质量取决于拍照的技术，要使异形泡泡的特点能够在所拍摄照片中凸显出来，就要选择合适的背景，一般选择纯背景。由于泡泡具有反光性，可以考虑选择对光吸收能力强的黑色背景，这样拍出的异形泡泡比较清晰。除了在纯背景下拍摄外，还可以通过背景虚化在杂背景中进行拍摄，背景虚化就是使景深变浅，使焦点聚集在主题上。纯背景和背景虚化都是为了便于对异形泡泡的直接呈现。我们在探究的过程中还发现一种间接的呈现方式，那就是利用灯光将异形泡泡投影到白板上，通过异形泡泡的影子可以观察到异形泡泡的形态和结构，而且影子的形状和大小会随光源和异形泡泡相对位置的变化而变化，能够产生很好的艺术效果。

3. 全息投影

基于异形泡泡影子的启发，以3D立体影子为探究思路，继续对全息投影进行研究。利用该技术呈现异形泡泡，也能达到很好的效果。全息投影技术也称虚拟成像技术，是利用干涉和衍射原理记录并再现物体真实三维图像的技术。全息投影是真正的立体影像，观众不需要佩戴立体眼镜和其他任何的辅助设备，就可以在不同的角度裸眼观看立体影像，由于全息再现象的光波保留了原有物光波的全部振幅与相位信息，故再现象与原物有着完全相同的三维特性，全息投影技术可以产生立体、逼真的空中幻象。全息投影在未来生活中必将拥有很大的应用价值，也会给我们的日常生活带来乐趣和方便，因此可以将全息投影应用于异形泡泡的展示，这具有很大的研究价值，也是本次异形泡泡开发的实验创新。

首先，需要了解全息投影的原理，参考相关资料，制作一个简易的全息投影装置。其次，对制作好的异形泡泡进行不同角度的拍摄。最后，将拍摄的视频和图片制作成全息投影的视频源，播放做好的视频源并将投影装置放在手机屏幕的中央，此时手机视频呈现不同角度的异形泡泡，异形泡泡的三维结构即呈现在投影装置上。

4. 3D模型

为了让异形泡泡更具有观赏性和艺术性，可借助3D软件绘制模型，更加形象地展现异形泡泡的形态与结构。以下是3D软件的简介。

3D Studio Max，常简称3d Max或3ds Max，是Discreet公司（后被Autodesk公司合并）

开发的基于 PC 系统的 3D 建模渲染和制作软件。其前身是基于 DOS 操作系统的 3D Studio 系列软件。

VRay 渲染器提供了一种特殊的材质——VRayMtl。在场景中使用该材质能够获得更加准确的物理照明（光能分布）和更快的渲染，反射和折射参数调节也更方便。使用 VRayMtl 时可以应用不同的纹理贴图，控制其反射和折射，增加凹凸贴图或置换贴图，强制直接全局照明计算，选择用于材质的 BRDF（双向反射分布函数）。

用 3D 软件制作模型既可以满足学生观察的需求，又不用考虑泡泡容易破碎的问题，还可避开拍摄难题。难点在于模型制作难度大，有赖于专业技术，需要掌握 3d Max 等软件的使用才可能达到预期效果。

13.6 异形泡泡实验的创新开发与实践探索

13.6.1 异形泡泡的结构探索

1. 固定结构下的异形泡泡

目前已有人做出正方体和三棱柱两种结构的异形泡泡，可以尝试探索更多其他结构的异形泡泡，以丰富异形泡泡的形式与内容，提高项目的研究价值。先基于数学的几何模型组合拼接出各种形状结构，然后分别将其多次浸入自制的泡泡水中，从不同角度观察异形泡泡的结构，就可以发现一种结构会出现不同形态的异形泡泡，图 13.1 所示是两个六面体组合而成的框架结构，其形成了两种不同的异形泡泡；图 13.2 所示是同一三棱柱结构形成的两种不同的异形泡泡。但大多数情况下仍是一种结构对应一种形态的异形泡泡。

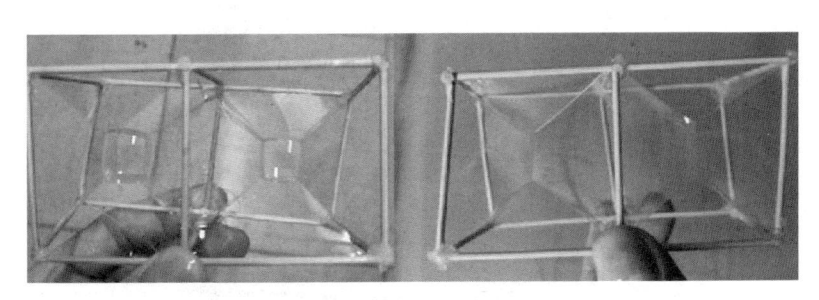

图 13.1　六面体组合

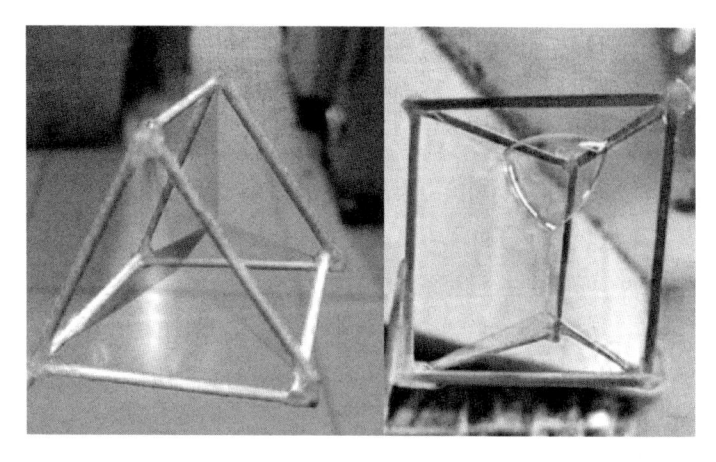

图 13.2　三棱柱结构

2. 嵌套结构下的异形泡泡

探索将形状相同而大小不同的结构嵌套在一起会形成怎样的异形泡泡。以正方体和三棱锥两种几何图形作为研究对象,首先制作两个大小不同的正方体结构,再用一小段竹签和热熔胶将两个大小不同的正方体结构嵌套在一起,但用竹签嵌套不太容易把小的正方体固定在大正方体的中心位置,而且一旦固定了就不好调整,于是改进连接方式,用棉线将小正方形吊在中间(图 13.3)。三棱锥嵌套结构也可使用同样的方法(图 13.4)。

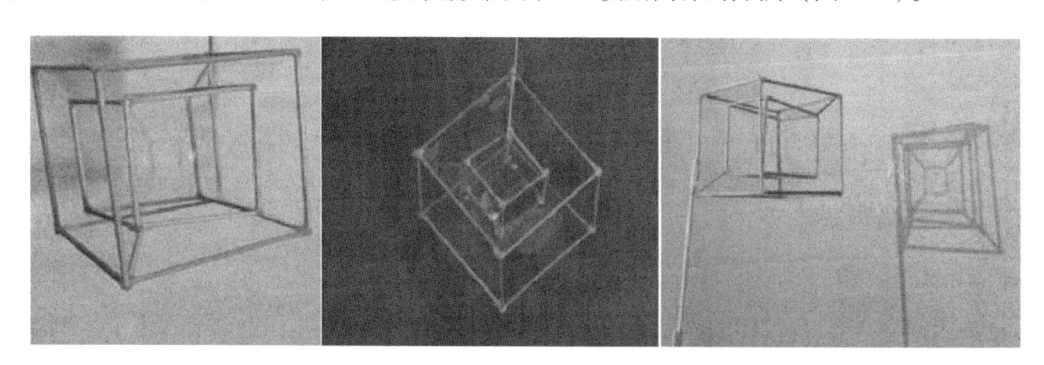

图 13.3　正方体嵌套结构

图 13.4　三棱锥嵌套结构

3. 动态结构下的异形泡泡

之前所研究的异形泡泡的结构均为固定不变的，为了拓展本项目的探究空间，转向动态结构下异形泡泡的探究，这对丰富异形泡泡的结构及增加其趣味性和科技含量有着重要的意义。此探究灵感来源于生活中比较常见的伸缩门（图 13.5），仔细观察伸缩门的基本结构，不难发现其中有很多平行四边形，这就涉及数学和工程设计方面的知识。平行四边形的对边、对角相等，在对边长度一定的情况下，对角是可以在一定范围内任意变化的，从而形成不同的平行四边形。拿三角形与之对比，三角形的三边固定了，三个角自然就固定了，这就是三角形具有稳定性的原因；而伸缩门则利用平行四边形不稳定的原理实现动态结构伸缩，基于这样的设计，将其迁移到异形泡泡的结构变形中，探究动态结构下的异形泡泡。

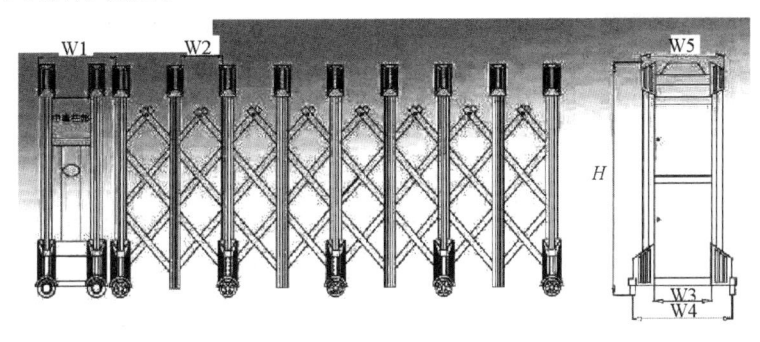

图 13.5　伸缩门结构图

以吸管和竹签为制作材料，吸管使用可以弯曲的吸管，因为弯曲的地方可以活动，用热熔胶进行连接（图 13.6）；以平行四边形为结构单位，用竹签和橡皮筋搭建类似伸缩门的结构（图 13.7），此处使用橡皮筋连接是利用橡皮筋的弹性以使搭建的结构能够活动。经过多次实验，在泡泡没有破裂的情况下，所搭建的动态结构可以持续伸缩 2~3 次，而且每次伸缩泡泡都基本保持相应的形态。

图 13.6　动态结构（吸管）

图 13.7　动态结构（竹签）

13.6.2 异形泡泡实验中的 STEAM 教育

STEAM 教育是将科学、技术、工程、艺术、数学学科有机融合的教育模式，旨在提高学生跨学科领域及信息技术方面的综合能力，培养创新型复合人才。STEAM 教育将多学科知识有效地联结、融合，形成一个整体。其活动流程包括确定项目主题、分解项目环节、设计制作运行、调适改进迭代、分析评价反思等环节。STEAM 教育活动流程与科学探究四大步骤（提出问题、作出假设、寻找证据、得出结论）有着异曲同工之处。而且 STEAM 教育强调以生活中的真实复杂问题为情境，引导学生将科学知识、科学技能与原理分析、概括、归纳、类比等科学思维方式相结合，最终在解决问题的同时，帮助学生提升科学核心素养。由此可见，STEAM 教育与科学课程关联密切，对于提高学生科学学习能力，促进学生科学思维发展、树立科学精神具有重要意义。

异形泡泡研究具有一定的趣味性、艺术性和探究性，随着研究开发的深入，会发现该项目十分符合 STEAM 教育课程资源的要求。首先，异形泡泡的结构都是由数学中基本的几何图形构成的三维空间结构，如三角形、四边形、正方体、三棱锥等几何图形都可以成为异形泡泡结构的构成要素；其次，在设计和制作过程中，需要将个人构思的结构在图纸上画出来以便选出最优的设计方案；然后根据设计方案运用相应的工具进行计算、测量、搭建，这个过程融合了工程与技术的知识技能，有利于培养学生的空间想象能力和工程设计思维；最后所形成的形态多样、晶莹剔透的作品既具有一定的艺术效果，又能激发学生的学习兴趣。总之，可以基于 STEAM 教育进行异形泡泡科学课程的设计与实施，实现它的育人价值。

13.6.3 异形泡泡的应用与拓展

与异形泡泡实验相关的课程主要有小学科学、高中物理等。

在小学科学课程中，因为吹肥皂泡是小孩常玩的娱乐活动，所以异形泡泡实验可以吸引学生的注意力，激发他们的好奇心。用泡泡形成的过程，加以生动形象的描述，可以帮助学生较为轻松地理解表面张力的概念。在课堂中，让低年级学生制作固定框架，高年级学生制作可变形框架，还可以锻炼学生的动手能力。不同框架形成的泡泡形状可能会不一样，这可以充分调动学生的探索欲望，让他们去想象、设计、制作不一样的框架，相比直接用吸管之类的工具吹泡泡，学生有了更多的发挥空间。

在高中物理课程中，学生要更加深入地学习表面张力的相关知识，包括力的方向、力的作用效果等。用不同框架形成不一样的异形泡泡来进行课堂展示，不仅可以帮助学生更好地看清、分析相关力学问题，也可以让较为枯燥的理论知识多一些趣味，形成良好的课堂探究氛围。

此外，制作异形泡泡框架的过程能充分发挥搭建者的想象能力，与积木、乐高之类的作用相似，对于低龄儿童来说，这是一个锻炼空间想象能力、动手能力的好机会。

13.7 异形泡泡实验的项目学习与探究反思

表面张力对于成年人来说不难理解，但是对于未成年的学生来说，理解起来会比较困难，这就需要教师由浅入深地引导，帮助学生理解这个概念，而非让学生死记硬背相关科学名词，不理解其中意义。科技教育项目学习资源开发的主要目的就是根据教育需求设计适合当下情况的课程，给学生提供更好的课程资源，帮助学生开展探究性、趣味性、创新性与实践性学习。

在探索异形泡泡的过程中受现有材料的限制，如用竹签和热熔胶搭建框架，在泡泡水中框架很容易散开，影响实验效果，这时如果能用金属焊接一个框架，就能很好地避免这个问题，但是当时我们没有相关工具。因此，在实际教学中，焊接的工具和材料一部分学校也可能没有，这是需要根据实际情况考虑的。如果学校有这些设备，也要考虑学生情况，高年级学生可以使用热熔胶与竹签，低年级学生则可以考虑用简单的、可连接的圆棍形积木来代替。

在异形泡泡科技教育项目学习资源开发的创新实践过程中，从无到有，从有到系列化地完成一次全新的设计，在一次次遇到问题又设法解决的过程中，我们不断地成长与反思，也深刻意识到实验的条件、创新的思想是项目学习资源开发需要考虑的重要因素，这也为今后的课程开发积累了宝贵经验。

后　记

　　当前，科技教育项目学习专题研究与创新实践的重要性日益凸显。随着科技的快速发展和教育改革的不断深化，其将成为促进青少年科技素养教育和创新实践能力发展的重要载体。

　　未来，科技教育项目学习的研究与实践将更加注重跨学科学习和多学科融合发展，职前科技教师或理科师范生需要具备项目化学习、大概念学习、大单元学习、深度学习等多元化教育理念。同时，科技教育项目学习的研究与实践也将更加注重学习者个性化和创造性的学习，并充分利用在线教育、人工智能、现代软件技术等，为学生提供更加精准的学习方案和更加多元的课程资源。

　　在未来教育发展中，科技教育项目学习的创新与开发将成为科技教育创新的重要推动力。整合创新科技教育资源不仅可以提高青少年的科技素养和学习效果，还可以为青少年的全面发展提供更加丰富的课程资源与教学案例。同时，科技教育项目学习资源整合也将为教育公平和科学普及做出新的贡献，让更多地区和不同专业背景的学生能够共享科技教育项目学习的成果。

　　总之，未来科技教育项目学习的研究将在教育领域发挥越来越重要的作用。通过不断的探索和创新，我们可以更好地丰富科技教育项目学习的资源，为学生的全面发展提供更加专业的支持。

主要参考文献

阿美，2005. 人体内的特殊阀门[J]. 医药与保健，13（6）：57.
蔡璐，2020. 细胞如何穿越迷宫？[J]. 科学世界（10）：5.
蔡睿妍，2012. Arduino 的原理及应用[J]. 电子设计工程，20（16）：155-157.
曹红霞，2006. "感应灯"的制作：《光感测距传感器和声音传感器的应用》教学案例[J]. 中小学信息技术教育（Z1）：63-65.
陈辽军，谷勇霞，张强，2004. SolidWorks 在平面连杆机构动态模拟中的应用[J]. 起重运输机械（12）：43-45.
陈燕，欧阳加强，2002. 千斤顶技术的研究现状与展望[J]. 现代机械（4）：58-60，50.
陈振益，2021. 传统智慧的设计迁移：家具榫卯结构设计教学探索与实践[J]. 装饰（9）：76-81.
程祝勤，熊世江，2008. 用油膜法估测分子的大小实验中痱子粉的替代物：碳粉[J]. 物理教师（1）：25.
戴智彪，2018. 古建筑木结构带雀替榫卯节点力学性能与加固试验研究[D]. 北京：北方工业大学.
邓欣，熊林森，董志飞，等，2023. 用于移动机器人听觉导航的光纤麦克风阵列研制[J]. 光学与光电技术，21（1）：118-128.
丁敏帅，2010. 话筒的百年历程[N]. 中国文化报，08-23（5）.
丁泽宇，弓伟，2019. 一种基于 OpenCV 的测量电阻设计[J]. 山西电子技术（3）：47-49.
董华君，沈隽，2018. 榫卯结构在儿童益智玩具设计中的应用[J]. 林产工业，45（6）：59-62.
董森森，2018. 榫卯结构体系在现代建筑的应用研究[D]. 长春：长春工程学院.
董涛，2021. 漏刻与汉代时间观念[J]. 史学月刊（2）：18-30.
杜立智，符海东，张鸿，等，2013. P 与 NP 问题研究[J]. 计算机技术与发展，23（1）：37-42.
额尔德木图，2012. 周密《齐东野语》研究[D]. 新乡：河南师范大学.
冯敬益，谢景明，2020. 基于中学创客教育的 OpenCV 技术教学案例设计探索[J]. 中小学信息技术教育（10）：91-93.
冯启飞，曹潇丹，2014. 民间玩具孔明锁的榫槽工艺研究[J]. 山东林业科技，44（2）：85-89.
高将，崔志永，2012. 关于九连环入选初中活动课程的价值研究[J]. 中国科教创新导刊（29）：64.
葛帆，2009. 神奇九连环[J]. 数学教学通讯（7）：12-13.
葛明媚，2013. 古代计时工具结构原理在益智玩具设计中的应用[D]. 济南：山东工艺美术学院.
葛素红，孙桂华，杨亚红，等，2015. 表面张力系数实验配制泡泡液[J]. 河西学院学报（5）：25-30.
顾新胡，文义英，2004. "用油膜法估测分子的大小"实验的新设计[J]. 中学物理教学参考（12）：35.
郭芸嘉，武大可，陈翔宇，等，2014. 碳粒麦克风性质探究与制作[J]. 物理教师，35（10）：46-48.
国春艳，2019. 平面连杆机构优化设计及运动仿真[J]. 内燃机与配件（13）：66-67.
何小风，2019. 图像识别在静电场描绘实验中的应用[J]. 物理实验，39（6）：27-29，34.
何谐，雒雪丽，李春花，等，2019. 氮掺杂碳点的开关型荧光传感器检测蔬菜中的生物硫醇[J]. 食品工业科技，40（11）：178-184，191.
侯永坤，2021. 浅谈阀门的常见故障及保养维护[J]. 内蒙古石油化内蒙古石油化工，47（12）：53-55.

胡仓兵，李密，2021. 大单元视角下初中物理 STEM-PBL 教学案例研究：以"室内电路的设计与制作：双控开关电路"为例[J]. 中学物理，39（20）：27-31.

胡凤朝，李金坡，2014. 鲁班锁的教育功能及在通用技术教学中的应用[J]. 中国教育技术装备（18）：1-4.

胡亚赛，2019. 基于单链 DNA 开关的多功能生物电路[D]. 天津：天津大学.

黄亮，胡雪莹，2021. 榫卯原理在当代珠宝首饰设计中的应用[J]. 艺术科技，34（16）：149-150.

霍建宏，2002. 用油膜法估测分子的大小实验的改进[J]. 实验教学与仪器（Z1）：26.

吉成名，1991. 井盐初产时间新考[J]. 盐业史研究（3）：3-6.

吉栩贤，施煜庭，2020. 方寸机巧：鲁班锁的榫卯结构研究与分析[J]. 艺术品鉴（3）：157-158.

江燕，2014. "用油膜法测分子直径"演示实验教学设计与创新[J]. 物理之友，30（3）：34-36.

江玉安，2016. 瓦特蒸汽机与工业革命[J]. 中学生数理化（Z1）：92-93.

邝治全，2019. FDM3D 打印技术在机械设计基础课程中的应用：以平面连杆机构单元为例[J]. 广东职业技术教育与研究（2）：107-110.

兰天翔，2019. 浅析榫卯结构在产品设计的应用[J]. 北京印刷学院学报，27（11）：41-43.

李弘，2013. 把握实验细节提高成功率：例谈"油膜法估测分子直径"[J]. 物理通报（11）：71-72.

李建，2018.《家庭电路》创新教学设计[J]. 物理教学探讨，36（4）：28-32.

李柯，2022. 基于 Arduino 的智能蓝牙小车设计[J]. 电子测试，36（7）：21-23.

李磊，2017. 气动薄膜调节阀的工作特性及故障分析[J]. 山东工业技术（5）：208.

李茂端，2006. "用油膜法估测分子的大小"的小技巧[J]. 实验教学与仪器（2）：25.

李然，李佳炫，孙超，等，2020. 基于 STC90C52RC 单片机及物联网技术的多功能辅食碗设计[J]. 无线互联科技，17（20）：79-80，83.

李爽，徐伟，2019. 家具传统榫卯结构分析与改良设计实践[J]. 家具与室内装饰（5）：44-45.

李伟，2003. 用油膜法估测分子大小实验的探索[J]. 实验教学与仪器（10）：13-14.

李鑫宇，李柏山，2021. 阴阳与嵌合：榫卯结构在当今文创领域中的创新研究[J]. 明日风尚（17）：143-145.

李志港，穆存远，2013. 浅谈鲁班锁的结构及其功能价值[J]. 设计（2）：134-135.

李卓然，2019. 对不受麦克风灵敏度和环境噪声影响的声控开关的相关研究[J]. 数字通信世界（5）：250，91.

梁森，常园园，米鹏，等，2010. 基于声音信号测量的活体禽蛋胚胎识别[J]. 噪声与振动控制，30（5）：162-164.

廖晨芸，2020. 基于图像处理的水银温度计刻度图像识别[D]. 大连：大连理工大学.

林忠，2015. Photoshop 和 OpenCV 的数字图像处理教学应用[J]. 中国现代教育装备（1）：19-21，27.

刘二强，陈兆勇，2010. 益智玩具九连环创新设计与加工[J]. 广西轻工业，26（9）：130，177.

刘海峰，叶文清，董康霖，等，2019. 平面连杆机构死点的分析与应用[J]. 湖北农机化（19）：133-134.

刘佳慧，宋莎莎，2019. 榫卯结构在木构建筑中的传承与发展[J]. 林产工业，46（3）：54-59.

刘明，2020. 土壤湿度传感器在园林绿化灌溉上的应用初探[J]. 天津农林科技（3）：31-32，46.

刘明磊，刘安锋，徐涛，2022. 带霍尔感应器的千斤顶在智能化开采工作面的应用[J]. 煤矿机械，43（11）：141-142.

刘姝均，2021. 榫卯结构在木构建筑中的传承与发展分析[J]. 居舍（20）：175-176.

刘思琪，2019. 待时而动：清代以来机械玩具的题材与互动方式研究[D]. 北京：中央美术学院.

刘素京，2018. 超声波测距系统串口通信测距模块设计[J]. 中国新通信，20（1）：45-46.

刘耀斌，2008. "九连环"游戏所给出的递推数列研究[J]. 德州学院学报，24（6）：30-32，104.

柳艳琴，李霞，王聪，等，2022. 飞机千斤顶同步液压系统设计[J]. 液压气动与密封，42（9）：82-85.

卢小燕，2017. 神奇的人体器官：消化腺与消化道[J]. 阅读（70）：18-21.

罗艺晴，2009. 浅谈中国传统的榫卯结构[J]. 山西建筑，35（24）：25-27.

罗宇舟，江钟伟，刘贝贝，等，2016. 基于测量呼吸声音监护睡眠状态的研究[J]. 软件，37（9）：91-93.

马婧，徐伟，2019. 基于鲁班锁的拆装式家具设计研究[J]. 家具与室内装饰（9）：50-52.

马骏，穆琛，2012. 古代智慧"鲁班锁"的现代延伸："和"组合家具设计[J]. 艺术生活（3）：47-49.

马芷，2001. 高效液压千斤顶[J]. 机床与液压（4）：82.

马云飞，2023. 液压千斤顶检定和使用的注意要点[J]. 工业计量，33（1）：49-51.

孟宝平，王隆宝，万美琳，等，2020. 红外-声-光控智能开关的设计与实现[J]. 物联网技术，10（7）：63-66.

闵一恒，张建民，2017. 实验"用油膜法估测分子大小"的改进研究[J]. 课程教育研究（48）：144.

穆存远，田春晖，耿跃铁，2010. 鲁班锁对产品设计的启示[C]//世界华人设计学术协会（World Chinese Design Academic Association）. 2010 国际创新设计与管理高峰论坛暨世界华人设计学术研讨会论文集. 北京：中国轻工业出版社：184-185.

欧红娟，李贞贞，杨关奖，等，2019. 光感与红外感应结合的"人走灯灭"开关设计与研究[J]. 通信电源技术，36（6）：41-42.

彭丹，王豪，雷安然，2023. 五大领域视角下手工布艺拼图玩教具的应用研究[J]. 中国民族博览（6）：203-206.

乔东海，田静，徐联，等，2005. 一种以多晶硅为振动膜的 MEMS 传声器研制[J]. 中国机械工程，16（14）：1243-1247.

申博，张伟，赵海燕，等，2021. 基于互联网群体智能的拼图问题求解[J]. 中国科学（信息科学），51（2）：206-230.

申奇志，温宇，2021. 从鲁班锁的制作谈基于专业教学载体的课程思政[J]. 现代职业教育（10）：94-95.

沈康身，2012. 智力玩具九连环研究[J]. 高等数学研究，15（5）：56-63.

沈桅，2015. 不用方格纸的"油膜法测分子直径"实验：细化教学目标在实验教学中的一次尝试[J]. 物理教学，37（4）：31-33.

石嘉顺，马重，2007. 基于单片机实现控制温度可调的温控开关[J]. 微计算机应用（8）：876-880.

司马迁，1982. 史记[M]. 北京：中华书局.

苏畅，田素海，2019. 油膜法估测分子大小实验的两点创新方案[J]. 中国新通信，21（2）：202.

孙奋海，2007.《简单电路》教学设计[J]. 科学课（6）：17.

孙暾，2021. 在益智游戏中提升学生数学学科素养：以数独、魔方、九连环为例[J]. 理科爱好者（5）：159-160.

孙翔雨，2013. 计时工具的演变发展及设计研究[D]. 南昌：南昌大学.

孙玉莹，2019. 革兰氏阳性菌枯草芽孢杆菌中赖氨酸核糖开关调控机制的研究[D]. 武汉：武汉大学.

谭黔，2016. 油膜法测分子大小计算方法的剖析[J]. 中学物理，34（1）：23.

谭兴文，2007. 液体表面张力系数与温度的关系的实验研究[J]. 西南师范大学学报（4）：115-118.

汤莉莉，黄伟，王春波，2013. 基于 AT89S52 单片机的声光控制开关设计[J]. 现代电子技术，36（16）：140-142.

汤志兵，2009. "用油膜法估测分子的大小"实验几点经验[J]. 湖南中学物理（6）：54.

唐锦华，2010.《水的表面张力》教学案例[J]. 小学科学（教师版）（11）：44.

佟明星，2021. 基于榫卯结构的儿童益智类玩具创新设计研究[J]. 大众文艺（18）：48-49.

王昌，尚盈，王晨，等，2021. 分布式光纤声波地震波勘探技术[J]. 山东科学，34（4）：1-8.

王卉，2003. 古代的计时"钟表"：漏壶[N]. 人民日报，05-14.

王佳实，吴新凤，郝景新，等，2021. 榫卯中的自锁奥秘与设计创新[J]. 林产工业，58（9）：50-53，58.

王建中，黄林，王应辉，2014. 基于声音传感器的多普勒测速实验探究[J]. 大学物理实验，27（5）：19-22.

王洁，2018. 榫卯结构的创新性研究[J]. 南京艺术学院学报（5）：165-168.

王炉，毛孟娜，程相榜，等，2023. 基于工业机器人的千斤顶柔性装配系统设计[J]. 煤矿机械，44（6）：13-15.

王秋菊，2013. 浅析石英晶体的压电效应及应用[J]. 职业（2）：136.

王心华，卢博文，潘晓军，等，2019. 泡泡形成的理论和实验探究[J]. 物理实验，39（9）：20-24.

王真真，王胜男，吴江，2019. 弘扬非遗文化，全国150名选手挑战中国传统智力游戏[EB/OL].（2019-10-26）[2023-02-16]. https://www.bjnews.com.cn/detail/157208055615483.html.

王志凯，权学利，2023. 液压支架千斤顶激光熔覆再制造技术工艺实践[J]. 陕西煤炭，42（6）：192-195.

王中心，王东方，王亚伟，等，2016. 基于LD3320语音识别模块的智能家居声控系统[J]. 物联网技术，6（11）：19-21.

为生，1999. 人体器官的"阀门"[J]. 解放军健康（1）：35.

魏征，1973. 隋书[M]. 北京：中华书局.

吴锋，吴柏昆，余文志，等，2016. 基于3×3耦合器相位解调的光纤声音传感器设计[J]. 激光技术，40（1）：64-67.

吴晓平，马春利，2021. 浅谈传感器技术在艺术领域的应用[J]. 美与时代（上）（9）：48-50.

夏艳萍，2010. 用油膜法估测分子的大小实验技巧[J]. 物理通报（1）：93.

项光弟，2022. 一种便于启闭的旋塞阀[P]. 中国：CN202221294670.5，2022-10-21.

肖永强，2007. 对油膜法估测分子大小实验的两点改进[J]. 教学仪器与实验（3）：23.

晓琳，2002. 中国古代玩具中的数字[J]. 中国科技纵横（10）：141-144.

谢作为，程和界，肖建立，2005. 对油膜法估测分子的大小实验的两点改进[J]. 物理教师（3）：31-32.

徐洪，李新辉，肖春水，等，2016. 黑板上搭建平面连杆机构实验装置的设计[J]. 实验室研究与探索，35（7）：52-55.

徐经纬，2023. 顶管施工中自锁式液压千斤顶止退装置的研制与应用[J]. 隧道与轨道交通（4）：41-45，70.

徐忠岳，梁旭，宿刚，2020. 用油膜法估测油酸分子大小实验的改进[J]. 中学物理，38（23）：38-42.

薛坤，2010. 传统鲁班锁的设计元素与现代家具产品开发[J]. 家具（4）：66-69.

杨诚，2013. 利用声音的共振测量声速的研究[J]. 科技风（12）：81.

杨建红，张认成，房怀英，2008. 反射强度调制式光纤声音传感器优化设计与研究[J]. 传感器与微系统，27（12）：84-87.

杨小平，2011. "油膜法"实验的量程设计及实验方法[J]. 中学物理教学参考，40（6）：44-45.

姚景凤，乔怡，马静君，1995. 具有一个移动副的平面四杆机构分类的研究[J]. 出版与印刷（1）：53-56.

叶力源，2021. 基于智能手机声音传感器的温度测量系统设计与实现[D]. 武汉：华中科技大学.

佚名，2014. 世界十大植物迷宫展[J]. 北京农业（2）：56.

余建波，苏毅，肖新雄，等，2015. 一种烟雾监测报警器的设计与制作[J]. 电子制作（23）：63-65.

余志伟，2023. 基于SolidWorks的千斤顶三维建模与虚拟装配[J]. 机械管理开发，38（11）：32-34.

俞叶，2008. 迷宫的魅力[J]. 大科技（科学之谜）（11）：22-23.

袁春梅，2008. 中国古代趣味物理实验[J]. 物理教师（10）：54-58.

曾辉，王磊，2021. 中国古代玩具形制设计与功能分析研究：以七巧板为例[J]. 常州工学院学报，39（3）：79-83.

曾利霞，陈展，郭昌勇，2021. 泡泡特性的实验探究[J]. 内江科技，42（11）：103-104.

张驰，杨冬江，2021. 鲁班锁在现代会展设计中的延伸应用：以"樽"展具设计为例[J]. 工业设计（6）：54-55.

张浩，2018. 视觉引导的机器人平面拼图关键技术研究[D]. 广州：广东工业大学.

张红岩，2008. 浅谈阀门结构原理、性能与分类[J]. 今日科苑（14）：81.

张华培，王志刚，王孙，等，2014. 连杆机构的应用研究及发展趋势综述[J]. 科技展望（14）：113-114.

张嘉慧，曾渍，李雨红，2017. 民间智慧：鲁班锁艺术设计研究[J]. 装饰（2）：102-103.

张琪，2021. 传统家具榫卯结构的现代演绎和发展[J]. 天工（11）：116-117.

张谦，2022. 迷宫空间的组织方式[J]. 中国建筑装饰装修（9）：115-118.

张艳秋，2015. 萘酚吡喃光致变色荧光开关与噁二唑类化学传感器的研究[D]. 长春：东北师范大学.

张雨萌，许修桐，富艳春，2021. 基于走马销结构的板式家具隐形连接件设计[J]. 林业和草原机械，2（2）：25-29.

张玉芳，2018. 驻极体传声器高温高潮下客户端低频噪音高频啸叫现象消除工艺优化研究[J]. 现代信息科技，2（12）：35-38.

张智贤，李建统，彭方清，等，2022. 高压高温截止阀[Z]. 工程科技Ⅱ辑.

张钟灵，2021. 用油膜法估测分子大小实验的改进策略分析[J]. 考试周刊（93）：130-132.

赵欢欢，2020. 分流阀加工工艺的改进探索与实践[J]. 模具制造，20（9）：70-75.

赵楠，董博，2021. 基于鲁班锁启发的儿童木质玩具设计与开发[J]. 林产工业，58（11）：77-79.

赵全庆，张玉杰，任宗远，2002. 旋转阀在炼油化工装置中的应用[J]. 管道技术与设备（3）：15-17.

赵雪峰，2023. 液压支架双伸缩立柱及千斤顶内孔镶套工艺的研究与应用[J]. 中国设备工程（14）：24-25.

赵永功，2021. 为往圣继绝学：非遗"王尔文玩"鲁班锁的前世今生[J]. 五台山（3）：71-72.

赵雨涵，曾勇，2020. 融入鲁班锁元素的现代首饰设计[J]. 艺术品鉴（6）：48-49.

赵祖艳，马涵璐，王伟，2021. 对于乡村振兴过程中推广传统手工艺文化的研究：基于榫卯文化的视角[J]. 中国市场（28）：30-31.

郑祥，2015. Mixly 米思齐：优秀的国产创客教育工具[J]. 中国信息技术教育（18）：68-70.

郑兆志，李玉春，余华明，等，2005. 平面连杆机构与流体机械的创新[J]. 顺德职业技术学院学报（1）：27-32.

支鹏伟，2011. Mach-Zehnder 光纤干涉声音传感器研究[J]. 太原大学教育学院学报，29（1）：102-104.

仲玉凯，2007. 玩具的3类传动设计方法[J]. 中外玩具制造（12）：74-76.

周乾，2019. 日晷和漏刻：那些古老时光的计时器[N]. 科技日报，09-27.

周乾，2020. 紫禁城古建筑中的"天人合一"思想研究[J]. 创意与设计（4）：5-15.

周乾，2021. 故宫角楼的建筑智慧[J]. 中国工会财会（12）：58-59.

周书华，2018. 利用声音测量微小物体质量[J]. 物理，47（1）：55.

周玉珍，2022. 基于信息技术提高小学科学实验教学有效性的策略[C]//中国智慧工程研究会智能学习与创新研究工作委员会. 2022教育教学与管理南宁论坛论文集（一）：233-237.

朱家礼，2020. 中小学 STEM 教学案例：趣玩泡泡[J]. 中国教育技术装备（23）：39-40.

祝朝坤，魏伦胜，2019. 基于OPENCV手势识别的启蒙教育机器人的设计与实现[J]. 电子产品世界，26（11）：77-80.

宗伯虎，2023. 利用手机传感器改进高中物理实验的设计与教学研究[D]. 重庆：西南大学.

Kaplan C S, Bosch R, 2005. TSP Art[C]//Proceedings of Bridges 2005, Mathematical Connections in Art,

Music and Science: 301-308.

Lee H L, Lee C F, Chen L H, 2010. A perfect maze based steganographic method[J]. Journal of Systems and Software, 83 (12): 2528-2535.

Okamoto Y, Uehara R, 2009. How to make a picturesque maze[J]. 21st Canadian Conference on Computational Geometry: 137-140.

Pavuluri T S, Krishna T V, Sandeep N, et al., 2022. Automatic speed control system in speed zone areas using OpenCV[J]. Journal of Physics: Conference Series, 2325 (1): 012017.

Roumana A, Georgopoulos A, Koutsoudis A, 2022. Developing an educational cultural heritage 3D puzzle in a virtual reality environment[J]. The International Archives of the Photogrammetry, Remote Sensing and Spatial Information Sciences, XLIII-B2-2022: 885-891.

Wan L, Liu X, Wong T T, et al., 2010. Evolving mazes from images[J]. IEEE Transactions on Visualization and Computer Graphics, 16 (2): 287-297.

Wong F J, Takahashi S, 2009. Flow-based automatic generation of Hybrid Picture Mazes[J]. Computer Graphics Forum, 28 (7): 1975-1984.

Xu J, Kaplan C S, 2007a. Image-guided maze construction[J]. ACM Transactions on Graphics, 26 (3): 29-37.

Xu J, Kaplan C S, 2007b. Vortex maze construction[J]. Journal of Mathematics and the Arts, 1 (1): 7-20.